# Der persönliche Rat in der Gegenwartsgesellschaft

## Eine soziologische Studie zu einem unterschätzten Alltagsphänomen

Helmut Andreas Böse

Centaurus Verlag
Herbolzheim 2001

Der Autor, geb. 1950, absolvierte ein Studium der Soziologie, Psychologie und Philosophie an der Universität Freiburg im Breisgau, Promotion im Jahr 2000.

**Die Deutsche Bibliothek – CIP-Einheitsaufnahme**

**Böse, Helmut Andreas:**
Der persönliche Rat in der Gegenwartsgesellschaft :
eine soziologische Studie zu einem unterschätzten Alltagsphänomen /
Helmut Andreas Böse. – Herbolzheim : Centaurus Verl.-Ges., 2001
(Schriftenreihe des Freiburger Instituts für Angewandte
Sozialwissenschaft e.V. (FIFAS) ; 7)
Zugl.: Freiburg (Breisgau), Univ., Diss., 2000
ISBN 3-8255-0324-0

## ISSN 0930-9470

© *CENTAURUS-Verlagsgesellschaft mit beschränkter Haftung, Herbolzheim 2001*

Umschlaggestaltung: DTP-Studio, Antje Walter, Lenzkirch
Umschlagabbildung: Helmut Andreas Böse
Satz: Vorlage des Autors
Druck: primotec-printware, Herbolzheim

# Inhaltsverzeichnis

V

# Vorbemerkung

Die vorliegende Studie wurde im Wintersemester 1999/2000 unter dem Titel *„Zur Bedeutung und Wertschätzung des persönlichen Rates in der Gegenwartsgesellschaft: Eine soziologische Studie zu einem unterschätzten sozialen Alltagsphänomen"* vom Promotionsausschuß der Philosophischen Fakultäten der Albert-Ludwigs-Universität zu Freiburg i. Br. als Inaugural-Dissertation angenommen.

Eine Arbeit, die den persönlichen Rat zum Gegenstand hat, ist selbstredend auf das Wissen und die Lebenserfahrung zahlreicher Personen und ihrer Bereitschaft es mitzuteilen angewiesen. Deshalb sei zunächst den hier nicht namentlich nennbaren Interviewteilnehmern/-innen gedankt.

Ein besonderes Anliegen ist es mir, Herrn Prof. Dr. Wolfgang Eßbach an dieser Stelle zu danken, der mit menschlicher Offenheit und wichtigen fachlichen Anregungen die vorliegende Arbeit wissenschaftlich betreut und gefördert hat. Mein Dank gilt gleichfalls Herrn Prof. Dr. Hermann Schwengel, der das Zweitgutachten übernommen hat.

Zu danken habe ich auch Herrn PD Dr. Baldo Blinkert, der die Aufnahme der Arbeit in die Schriftenreihe des FIFAS- Instituts Freiburg mit ermöglicht hat.

Außerdem weiß jeder, der schon einmal eine vergleichbare Arbeit geschrieben hat, wie wichtig das Korrekturlesen ist. Für diese `Feinarbeit´ danke ich Dorothee Hönes und Gertrud Motzer.

Zu guter Letzt, mit Blick auf einen wichtigen Lebensabschnitt, möchte ich ganz besonders Annegret, meiner Frau, für ihren menschlichen Beistand, ihre anregenden Ideen und zahlreichen Gespräche danken. Ihr und unserer Tochter Elissa widme ich diese Arbeit.

Helmut A. Böse

„Man fragt um Rat, ohne zu verraten, daß man sich
schon entschieden hat, und nimmt es dem Ratgeber
übel, wenn er nicht in unserem Sinne entscheidet."

(Henry de Montherlant, Carnets 1930 – 1944)

# 1. Einleitung

## 1.1 Hintergründe und Ziele

Menschen befinden sich, bedingt durch natürliche oder artifizielle Gegebenheiten und Prozesse der Umwelt, durch das Handeln ihrer Mitmenschen und
durch die in der eigenen Person liegenden Unzulänglichkeiten, wohl immer
schon und immer wieder in drängenden und bedrängenden Lebenslagen und
-situationen. Sie werden mit praktischen Problemen, mit akuten oder mit
lebensbegleitenden ungeklärten Lebensthemen oder -fragen konfrontiert, die
als ratbedürftig und veränderungsbedürftig wahrgenommen und erlebt werden.
Es spricht vieles dafür, in der Ratbedürftigkeit[1] des Menschen ein universelles
soziales Phänomen zu sehen, und in einem persönlichen Rat zunächst
landläufig einen Beitrag zu einer individuellen Problemlösung, der in einer
dezidierten oder expliziten Antwort bestehen kann. Es ist aber genausogut
denkbar, daß Ratsuchende mit einem Rat geistige Anregungen oder Ermutigung für ein Handeln verbinden. Demnach findet sich hier schon ein erster
Hinweis, daß mit einem persönlichen Rat unterschiedliches gemeint sein kann.
  Unstrittig dürfte die Aussage sein, daß das Ausmaß, in dem Menschen Rat
suchen, gesamtgesellschaftlich von den jeweiligen historischen und soziokulturellen Verhältnissen mitbestimmt wird, in denen sie leben. Es sind gesellschaftliche Verhältnisse, die Einfluß auf die Vielfalt, die Verschiebungen, die
Schwerpunkte und Zuspitzungen von Ratsituationen haben und die die Möglichkeiten mitbestimmen, wie Menschen in ratlosen Situationen Rat suchen,
sich ihn `holen´ bzw. wie Rat gegeben wird und was seine möglichen Inhalte
sind. Besonders zu beachten ist, daß Gesellschaften wohl zu jedem Zeitpunkt
ihrer Entwicklungsgeschichte spezielle „Definierer von Situationen" (W. I.
Thomas (1937) 1965: 147) kennen. Es handelt sich um Einzelpersonen oder

---

[1]  Vgl. hierzu H. Krämers (1992: 232f.) anthropologische Fundierung der „Beratungs-
bedürftigkeit des Menschen (Althusius)" und von Beratung.

definierte Personengruppen, die mitentscheiden und Einfluß darauf nehmen, welche Situationen überhaupt und zu welchem Zeitpunkt zu einer ratbedürftigen oder beratungsnotwendigen Situation werden, oder wer wann als Ratbedürftiger zu gelten hat.

Da wir an einem `neuen´ Verständnis des persönlichen Rates interessiert sind, stellen sich folgende Fragen:

- Vor welchem gesellschaftlichen Hintergrund sind die derzeitigen ratbedürftigen Situationen und die persönliche Ratsuche und das Ratgeben zu sehen?
- Welches sind gegenwärtig die maßgebenden gesellschaftlichen Prozesse, die die individuelle Lebensgestaltung, die Leitideen und sozialen Beziehungsstrukturen beeinflussen?
- Wodurch kommt es zu einer Ausweitung, zu Verschiebungen bzw. Veränderungen ratbedürftiger Lebenssituationen sowie unterschiedlicher Formen der Ratsuche und des Ratgebens und seinen Inhalten?

Die Gegenwartsgesellschaft weist einige strukturelle Indikatoren auf, die ohne Zweifel auf Herausforderungen, Veränderungen und Zuspitzungen im Alltagsleben hindeuten. Hier ist mit U. Beck (1986) an die umfassenden *Freisetzungsprozesse* der Menschen aus traditionsbestimmten Lebenszusammenhängen und Denkmustern mit ihren „Chancen und Risiken" (ebd.: 20) zu denken. Prozesse, die verknüpft sind, mit einer hochdifferenzierten Arbeitsteilung, modernem geldwirtschaftlichem Denken, wissenschaftlichem Wissen und neuen Technologien, so daß in unserer Gegenwartsgesellschaft eine hohe funktionale (Aus-) Differenzierung mit wachsender gesellschaftlicher Komplexität und eine Expansion des `Möglichkeitsraumes´ gegeben ist. Prozesse, die eine Pluralisierung von Lebensstilen ermöglichen, die zu einem persönlichen Erfolgsstreben und zu Konkurrenzhaltungen an- und verleiten, die die soziale Distanz gegenüber sozialer Nähe begünstigen, die soziale Räume semiotisieren und das Visuelle gegenüber dem Auditiven (einem Rat Gehör schenken) bevorzugen und die von einer `quantitativen´ zu einer `qualitativen´ *Individualisierung* geführt haben. Gerade die qualitative Individualität ist mit persönlichem Erfolgsstreben und Leistungsdenken, neben Sicherheit, in der Gegenwartsgesellschaft zu einem gesellschaftlich sanktionierten – aber nicht unproblematischen – Leitmotiv geworden.[2]

Die Freisetzung der Menschen hat für J. Gerhards (1988) im Kontext eines neuen Wertekanons auch (gezwungener Maßen) zur *Informalisierung* und

---

[2] Vgl. zum Thema *Sicherheit* als einem gesellschaftlichen Wert: F. X. Kaufmann (1979); H. G. Vester (1980); M. Makropoulos (1990); und zur *Individualisierung* stellvertretend, die synoptische Arbeit von N. Ebers (1995).

*Versprachlichung* von Gefühlen geführt,[3] so daß die Menschen wohl auch häufiger bereit sind, ihre Not- und Problemlagen mitzuteilen und versuchen, auf unterschiedlichen Wegen Rat zu suchen. Jedoch selbst wenn man unsere Gegenwartsgesellschaft mit J.V. Jensen (1983) als eine „Talkative culture"[4] kennzeichnet, dann kann die Versprachlichung von Gefühlen im Kontext einer reflexiven Selbstthematisierung nicht darüber hinwegtäuschen, daß, so K. Hahn (1995: 37) die Regeln der „Emotionsarbeit" nach wie vor „... sozialer Kontrolle (unterliegen)."

Daß professionelle Beratung via Individualisierung zu einem Kontrollinstrument sozialer Ordnung taugt und herhalten muß, ist Thema in einschlägiger soziologischer und psychologischer Literatur.[5] Dazu stellen sich jedoch weitere Fragen: Wie sieht es mit der sozialen Kontrolle beim persönlichen Rathandeln und mittels der Inhalte eines Rates aus? Taugt der persönliche Rat dazu, sich den konventionellen oder `normalen´ Konstruktionen sozialer Wirklichkeit zu entziehen, die durch gesellschaftlich installierte *Sozialtechniken* (Mannheim 1951) mittels professioneller Beratungsinstitutionen miterzeugt und kontrolliert werden?

Vieles weist darauf hin und läßt vermuten, daß in einer hochkomplexen und differenzierten Gegenwartsgesellschaft wie der unseren, die weitgehend das Signum einer durchgängigen Rationalität trägt und in der der Faktor *Verfügungswissen*[6] und Informationen für unser Handeln bestimmend sind, daß hier professionelle Expertensysteme weitgehend die Deutungs-, Integrations-, Ordnungs- und Kontrollfunktionen übernommen haben. Die wachsende Anzahl von differenzierten professionellen Beratungsangeboten versuchen als Implemente von Expertenwissenssystemen durch die Medien und eine lobbyistische Politik, ihre Interessen zu monopolisieren und den persönlichen Rat als ein praktisches lebensweltliches Sonderwissen zu externalisieren. Deshalb stellt sich des weiteren die übergreifende Frage: Hat der persönliche Rat im Privaten, angesichts zunehmender, differenzierter, professioneller Beratung

---

[3]  Nach Gerhards (1988: 263ff.) fand ab Mitte der sechziger Jahre eine liberalisierte „gesellschaftliche Kodierung von Emotionen" statt. Seine Gefühle zu zeigen  „wird zur gesellschaftlichen Norm" und dieser Vorgang steht, so Gerhards, N. Elias Prognose einer zunehmenden Affektkontrolle entgegen. Gerhards sieht die „Informalisierungsthese" durch zahlreiche Studien zum Wertewandel in Richtung Selbstaktualisierung  gestützt und beruft sich dabei vor allem auf R. Inglehart (1980) und auf H. Klages  (1984).

[4]  Vgl. dazu A. Bellebaum (1992: 139).

[5]  Vgl. hierzu stellvertretend zum Thema *Individualisierung* und *soziale Kontrolle* im Überblick  K. Hahn (1995).

[6]  Vgl. hierzu J. Mittelstraß (1982), der die nicht hinzunehmende Gefahr einer einseitigen wissenschaftlichen Produktion und Bereitstellung eines *Verfügungswissens* gegenüber einem *Orientierungswissen* thematisiert.

und einer ausufernden Ratgeberliteratur, seinen Stellenwert im Alltagsleben eingebüßt?[7] Die spezifischere Frage lautet: Hat der persönliche Rat im Sinne von Lebensregeln seine Funktion als Orientierungs-, Integrations-, Ordnungs- und Kontrollinstrument durch die zunehmende Bedeutung der professionellen Beratungsexperten an Bedeutung verloren? Oder anders gefragt: Stößt durch den schnellen gesellschaftlichen Wandel das tradierte lebensweltliche Erfahrungswissen als Instrument für den persönlichen Rat nicht zwangsläufig an Grenzen?

Was die numerische Repräsentativität betrifft, so gibt es Hinweise, daß selbst eine Zunahme professioneller Beratungsdienstleistungen nicht unbedingt mit einer Abnahme des persönlichen Rates verbunden sein muß.[8] Weiterhin gibt es, was die quantitative Seite anbelangt, insbesondere seitens sozialer Netzwerkanalysen Ergebnisse, die auf die Bedeutung von Unterstützungsleistungen einschließlich des Ratgebens im Gesundheits- und psychosozialen Bereich hinweisen.[9]

Es gibt aber bislang wenig qualitative Hinweise zum *persönlichen Rat*, sieht man einmal von der umfangreichen Literatur zur *sozialen Netzwerkforschung* und den Theorien sozialer Unterstützung ab, die den persönlichen Rat ohne genauere Explikation verwenden und ihn auf eine Kategorie kognitiver Unter-

---

[7] Vgl. hierzu bei A. Tretzel (1993) die Expansion der Lebenshilferatgeber-Literatur; bei W. Kiefl/R. Pettinger (1997) die zunehmende Bereitstellung und Nachfrage institutioneller professioneller Beratung im psychosozialen Bereich; bei J. Wiens (1995) die steigende Inanspruchnahme und ehrenamtliche Professionalisierung der Telefonseelsorge.

[8] Das Allensbacher Institut für Demoskopie befragt seit 1953: „Wenn Sie in einer schwierigen Lage wirklich Rat brauchen und gar nicht mehr weiterwissen: Würden Sie sagen, das müssen sie ganz mit sich alleine ausmachen, oder gibt es da für Sie einen Menschen, mit dem Sie alles besprechen können? (Zahlen in Prozent)" (Allensbacher Jahrbuch 1993: 81).

| Antworten: | Alte Länder | | | Neue Länder |
|---|---|---|---|---|
| | 1953 | 1979 | 1991 | 1991 |
| Gibt einen Menschen | 68 | 80 | 77 | 83 |
| Gibt es nicht | 6 | 6 | 7 | 5 |
| Mache alles mit mir aus | 26 | 14 | 15 | 11 |
| Keine Angabe | x | x | 1 | 1 |

[9] „Zirka zwei Drittel aller gesundheitlichen Probleme (nach Badura 1978) und sicher noch höhere Prozentsätze aller psychosozialen Konflikte und Krisen werden informell ohne Gang zum Experten in alltäglichen Bezügen (wie Familie, Freundschaften und Nachbarschaften etc.) bearbeitet" (F. Nestmann 1984: 46). Vgl. ebenfalls Jiménez, Paulino u. Raab, Erich (1999).

stützung reduzieren bzw. unter den Hilfebegriff subsumieren.[10] Ähnliches läßt sich konstatieren, denkt man z.B. an kognitions- und entwicklungspsychologische Arbeiten zur *Weisheitsforschung*,[11] rsp. an *Lebensweisheit* als eine „Praxis alltäglicher Verständigung" (T. Luckmann/A. Keppler 1992: 202), oder an Analysen zum `Sprachspiel´ Beratung im Rahmen der *Praktischen Semantik*.[12]

In all diesen Arbeiten wird zwar der persönliche Rat berücksichtigt, aber nicht ausschließlich und umfassend thematisiert. Wir können also davon ausgehen, daß das soziologische Forschungsinteresse gegenüber dem `sozialen Phänomen´ *persönlicher Rat*, trotz seiner sprachlichen Allgegenwart bislang ziemlich gering ist.

Wir sehen deshalb einen begründeten Anlaß, das `Phänomen´ *persönlicher Rat*, angesichts weitverbreiteter und vielfältiger ratbedürftiger Situationen und Lebensfragen — insbesondere der personenorientierten — als ein unterschätztes soziales Phänomen in der Gegenwartsgesellschaft in seiner qualitativen Bedeutung und Wertschätzung für das gegenwärtige Alltagsleben analytisch herauszuarbeiten und für die wissenschaftliche Forschung zur Diskussion zu stellen.

Dabei gehen wir zunächst von der folgenden **Arbeitshypothese** aus: Wenn mit dem persönlichen Rat, als einer genuin freiwilligen (hilfreichen) kommunikativen Form des Alltagslebens durch seine Verankerung im Alltagsleben noch ganz andere Bedeutungen und Funktionen verbunden sind als beim professionellen Rat und er mehr oder etwas anderes sein kann als eine Problemlösung, dann wird er nach wie vor bei individuellen Lebensfragen gesucht und gegeben, wird in manchen Lebenssituationen gewünscht und wirksam sein, aber es werden auch Schwächen, Verschiebungen, Grenzen, sowie eine unterschiedliche Wertschätzung und ein neues Ratverständnis deutlich werden.

Was die Wertschätzung betrifft, so ist dem persönlichen Rat auch schon in früheren Zeiten eine sehr ambivalente Wertschätzung zuteil geworden. So bemerkte z.B. Goethe (Bd. 19: 404) in einem Gespräch mit Eckermann vom 13. Februar 1831:

„`Es ist mit dem Ratgeben ein eigenes Ding, sagte Goethe, und wenn man eine Weile in der Welt gesehen hat, wie die gescheitesten Dinge mißlingen, und das Absurdeste oft zu einem glücklichen Ziele führt, so kommt man wohl davon zurück, jemanden einen Rat erteilen zu wollen. Im Grunde ist es auch von dem, der einen Rat verlangt eine Beschränktheit, und von dem, der ihn gibt, eine

---

[10] Vgl. hierzu besonders die synoptischen Arbeiten von D. Klusmann (1986) und Frank Nestmann (1988).

[11] Vgl. hierzu D. Sowarka (1989); P. B. Baltes u. J. Smith (1990); U. M. Staudinger/J. Smith und P. B. Baltes (1994).

[12] Vgl. hierzu U. R. Kluck (1984).

Anmaßung. Man sollte nur Rat geben in Dingen, in denen man selber mitwirken will. Bittet mich ein Anderer um guten Rat, so sage ich wohl, daß ich bereit sei ihn zu geben, jedoch nur mit dem Beding, daß er versprechen wolle, nicht danach zu handeln´."

Dieser relativistischen und eher abratenden Haltung gegenüber dem persönlichen Rat, kann folgendes jüdische Sprichwort entgegengehalten werden: „Das beste Pferd braucht ein Peitsche, der klügste Mensch einen guten Rat."[13]

Um zu klären, worin gegenwärtig die Besonderheiten, die durchgängigen Kennlinien oder die Vielschichtigkeit des persönlichen Rates einschließlich seiner Stärken und Schwächen im Allgemeinen und im Besonderen in Abgrenzung zur professionellen psychosozialen Beratung bestehen, ohne daß diese zu einer ausschließlichen Referenzgröße werden, ist zu fragen:

a) Durch welche gesellschaftlichen Prozesse und Transformationen kommt es zu einer Trennung der beiden Formen und möglicherweise zu einem neuen persönlichen Ratverständnis?

b) Wie nehmen Menschen im Alltag den persönlichen Rat wahr und wie definieren, deuten, interpretieren, beurteilen sie ihn und was verbinden sie mit ihm in unterschiedlichen Situationen, im Kontext ihrer eigenen spezifischen soziokulturellen Verwobenheit, ihren eigenen konkreten Lebenserfahrungen oder medial vermitteltem lebensweltlichem Wissen und ihrer „transsituationalen Überzeugungen (beliefs)"[14], oder soziologisch gewendet, mit dem was P. Bourdieu (1998) *Habitus* rsp. „erworbene Dispositionen" (ebd.: 167) nennt?

c) Gibt es Indikatoren, die für eine Trennung von Rat und Hilfe sprechen?

d) Welche Methode ist für die Gewinnung von Erkenntnissen adäquat, und welcher Personenkreis ist aus welchen Gründen als `Datenquelle´ zu wählen, wenn es noch keine umfassende oder ausschließliche empirische Untersuchung zum persönlichen Rat gibt und wenn die Frage der persönlichen und sozialen Bedeutung des persönlichen Rates sowie seiner Wertschätzung im Privaten auf theoretischer Ebene mit einem phänomenologischen Ansatz des Alltagslebens in Verbindung zu bringen ist?

---

[13] Vgl. hierzu A. Mitscherlich (1973: 161ff.), der in einem Fallbeispiel auf die Unerläßlichkeit eines guten Rates zur rechten Zeit für die Weiterentwicklung des `Ichs´ verweist und dieses Sprichwort zitiert.

[14] Vgl. zur begrifflichen Klärung hierzu H. Nies und J. Munnichs (1987: 48).

## 1.2 Methodische Anlage

Die Ziele der Arbeit und die Inhalte der Fragestellung verweisen schon darauf, daß wir `szientistische´ quantitative multivariate Methoden ausgeschlossen haben. Um zu einer soziologischen Konzeptionalisierung des persönlichen Rates zu kommen, haben wir uns für ein qualitatives Verfahren entschieden, welches eine Heuristik von „Schlüsselkategorien" (A. L. Strauss 1991: 65ff.) des persönlichen Rates unterstützt und die Möglichkeit einer inhaltlichen kontrollierbaren Auswertung „als Entdeckungsstrategie" (M. Meuser & U. Nagel 1991: 453) beinhaltet.

*Auswahl der zu Befragenden und ihre Begründung*

Mit Blick auf eine Abgrenzung zur professionellen Beratung haben wir in Anlehnung an die *Grounded Theory* von B. G. Glaser und A. L. Strauss (1971) ein „Theoretical Sampling" (ebd.: 45ff.) gewählt, aber kein sukzessives bis zur vollständigen Sättigung („saturation") von Kategorien, welches an sich ein Spezifikum der o.g. Theorie darstellt, sondern uns von vornherein aus arbeitsökonomischen Gründen auf eine Fallanzahl von 12 beschränkt und aus Gründen der Evidenz folgende vier Hauptgruppen gebildet:

*1) Personen, die professionell im psychosozialen Beratungsbereich tätig sind.* Bei dieser Gruppe stellt sich namentlich die Frage: wie sehen und praktizieren diese den persönlichen Rat im Privaten, da doch nach ihrem beruflichen Verständnis der persönliche Rat in der Beratung von vornherein zumeist negativ belegt wird?

*2) Der Personenkreis, der seelsorgerisch tätig ist (PfarrerInnen und Diakone).* Es handelt sich dabei um eine Gruppe, die unter den Aspekten der sozialen Netzwerkanalyse nach Nestmann (1988: 130ff.) in der Terminologie von Caplan (1974,1976) zu den „informal care givers" gehört, die die "Kith"-(Familie, Verwandtschaft) und "Kin"-Beziehungen (Freunde, Bekannte, Nachbarn) von Menschen ergänzend unterstützen, oder sogar in der Unterstützungsleistung übertreffen bzw. diese zum Teil ersetzen. Also eine Personengruppe, die „die Versorgungs- und Hilfeleistungen oft in einer `front-line´- Funktion der Krisenintervention erbringen ... ohne dabei beruflich im psychosozialen Versorgungssystem tätig zu sein" (ebd.: 139).

Nun ist aber mit Bourdieu ((1985)1992: 232-34) zu konstatieren, daß das „religiöse Feld" in seinem Kompetenzanspruch insbesondere gegenüber dem medizinischen, und man muß wohl hier das von Bourdieu nicht explizit genannte psychologische Feld gesondert hinzufügen, stark beschnitten und mitbestimmt wird. In Wechselbeziehung mit anderen tiefgreifenden gesellschaftlichen Umbrüchen kommt es zu einem „Abbröckeln der klaren Grenzen", tritt neben den „Geistlichen alten Schlags" ein Typ des „neuen Geistlichen", mit therapeutischen und beraterischen Zusatzqualifikationen in den Vordergrund. Es sieht jedoch aufgrund der Quellenlage von Nestmann (1988: 142) nicht so aus, als ob diese Neuorientierung dem Abwärtstrend, „erste Anlaufstelle" für Ratsuchende gegenüber anderen Expertengruppen zu sein, eine zahlenmäßige Kehrtwende begünstigt hätte.[15]

Zum anderen gibt es eine kircheninterne Diskussion darüber, wie kann bzw. soll sich Seelsorge angesichts (leidender) ratsuchender Mitmenschen in Fragen der Lebenspraxis im Verhältnis zur psychologischen Beratung verstehen. Und im engeren Kontext seelsorgerischer Beratung stellt sich wie in der psychologischen Beratung zugleich die Frage, wie hält man es mit einem konkreten Rat als Entscheidungshilfe für Problemlösungen.[16]

3) Der Personenkreis, der als `Klient/in´ schon einmal wegen einer ratbedürftigen Situation Erfahrungen mit professionellen Beratern gesammelt hat.

Und last not least 4) beliebige Personen des Alltags, die nicht in die zuvor genannte Kategorie fallen, oder vorrangig beruflich mit Beratung zu tun haben. Die aber wahrscheinlich alle schon einmal persönliche Erfahrungen mit `Rat suchen´ und `Rat geben´ im Alltag als Privatperson gemacht haben.

Die getroffene Auswahl der zu befragenden Personen soll Aufschluß darüber geben, ob es zwischen den einzelnen Gruppen Unterschiede in der kritischen Wahrnehmung, Einschätzung und Beurteilung des persönlichen Rates im Privaten gibt, bzw. unter welchen Bedingungen und Zusammenhängen Unterschiede bestehen. Bei den vier Gruppen ist im Intergruppenvergleich zu erwarten, daß Personen die von berufswegen ausschließlich (Gruppe 1) oder im weiteren Sinne (Gruppe 2) mit Beratung befaßt sind, wahrscheinlich eine insgesamt `kritischere´ Haltung gegenüber dem persönlichen Rat im privaten Lebensbereich einnehmen werden als Vertreter der Gruppe 3

---

[15] Während, so Nestmann (1988: 141f.), eine 1960 von GURIN, VERROFF und FELD durchgeführte Repräsentativstudie in den USA noch zeigt, daß bei einem emotionalen Problem 42% der Befragten, die Berufsgruppe der Geistlichen und 29% die Gruppe der Ärzte als „erste Anlaufstelle" nannten, so „verkehrte sich dieses Verhältnis in einer Replikationsstudie von VERROFF, DOUVEN, KULKA (1981)."

[16] Vgl. hierzu einmal Musall (1992: 222), der weder eine Gleichsetzung von Seelsorge und Beratung noch eine eindeutige Abgrenzung gegeben sieht, dann aber die seelsorgerliche Beratung methodisch an einem psychologischen Beratungsmodell orientiert und deshalb explizite Ratschläge für Problemlösungen ablehnt. Demgegenüber gibt D. Ritschl (1986: 432) zu bedenken, ob es nicht besser wäre, wenn das „Orientierungsmodell des christlichen Beraters nicht so sehr der klinische Psychologe als vielmehr der Rabbiner (ist), der die Bibel und die Menschen kennt." Damit verbindet er den Hinweis, der Berater möge „eben doch *"Direktiven"* [Herv. H.B.] geben, wenn auch katalytisch und nicht autoritär. Vielleicht kann das Nondirektive, das alle Kreativität dem Klienten aufbürdet, eine versteckte Form von autoritärer Unbarmherzigkeit sein."

und Gruppe 4. Oder wird es so sein, daß die unterschiedliche Bedeutung und Wertschätzung des Rates im gegenwärtigen Alltagsleben unabhängig von der jeweiligen Teilpopulation besteht? Sollte Letzteres der Fall sein, dann wäre es zum einen interessant zu klären: Worauf beruht diese *Bezugsgruppen* unspezifische Indifferenz, aber durchaus individuelle Differenz? Und zum anderen, und darum geht es uns vor allem: Gibt es bei der Vielzahl von Charakterisierungen des persönlichen Rates, in der Herstellung von Bezügen und Verweisen gemeinsame durchgängige Kennlinien, die sich zu Bedeutungskomplexen verdichten lassen?

**Zusammensetzung des "sampling":**

*Berater/Innen:*Interview 3; Dipl.-Sozialpädagogin mit therapeutischer Zusatzausbildung; Alterskohorte 30-39J.; Beratungsstelle in einer Großstadt

Interview 4; Dipl.-Sozialpädagogin mit therapeutischer Zusatzausbildung; Alterskohorte 40-49J.; Beratungsstelle in einer Großstadt

Interview 5; Dipl.-Sozialarbeiter mit therapeutischer Zusatzausbildung; Alterskohorte 50-59J.; Beratungsstelle für ehemalige Strafgefangene in einer Großstadt

*Seelsorger/In:* Interview 6; ev. Pfarrer in einer Großstadtgem.; Alterskohorte 40-49 J.

Interview 7; ev. Pfarrerin in einer Großstadtgem.; Alterskohorte 40-49 J.

Interview 8; ev. Diakon in einer Kleinstadt; Alterskohorte 30-39 J.

Interview 9; ev. Pfarrer in einer Landgemeinde; Alterskohorte 30-39 J.

*Klienten:* Interview 1; Studentin; Alterskohorte 20-29 J.

Interview 2; Umschüler; Alterskohorte 30-39 J.

Interview 10; Umschüler; Alterskohorte 40-49 J.

*Andere:* Interview 11; Medizinerin; Alterskohorte 40-49 J.

Interview 12; Naturwissenschaftler; Alterskohorte 40-49 J.

Die **Datenerhebung** erfolgte durch Interviews mit dem oben genannten Personenkreis anhand eines `offenen` Interviewleitfadens.[17] Dieser bietet einmal eine gedankliche Vorstudie zum Forschungsgegenstand sowie eine Stütze für die anzusprechenden Aspekte im Interview und verhindert ein `Versanden` des

---

[17] S. im Anhang den Interviewleitfaden und für die Buchausgabe exemplarisch die transkribierten Interviews 1; 4; 6; 9 und 11 in der zeitlichen Abfolge ihrer Erhebung.

Gesprächs.[18] Zum anderen bietet er, bei einem Thema wie dem unseren, wo es noch keine spezifischen empirischen Querverweise gibt und eine Hypothesen- und `Konzeptgenerierung´ noch ansteht, die Chance, daß die Befragten den Spielraum haben, für sie wichtige und für den Forscher noch nicht berücksichtigte relevante Aspekte anzusprechen.

Will man unsere Interviews verorten, tendieren sie, was insbesondere die `Klienten´ betrifft, in die Nähe von A. Witzels (1982) *Problemzentrierten Interviews*, in denen keine Fixierung auf isolierte Variablen stattfindet und „es ... weder um Sondierungen von Persönlichkeitsmerkmalen noch um eine klinische Zielsetzung geht, sondern um individuelle und kollektive Handlungsstrukturen und Verarbeitungsmuster gesellschaftlicher Realität" (ebd.: 67).

Die Interviews mit den BeraterInnen und SeelsogerIn wiederum sind keine expliziten *ExpertInneninterviews* im Sinne von Meuser & Nagel (1991: 442, 444), da in diesen „nicht die Gesamtperson den Gegenstand der Analyse (bildet), d.h. mit ihren Orientierungen und Einstellungen im Kontext des individuellen und kollektiven Lebenszusammenhangs." Und trotzdem, selbst wenn die von uns befragten Professionellen nicht als „FunktionsträgerInnen ... als *RepräsentantenInnen* einer Organisation oder Institution ... die Problemlösungen und Entscheidungsstrukturen (re)präsentieren" angesprochen werden, so äußern sie sich unseres Erachtens im Einzelfall immer auch als Experte/In eines Berufsfeldes zum Forschungsgegenstand. Einmal geben sie aus der Beobachtersituation als Dritte und `Instanz´ eine Einschätzung zu den Stärken und Schwächen des persönlichen Rathandelns bei anderen Personen ab, und zum anderen sind die Expertenanteile nicht absolut von ihrer Person zu trennen, wenn es um die Selbsteinschätzung im Umgang mit dem eigenen persönlichen Rathandeln und um die Beurteilung des persönlichen Rates in ihrem Privatleben geht.

Die in den Interviews gewonnenen verbalen Daten werden nach vereinfachten Transkripitionsregeln dokumentiert, da es uns nicht um eine mikrosoziologische Dialog- oder Konversationsanalyse geht, die die interaktiven Elemente der Textproduktion zum Forschungsgegenstand erhebt. Uns interessiert primär der *verbale Text als zu interpretierendes Wissen*. Dabei stützen wir uns auf ein von Meuser & Nagel (1991: 453) genanntes Verständnis von „Auswertung als Entdeckungsstrategie". Diese zielt darauf ab, „das Überindividuell – Gemeinsame herauszuarbeiten, Aussagen über Repräsentatives, über gemeinsam geteilte Wissensbestände, Relevanzstrukturen, Wirklichkeitskonstruktionen, Interpretationen und Deutungsmuster zu treffen" (ebd.: 452).

---

[18] Vgl. M. Meuser u. U. Nagel (1991: 448f.) zur positiven Wertschätzung des `offenen´ Leitfadeninterviews.

Um zu einer soziologischen Konzeptionalisierung des persönlichen Rates zu kommen, werden wir bei der Auswertung der Texte, in Anknüpfung an Meuser und Nagel (ebd.: 459ff.), nicht auf die Sequenzialität der Texte achten, sondern es wird „nach thematisch vergleichbaren Textpassagen aus verschiedenen Interviews `gefahndet´ (Matthes-Nagel 1986, S. 37)." Dies ist eine Möglichkeit, um Kategorien bilden zu können, die das „Gemeinsame im Verschiedenen" ausdrücken, und sie bietet die Grundlage für konzeptionelle „Verknüpfungs-möglichkeiten" (ebd: 462). Parallel dazu werden wir uns, um einer Perspek-tivenerweiterung und Objektivität willen, nicht ausschließlich auf die eigenen erhobenen Daten beschränken, sondern arbeiten, wenn sich die Möglichkeit bietet, unter Einschluß von „slices of data" (B. G. Glaser/A. L. Strauss 1971: 65ff.) oder dem was Atteslander (1975: 65, zit. n. Lamnek 1993: 178) „akzidentale Dokumente" nennt. Etwas was gerade bei einem `alltäglichen´ Forschungs-gegenstand, wie dem unseren, ein Erfordernis ist, da Forscher nach Mollen-hauer u. Rittelmeyer (1977: 204 zit. n. Huber u. Mandl 1994: 8) stets „`mit Vermutungen über ihren Gegenstand arbeiten, die nicht nur aus der Erfahrung mit dem Gegenstand allein stammen, sondern zum gesellschaftlichen Wissen – besser oder schlechter wissenschaftlich kontrolliert – des Forschers gehört´."

## 1.3 Aufbau der Studie

Zunächst wird unter Punkt 2) dargestellt, wie Situationen in der Alltagswelt zu ratbedürftigen werden können, weshalb sie für die betroffenen Subjekte und ihre Mitwelt einen Aufforderungscharakter haben können und worin die soziale und individuelle Relevanz der Veränderung einer ratbedürftigen Situation besteht. Dabei wird zu berücksichtigen sein, daß es unterschiedliche Typen von ratbedürftigen Situationen gibt, von denen insbesondere diejenigen mit einem moralischen Anteil eine andere Zuspitzung erlangen als rein sachliche Probleme – sofern sie nicht existentieller Natur sind. Darüber hinaus geht es um die Frage, inwieweit soziologisch gesehen beim alltagspraktischen Rat-handeln die Auffassung vertretbar ist, daß Ratfragen sich auf `praktische Pro-bleme´ oder `Aufgaben´ beziehen und stets aufrichtig sind.

Als nächstes werden wir unter Punkt 3) auf die in der Gegenwartsge-sellschaft dominanten Strukturen, Prozesse und Leitmotive eingehen, die zu veränderten ratbedürftigen Situationen und neuen Möglichkeiten bzw. Grenzen der individuellen Auseinandersetzung mit diesen im Alltag geführt haben. Zudem geht es in diesem Kontext auch darum zu verdeutlichen, worin die Durchsetzungschancen und das Verständnis der professionellen psycho-sozialen Beratung für lebenspraktische Fragen und individuelle ratbedürftige Situationen bestehen. Und es wird eine erste kritische Bewertung profes-sioneller Beratung vorgenommen.

Im anschließenden Kapitel (Punkt **4**) wird das soziale Phänomen und die Kategorie `Persönlicher Rat´ als eine dynamische Wechselwirkungsform und narrative Ausdrucksform, deren Inhalte nicht mehr nur naives Alltagswissen sind, theoretisch entfaltet und näher bestimmt. Des weiteren wird aufgrund ausgewählter Sekundärquellen auf den Bedeutungswandel des Rates eingegangen und es wird zugleich eine erste Abgrenzung gegenüber der professionellen Beratung vorgenommen. Darüber hinaus werden richtungsweisende und zu verifizierende Grundannahmen eines persönlichen Ratverständnisses für den empirischen Teil herausgearbeitet.

Im empirischen Hauptteil (Punkt **5**) versuchen wir, mittels der von uns durchgeführten Interviews und in Ergänzung mit Sekundärquellen, unter der Perspektive eines `neuen´ Ratverständnisses, die personenübergreifenden Bedeutungen des persönlichen Rates herauszuarbeiten. In diesem Zusammenhang wird es uns auch um eine kritische Auseinandersetzung mit der Relevanz und Akzeptanz von Ratschlägen als einer kommunikativen Form der Wissensmitteilung und -vermittlung gehen. Es wird um Voraussetzungen und Konsequenzen (wie Vertrauen, Autorität, Verpflichtungen, Verantwortung, Kontrolle etc.) gehen, die sich mit dem Rathandeln verbinden, insbesondere dann, wenn es um eine gegenseitige soziale Anerkennung von Ratsuchenden und Ratgeber[19] unter Individualitätsaspekten geht.

Weiterhin wird unter diesem Punkt zu klären sein, wovon ein gelingendes Rathandeln und die Güte eines persönlichen Rates abhängt und warum in der Wechselwirkungsform des persönlichen Rates eine Prozeßgröße für die Ausgestaltung von sozialen Beziehungen gesehen werden kann. Und wir werden uns mit der *differenzierten Freundschaft* als einer möglichen prädestinierten Konstellation für eine persönliche Ratsuche und ein Ratgeben in der Gegenwartsgesellschaft auseinandersetzen. Letztendlich wird es bei allen Betrachtungen und Analysen darum gehen zu zeigen, weshalb der persönliche Rat in seiner Summe mehr sein kann, als er fürs erste erscheint und wahrgenommen wird – nämlich eine kognitive Unterstützungsleistung für Problemlösungen zu sein – und warum er einen Eigenwert gegenüber der professionellen Beratung im alltäglichen Handeln besitzt, der jedoch bei den von uns Befragten nicht auf einen von allen geteilten Nenner zu bringen ist.

In der abschließenden Diskussion (Punkt **6**) konzentrieren wird uns auf weiterführende offene oder strittige Auffassungen, was ein persönlicher Rat sein kann und worin seine soziale und individuelle Relevanz besteht. Dabei machen wir uns unter anderem dafür stark, den persönlichen Rat von seiner ergebnisorientierten Funktion und von seiner Subsumtion unter den Hilfebegriff abzulösen.

---

[19] Wenn im folgenden Text von `der Ratgeber´ die Rede ist, so ist stets die weibliche Bezeichnung mitgemeint, außer es gibt anderslautende explizite Hinweise hierfür.

# 2. Ratbedürftige Situationen

## 2.1 Ratbedürftige Situationen und der zentrale Faktor Reduktion von Unbestimmtheit

Umgangssprachlich wird eine ratbedürftige/ratlose Situation in den meisten Fällen damit in Verbindung gebracht, daß eine Person ein `praktisches` Problem hat und nicht weiter weiß, oder sich in einer für sie offenen, ungeklärten oder ungewissen Lebenssituation, einer Not, in einer Krise oder in einem Konflikt befindet und deshalb die klassische Ratfrage stellt: „Was soll ich tun?" Dabei stellt sich nun die Frage: wann wird eine Gegebenheit der alltäglichen Lebenswelt für eine Person zu einer ratbedürftigen Situation? Die einfachste und treffendste Antwort lautet: wenn eine Person eine Situation selbst auf Grund ihrer Einschätzung als solche definiert, oder sie intersubjektiv als solche gemeinsam definiert wird, oder wenn jemand ungefragt die Rolle des „Situationsdefinierers" (W. J.Thomas 1965: 21) übernimmt, sei es im Privaten oder als Vertreter einer Institution, und bei einer anderen Person, ob nun objektiv berechtigt oder unberechtigt, den Eindruck erwecken kann, sie habe ein Problem, befinde sich in einer kritischen Situation, wo ein `Weiter-so-wie-bisher` zu nichts führt.

Daß Personen nicht immer eine ratbedürftige Situation als solche erkennen, kommt in einer pointierten Formulierung wie der folgenden zum Ausdruck: „Man kann auch einem Glücklichen einen Rat geben, wenn man Schwierigkeiten auf ihn zukommen sieht, die er selbst nicht sieht" (Stegmaier 1993: 19). Auf der Grundlage eines scheinbar fehlenden `Sich-Bewußtseins`, daß etwas nicht stimmig ist, wird von außen durch Personen des sozialen Umfelds nachgeholfen, sei es durch den Hinweis, sich in dieser Angelegenheit bei jemanden Rat zu suchen oder beraten zu lassen, oder sei es, daß nicht selten ohne viel Aufhebens ein `ungebetener` Rat gegeben wird. Letzterer, der meist ein apodiktisches Tun oder Unterlassen formuliert, bleibt, weil er auf der Dimension berechtigt oder unberechtigt mal mit Verantwortung und Hilfe, mal mit Einmischung und Kritik konnotiert werden kann, meist nicht ohne Brisanz. So ist z.B. in der Sportberichterstattung der "Stuttgarter Zeitung" vom 6. März 1998 (S. 32) unter der Überschrift, "Beckenbauer gibt nun auch Trapattoni öffentlich Ratschläge", folgendes zu lesen: „Die Profis des Meisters gehen mit ihren Tormöglichkeiten zu sorglos um. Ob es sich dabei nur um momentane Konzentrationsschwächen oder berufliches Unvermögen handelt, sei dahingestellt. Bayerns höchst Fußballinstanz tendiert zu letzterem. Deshalb empfiehlt der Präsident Franz Beckenbauer auch dem italienischen Maestro, im Training nun verstärkt Torschüsse üben zu lassen."

Man kann sich gut vorstellen, daß die Fremddefinition von ratbedürftigen Situationen in der Koppelung mit einem Ratschlag schnell dazu führen kann, daß der designierte Ratbedürftige sich sträuben wird, die ratbedürftige Situation als solche bewußt anzuerkennen – etwas, worauf wir noch an anderer Stelle näher eingehen werden.

Geht man nun der Frage nach, warum eine Situation der alltäglichen Lebenswelt, die wissenssoziologisch in der Regel Bestandteil einer sinnhaft geordneten Wirklichkeit ist, für eine Person zu einer ratbedürftigen werden kann und sieht man hierbei einmal von den konkreten makrogesellschaftlichen und kulturellen Einflußfaktoren und Prozessen im Detail ab, die hier einen maßgeblichen Einfluß auf die Mitdefinition leisten, dann ist in der Terminologie von A. Schütz auf den nicht ausreichenden *subjektiven Wissensvorrat*[20] zu verweisen. Oder mit den Worten von P. L. Berger und T. Luckmann (1980: 45): „Die Gültigkeit meines Wissens in der und über die Alltagswelt garantiere ich selbst, und garantieren andere sich und mir nur bis ... zu dem Augenblick, in dem ein Problem auftaucht, welches nicht im ˋgültigen´ Sinne gelöst werden kann."

Im Alltag sind es vor allem das eingefahrene oder das fehlende *Routinewissen* rsp. *Rezeptwissen,*[21] aber auch der fehlende Zugang und die Verfügung über Sonderwissensbereiche, die es verhindern, auf neue und überraschende Situationen, die für das Subjekt einen sozial wichtigen Wirklichkeitsausschnitt darstellen, den Sinn zu generieren, der zur Absicherung oder zur Veränderung dieser Situationen nötig ist. Dabei kann ˋ*Orientierungswissen*´ oder ˋ*Verfügungswissen*´ gefragt sein. Jedoch Orientierungslosigkeit wird, wie E. Rothacker (1975: 77) zurecht darauf hinweist, nicht nur durch „ˋEindrucksüberschwemmung´" verursacht, sondern „viel eher kann man uns geistesschwach nennen, als daß man von Eindrucksüberschwemmung reden kann: man sieht eben einfach gar nichts."

Neben einem Mangel an kognitiven Ressourcen und Kompetenzen (Wissensbeständen) für die Entstehung und Klärung von ratbedürftigen Situationen, können individuell-psychische Faktoren, wie: mangelndes Selbstvertrauen, Ängste etc., die sich in Blockierungen und Hemmungen zeigen, mit dazu beitragen, daß vorhandene kognitive Wissensbestände nicht aktiviert

---

[20]  Die Struktur subjektiven Wissens oder auch Alltagswissen, welches sich nach T. Luckmann (1981b) in *Hintergrundwissen, Routine* und *explizites Wissen* gliedert, wird durch Erfahrung aufgebaut und bildet durch die Verknüpfung ihrer Elemente einen *subjektiven Wissensvorrat*, der wiederum empirisch auf Objektivationen und Weitergabe überindividueller Wissensinhalte gründet und als sedimentierter Inhalt und in seiner Verteilung einem historisch gesellschaftlichen Wandel unterliegt.

[21]  Vgl. Berger/Luckmann (1980: 44) zur begrenzten Reichweite eines routinisierten „Rezeptwissens".

14

werden können und dadurch der `klare Blick´ für eine angemessene Wahrnehmung von Situationen verstellt wird und eine selbstständige Problemlösung beim besten Willen nicht möglich ist.

Wenn also der *subjektive Wissensvorrat*, der sonst zur Bewältigung des Alltagshandelns ausreicht, in einer kritischen Situation (ratbedürftigen Situation) an eine Grenze stößt und er keine, oder nur eine unzureichende Stütze bietet, dann verwandelt sich zumindest partiell, die einst `sichere´ Realität[22] der Aussenwelt in Unbestimmtheit oder Indifferenz und führt auf der Individualebene zur `inneren´ Unsicherheit[23] und Verlust von „Vertrauen als einer Form von Sicherheit" (N. Luhmann 1989: 12).[24] Ein Vorgang, den N. Elias (1983: 78ff.) mit Rekurs auf emotionale Aspekte mittels seiner „Theorie des Doppelbinders" eindrücklich illustriert.[25] Ein geringes oder unrealistisches Wissen über eine relevante Situation hat zur Folge, daß wir sie nicht kontrollieren können, folglich werden in Verbindung damit unsere Emotionen und Affekte um so stärker sein. Die wiederum unterbinden eine konstruktive kognitive Kontrolle unseres Denkens und somit auch Verhaltens.

Dies erklärt auch, weshalb eine ratbedürftige Situation und ein geringes oder unrealistisches Wissen darüber auf individueller Ebene, in Abhängigkeit von der jeweiligen Persönlichkeitsstruktur, den Erfahrungen im Umgang mit vergleichbaren Situationen und dem sozialen Umfeld, so unterschiedliche Reaktionen und Aktionen hervorrufen kann wie: Angst, Aggression, Regression, Projektion, Verdrängung, Verunsicherung, Rückzugsverhalten, Gefühle der Überforderung, aber auch das Verlangen nach materieller oder immaterieller Hilfe. Neben diesen teilweise sozio-biologisch verankerten und gesellschaftlich-kulturell mehr oder weniger überformten und sanktionierten Fluchtverhalten rsp. Ventilverhaltensweisen, artikuliert sich andererseits in der Bitte um einen Rat,

---

[22] Bei aller Vieldeutigkeit, die der soziologisch verwandte Begriff der Realität aufweist, so besteht für H. G. Vester (1980: 6ff.) das gemeinsame Merkmal in seiner „sozialen Konstruktion".

[23] Die Unsicherheit kann sich nach Vester (1980: 43) auf das Denken, die Verhaltensorientierung, sowie das Handeln selbst auswirken und kann die Produktion kognitiver Dissonanz, Identitätsverunsicherung, Entfremdung und Angstgefühle auslösen.

[24] *Vertrauen* ist eine soziale Kategorie par excellence, die in der Theorie von N. Luhmann (1989) in einem ersten Schritt den Weg bereitet Komplexität zu reduzieren, um dann in einem zweiten Schritt, den Möglichkeitsraum für soziales Handeln erweitern zu können. „Vertrauen stärkt die Gegenwart in ihrem Potential, Komplexität zu erfassen und zu reduzieren; sie stärkt die Bestände gegenüber den Ereignissen und ermöglicht es daher mit größerer Komplexität in bezug auf Ereignisse zu leben und zu handeln. Vertrauen stärkt ... die `Toleranz für Mehrdeutigkeit´" (ebd. : 16).

[25] Vgl. hierzu T. Meleghy und H. J. Niedenzu (1997: 206).

die Hoffnung und das Bestreben, persönliche Selbstkontrolle, zumindest ansatzweise zurückzugewinnen, also `Unbestimmtheit´ zu reduzieren und einen `Möglichkeitsraum´ für sinnhaftes Handeln zu eröffnen.

Es wäre jedoch aus unserer soziologischen Perspektive eine verkürzte Sichtweise, die Motive der Ratsuche und deren Quelle à la D. Dörner (1984: 153) mit einem anthropologisch grundlegenden *unspezifische[n, H.B.]* Sicherheitsbedürfnis oder ... *Kontrollbedürfnis"* zu koppeln, welches „gerade dann aktiviert wird, wenn andere Bedürfnisse *nicht* aktiv sind."[26]

Für G. Vester (1980: 45) wiederum, ist es nicht weniger fragwürdig, das Sicherheitstreben ausschließlich in einen „psychologisierenden Kontext" zu stellen. Vielmehr ist in der modernen Gesellschaft der Prozeß der Realitätskonstruktion unsicher geworden, so daß Sicherheit wie Franz-Xaver Kaufmann (1970) schon sehr früh festgestellt hat, „`das Symbol einer gesellschaftlichen Wertidee geworden (ist)´" (zit. n. Vester 1980: 44). Nun ist aber diese Idee wie Luhmann (1968) gezeigt hat, untrennbar mit der Existenz und der Dimensionierung von *persönlichem* und *sozialem Vertrauen* verknüpft. Luhmann (ebd.: 49f.) vermutet, daß nach wie vor „in allen Bereichen des Soziallebens" persönliches Vertrauen gefragt ist und gewährt wird, aber „sich nur dort bildet, wo es gebraucht wird. Das ist der Fall ..., wenn die individuelle Persönlichkeit sozialstrukturelle Relevanz bekommt, wenn sie Interaktionszusammenhänge im sozialen System vermittelt, die nur durch sie vermittelt werden können ... [Jedoch, Einf. H.B] die moderne Sozialordnung differenzierter Gesellschaften (ist) viel zu komplex ..., als daß mit solch einer Orientierung an Personen allein das lebensnotwendige soziale Vertrauen geschaffen werden könnte."[27] Dies bedeutet, persönliches Vertrauen hat für Luhmann nur insoweit Relevanz, als es in der Lage ist, eine effiziente und eindeutige Funktionsleistung für ein soziales System zu erbringen. Daraus ergibt sich für uns jedoch die *weiterführende Frage*, ob persönlicher Rat, der ohne persönliches Vertrauen nicht denkbar ist, im Verhältnis zur professionellen Beratung, seinen Stellenwert gegenwärtig gerade eben nicht über eine positionale Funktionsleistung erhält.

---

[26] Für D. Dörner (1984: 153) ist „Sicherheit als Voraussehbarkeit und Beeinflußbarkeit der Umwelt (...) die Voraussetzung für die Befriedigung aller anderen Bedürfnisse." Und sie wird mit Kontrolle gleichgesetzt, denn „Kontrolle wird nicht nur dann gesucht, wenn dies zum Zweck der Befriedigung anderer Bedürfnisse dringend notwendig ist, sondern auch `nur so´."

[27] Um gesellschaftliche Komplexität zu reduzieren, sind für Luhmann (1967) *Systemmechanismen* wie *Geld, Macht, Wahrheit* und *Liebe* erforderlich, die als äußere symbolisch generalisierte Kommunikations- und Selektionsmedien selbst wiederum Vertrauen „erfordern und erhalten" (ebd.: 61). So ist z.B. das Vertrauen in das intersubjektive Medium *Wahrheit* „ein Vertrauen in spezielle und nachweisbare Fähigkeiten zur Informationsverarbeitung, in funktionale Autorität und letztlich in die Funktionsfähigkeit der Wissenschaft als Handlungssystem" (ebd.: 56).

16

Wenn ratbedürftige Situationen, die sich auf die eigene Person, das Zwischenmenschliche oder auf Umweltbezüge beziehen können, durch Selbstdefinition oder Fremddefinition für die Akteure Bedeutung erlangen, dann ist dies stets im Kontext soziokultureller Wandlungsprozesse zu sehen, die, eher kontingent ursächlich denn schicksalhaft, zur Erweiterung bzw. Verengung oder zur Entstehung neuer (offener, verdeckter) ratbedürftiger Situationen beitragen. Es geht demnach auch um artifizielle „Daten" (vgl. H.Popitz 1992: 30ff.,160ff.), die in einem bisher noch nicht dagewesen Ausmaß und durch neuartige Formen der sozialen Einbindung bzw. Ausgrenzung, Einfluß auf das Denken und Handeln von Personen im Alltagsleben nehmen, so daß es zu Umstrukturierungen und Zusammenbrüchen von sozialen Lebensformen kommt. Die Lebenswirklichkeit ist jedoch nicht nur eine Gegebene, die ausschließlich vorgibt oder einwirkt, die determiniert, welche Situationen für welche Personen oder Personengruppen einen zentralen Stellenwert erhalten und welche eher eine randständige Kategorie bleiben, sondern sie ist durch ihre Relationalität für die Akteure eine Veränderbare, die jedoch mit unterschiedlichen Erwartungen und Veränderungschancen seitens der Akteure verknüpft ist.

## 2.2 Foci ratbedürftiger Situationen und Varianten von Ratfragen

Unternimmt man den Versuch, die Vielfalt ratbedürftiger Situationen in einem ersten Schritt zu gruppieren, dann lassen sie sich einmal, mit Blick auf ihre soziale Bezogenheit, in ein privates oder berufliches Feld verorten; und zum anderen, in Kombination dazu, sich thematisch a) auf eine Sache ausrichten. So z.B. wenn ein Arbeitsloser einen sachlich kompetenten (know-how) und vertraulichen Rat zur Abwendung eines finanziellen Desasters benötigt, weil er sich stark verschuldet hat und es nun um Maßnahmen der Entschuldung geht. Oder b) auf Ratsituationen, die in einem Zusammenhang mit der eigenen Person und/oder einer anderen Person stehen, so z.B., wenn ein Arbeitsloser nicht mehr weiß, wie er einer sich anbahnenden Partnertrennung begegnen soll.

Sicherlich gibt es gerade in den technisch-organisatorischen Bereichen des Berufs- und Freizeitlebens viele ungeklärte fragwürdige Situationen mit einem eindeutig sachorientierten Charakter. Und hier sind es vor allem die Fragen, die auf eine Information, Instruktion, einen Hinweis zielen, um so zu einer reibungslosen und effektiven Problemlösung zu kommen. Es ist jedoch davon auszugehen, daß im Alltag bei vielen sozialen lebenspraktischen Fragen/Problemen sach- und personenbedingte ratbedürftige Situationen miteinander in einer Wechselbeziehung stehen und sich nicht ohne weiteres trennen und zu einem `Thema´ verdichten lassen. So entstehen z.B. durch neue Technologien nicht nur einfach völlig neue, bis dato unbekannte sachbezogene ratbedürftige Situationen, sondern sie beeinflussen mittel- oder unmittelbar das Selbstverständnis von Subjekten, konfrontieren und fordern zur Auseinandersetzung mit veränderten und sich immer weiter verändernden Lebensthemen wie Partnerschaft, Arbeit, Berufswahl heraus, haben Einfluß auf die Prestigebildungsmöglichkeiten oder auf die Marginalisierung sozialer Gruppen.

Im Zusammenhang mit den o.g. Verschränkungen von Belastungen und Aufgaben in ratbedürftigen Situationen läßt sich nun folgende Situation vorstellen: Hans ist im Zuge von technologischen Rationalisierungsmaßnahmen arbeitslos geworden und hochverschuldet. Seine Frau weiß von den Schulden noch nichts. Er sieht aber kaum noch eine Möglichkeit es zu verheimlichen. Deshalb wendet er sich an seinen Freund und fragt: „Wie soll ich es meiner Frau sagen?" Aus linguistisch-semantischer Perspektive ist die hier geäußerte Frage in dem soeben dargestellten Fall, formal gesehen, eine Modalitätsfrage und gehört nach G. Hindelang (1977) mit der Mittel- und der Zielfrage zu dem „untermuster" [sic.!] (ebd.: 37)" des Musters >Jemanden um Rat fragen<. Es handelt sich hierbei um Fragen, die „nach dem typ des problems" (ebd.) `fragen´.[28]

Betrachten wir des weiteren folgenden Fall: Petra ist schwanger, befindet sich gerade in keiner stabilen Partnerbeziehung und ist um ihren Lebensunterhalt bestreiten zu können auf ihre berufliche Tätigkeit angewiesen, die sie außerdem gerne ausübt. Sie wird sich vielleicht folgende mehrgliedrige Frage stellen: Soll ich die Schwangerschaft abbrechen, um mein bislang relativ abwägbares Leben weiterführen zu können, oder soll ich durch die Geburt des Kindes Unwägbares in Kauf nehmen, um vielleicht etwas Neuem im Leben eine Chance zu geben, oder führt dies dann zum persönlichen Zusammenbruch? Es handelt sich dabei im Kern um alternative Zielfragen, die einen Zweifel, wenn nicht gar eine Verzweiflung darüber zum Ausdruck bringen, welches Ziel nun für sie in ihrer augenblicklichen Situation und in ihrem zukünftigen Leben ein `stimmiges´ Ziel darstellt, nicht zuletzt auch deshalb, weil die Werte des eigenen Handelns unsicher sind.

Es braucht nicht viel Phantasie um sich vorzustellen, daß es im Alltag immer wieder ratbedürftige Situationen gibt, die sowohl einen sachlich pragmatischen als auch einen moralisch/ethischen Anteil haben. Dadurch werden ratbedürftige Situationen zweifelsohne vielschichtiger, können eine ungeahnte Zuspitzung erfahren und bedürfen seitens der Akteure einer differenzierteren Betrachtung und die Ratsuche sowie das Ratgeben werden insgesamt um einiges er-

---

[28] Neben dem Zusammenhang von Problemtyp und o.g. Fragestellungen können nach Hindelang (1977: 27, 39) noch Differenzierungen von „äußerungsformen" vorgenommen werden, die mit dem „p r o b l e m s t a n d [zusammenhängen, H.B.], d.h. die frage, bis zu welchem punkt Sp1 das problem schon durchdacht hat ...".

schwert. Deshalb ist eine Situation, wie die der ungewollten Schwangerschaft, die einen existentiellen Interessen- rsp. Zielkonflikt darstellt, nicht gleichzusetzen mit Lebenssituationen und -fragen, auf die man ratlos reagiert, wegen einer „Ungewißheit hinsichtlich des einzuschlagenden Wegs infolge unzureichenden Wissens" (Luckmann 1992: 72).

Es gibt demnach ratbedürftige Situationen, die haben einen so starken existentiellen Aufforderungscharakter, daß Antworten umgehend gesucht, wenn nicht gar gefunden werden müssen, und daneben gibt es solche, die nicht gleich einer Lösung bedürfen, ja selbst wenn sie ungeklärt blieben, würde dies für den Ratsuchenden keinen Schaden bedeuten.

Wenn Personen im Alltag, als Reaktion auf unterschiedliche Typen ratbedürftiger Situationen, Ratfragen mit dem Modalverb `sollen´ formulieren, wie z.B.: „Was soll ich tun?" – „Wie soll ich es machen?" – „Wie soll ich mich verhalten?", dann handelt es sich um ein relatives Sollen und die Fragen können auf einen Zweck und/oder auf einen Wert gerichtet sein. Nun ist es aber aus soziologischer Perspektive wichtig folgendes festzuhalten: wenn Personen im Alltag Ratfragen stellen, dann halten sie sich nicht an sprechakttheoretische Axiome, Prämissen oder sprachlogische Differenzierungen. So stellen sie sich z.B. nicht die Frage, ob ihre Ratfragen wie bei Hindelang mit einem „praktischen problem [sic.!]" (ebd.: 37)[29] in Verbindung stehen, oder ob sie wie bei J. Walther (1985: 298) „den praktischen Aufgaben beizuzählen (sind)", und ob es stets „aufrichtige" Ratfragen sind, die „... auf einem Nichtwissen (beruhen) und ... im Hinblick auf dieses Informationen im weitesten Sinne (verlangen)."

Mal ganz abgesehen davon, daß Informationen, Instruktionen und moralische Probleme, bzw. Sinnfragen als Gegenstand von Ratfragen, selbst zwischen Hindelang und Walther strittig sind,[30] so ist im Alltag nicht zu

---

[29] Hindelang (1977: 37) definiert „ein praktisches problem ... mit Gauthier 1963,1 als ein problem, `whose final solution is found in doing something, in acting´." Jedoch damit eine Person eine andere Person überhaupt um Rat fragen kann, müssen neben dem *praktischen Problem* (a) noch folgende „ bedingungen ... gelten... :
b) Sp1 weiß nicht, wie er das problem lösen soll.
c) Sp1 nimmt an, daß Sp2 ihm hinweise zur lösung des problems geben kann.
d) Sp1 glaubt nicht, daß es einen anerkannten standardlösungsweg für sein problem gibt."

[30] Informationsfragen oder Instruktionsfragen sind für Hindelang (1977: 37-39) keine Ratfragen, genausowenig wie Fragen zu moralischen Problemen „bei denen sich Sp1 unsicher ist, welche generellen ziele und werte er seinem handeln überhaupt zugrunde legen soll" und die zum Untertyp "Zielfragen" gehören. Informationsfragen oder Instruktionsfragen sind bei ihm nicht „in die definition von RATFRAG eingegangen", weil bei Informationsfragen Punkt d) nicht zutrifft und ein moralisches Problem kein „praktisches problem ist". Dagegen besteht bei J. Walther (1985: 297-99) die Option, daß Ratfragen wie Erkenntnisfragen „mit ethischen

19

überhören, daß hier anders codiert wird. Menschen stellen im Alltag hin und wieder Ratfragen, obwohl die Ausgangssituation keine ˋechteˊ ratbedürftige Situation ist, weil sie nicht groß analytisch differenzieren oder weil sie auf individueller Ebene von „internalen Determinanten" wie „eigene subjektive Ziele, Motive, Normen, Erwartungen oder Intentionen" (Sachse 1991: 89) geleitet werden, die ihren Fragen den alltäglichen Ausdruck von Ratfragen geben. So kommt es immer wieder vor, daß Sinnfragen, oder Informationsfragen als Ratfragen gestellt werden. Dabei handelt es sich um Fragen wie: „Wie siehst du meine derzeitige Situation?" „Was hältst du von der Sache?". Fragen die auf die Einschätzung einer Haltung, auf eine Bestätigung einer vorgefaßten Lösung/Entscheidung zielen, aber es kann auch eine Frage wie die folgende im Interview 10 sein, die auf eine Ermutigung ausgerichtet ist.

*L:* Also ich hab' da mit meinen Selbstwertgefühlen schon öfters meine Probleme und so bin ich anfangs auch in die Ausbildung rein und hab' auch heute noch oft Probleme damit und brauch' da eigentlich Bestärkung von außen.
*I:* Und wie würde dann die Ratfrage lauten?
*L:* Auf gut schwäbisch: „Moinscht des schaff i?"
*I:* Also nicht was soll ich tun, sondern!?
*L:* Ob ich das schaffe oder nicht. Weil oftmals ist der Weg was ich tun müßte vorgegeben, nur trau' ich mir nicht so den Weg zu gehen ... .

**Schlußfolgernder Ausblick:** Ratbedürftige Situationen sind nicht immer selbstdefiniert, monokausal, eindeutig begrenzt oder sachlich pragmatischer Natur. Ratfragen beziehen sich auch nicht immer ausschließlich auf eine ˋechteˊ ratbedürftige Situation. Genausowenig wird stets die ˋklassischeˊ Ratfrage gestellt - „Was soll ich tun?". Es ist vielmehr zu vermuten, daß Ratfragen je nach sozialem Kontext und nach individuellen Motiven, Erwartungen, Intentionen vom Ratsuchenden, mal offensiv, mal neutral verdeckt − z.B. aus Intimitäts- und Diskretionsgründen, aber auch strategisch/taktisch in eine

---

ˋGegenständenˊ verknüpft sein" können, aber Erkenntnisfragen von Ratfragen insgesamt abzugrenzen sind, weil „es bei Ratfragen und dem, was durch sie verlangt wird, nicht wesentlich auf Wahrheit oder Falschheit ankommt." Wenn es nun „beim Ratgeben nicht wesentlich auf Erkenntnis ankommt ... bedeutet [dies, Einfügung H.B.] nun nicht, daß durch Ratschläge nicht auch Erkenntnisse vermittelt werden könnten, oder das Ratschläge nicht auf Erkenntnissen beruhten, sondern nur, daß es nicht wesentlich für sie als Ratschläge ist, daß sie Erkenntnisse enthalten." Beim Ratgeben geht es nach Walther vielmehr darum, ob ein Rat-(schlag) „gut oder schlecht bzw. besser oder schlechter" geeignet ist, um „eine Entschlußschwäche oder eine Entschlußunsicherheit" zu beseitigen. Deshalb ist es dann zweitrangig, „wie das geschieht, ob durch Geben einer Anweisung oder durch erwägendes Beraten, d.h. gemeinsames Abwägen aller Entscheidungs- oder Entschlußmöglichkeiten im Hinblick auf die unter den gegebenen Umständen beste Entscheidungsmöglichkeit."

Interaktion eingebracht werden. Deshalb ist bei persönlichen Ratbitten immer auch mit *maskierten* Ratfragen zu rechnen.[31] Und umgekehrt können Ratgeber gleichfalls versuchen, offen oder verdeckt den Beratungsprozeß zu steuern oder über Ratinhalte auf das zukünftige Denken, Handeln und Verhalten der Ratsuchenden Einfluß zu nehmen. Dies läßt für den im empirischen Teil noch zu beweisenden Schluß zu:

1. In ratbedürftigen Situationen können unterschiedliche Motive, Erwartungen und Interessen geweckt, aktualisiert, `bedient´, verschränkt und umgesetzt werden.
2. Alleine die Existenz von `maskierten´ Ratfragen deutet schon an, daß im Alltag der persönliche Rat mehr sein kann als eine kognitive Kategorie zur Klärung von Problemen und daß dann das Wechselwirkungsverhältnis von Ratsuche und Ratgeben und die Inhalte eines Rates eine besonders interessante Färbung bekommen können.

---

[31] Eine `maskierte´ persönliche Ratsuche kann durchaus in Analogie zu Simmels Verständnis von „Lüge als eine Kommunikationstechnik" (B. Accarino 1994:119) verstanden werden, die nicht moralisch zu werten ist.

# 3. Zur Aktualität von individueller Ratsuche, professioneller psychosozialer Beratung und deren Konjunktur

## 3.1 Gesellschaftliche Prozesse und Leitmotive, die für eine veränderte individuelle Ratsuche und Ratgebung sprechen

Die in der gegenwärtigen Soziologie am häufigsten genannten übergeordneten Begriffe zur Kennzeichnung von Gesellschaft, nämlich *Moderne* versus *Postmoderne*, oder eine Indizierung, die von der *Erlebnisgesellschaft* (G. Schulze 1993) bis zur *Kontingenzgesellschaft* (M. Makropoulos 1990) reichen kann, weisen darauf hin, daß „Gegenwartsdiagnostik meist strittig (ist)" (W. Eßbach 1996a: 97). So schreibt denn auch Ulrich Beck (1991: 1290) in > Die Frage nach der anderen Moderne< : „Es liegt der gar nicht so leicht zu entkräftende Verdacht nahe, daß die sieben Buchstaben ´Moderne´ im Munde von Soziologen heute Ratlosigkeit meinen. Alle Kategorien, die einmal programmatisch die Gegenwart auf den Begriff bringen sollten, sind schal geworden, zerdacht, erfahrbar falsch." Deshalb spricht für W. Eßbach (1996a: 93ff.) vieles dafür, bei einer soziologischen Diagnose von Gesellschaft auf den Begriff der *Gegenwartsgesellschaft* zu rekurrieren und dabei „von den Krisen aus[zu-gehen, H.B.], so wie sie jetzt erfahren werden" (ebd.: 97).

Nun gibt es Krisen wie die der strukturellen Arbeitslosigkeit, die quer durch die Bevölkerung als Massenarbeitslosigkeit erkannt, benannt und von vielen erfahren wird. Für weite Teile der Bevölkerung sind außerdem Bildungs-, Familien-, Ehe-, Glaubens-, Sinn-, Identitätskrisen oder „eine Krise der Therapiegesellschaft" (H.Thiersch 1987: 41), um nur einige zu nennen, mehr oder weniger gegenwärtig und erfahrbar. Sie alle können und dürfen nicht auf individueller Ebene als selbst verschuldet erlebt werden, sondern müssen zusammengedacht werden mit übergreifenden gesellschaftlichen Strukturprinzipien, sich verändernden sozialen Prozessen und gesellschaftlichen Leit- und Wertideen. Hierbei sind vor allem die *Individualisierung* und die *Pluralisierung* von Lebensformen und Lebensentwürfen zu nennen. Sie sind untrennbar mit *Freisetzungsprozessen* (U. Beck 1986) aus traditionellen Lebens- und Wissensformen verbunden und avancierten im Strom „einer ´Temporalisierung von Komplexität´ und einer generellen *Verflüssigung sozialer Strukturen*" (P.A. Berger 1996: 53) zu gesellschaftlichen Leitmotiven.

*Individualisierung* als Vergesellschaftungsmodus ist in dynamischer Perspektive einmal Voraussetzung, ein anderes Mal Folge gesellschaftlicher Freisetzungsprozesse aus traditionalen Sozialformen und Differenzierungsprozessen und hat immer strukturelle sowie inter- und intraindividuelle Dimensionen.[32] Gesellschaftshistorisch ist die Individualisierung weder ein neues Phänomen noch ein abgeschlossener Vorgang.[33] Und die den Individualismus fördernden Kräfte sind nach Eßbach (1996a: 92f.) historisch auf der Grundlage von durchaus `listigen´ sozialen „Gegendifferenzierungen" zu sehen.

Die neue Qualität der Individualisierung, deren Prozeß eine allgegenwärtige, den Lebensstil bestimmende und diversifizierende Größe ist, resultiert primär aus dem Wechselspiel dynamisierter kapitalistischer Produktionsweisen, einer durchgängigen Rationalität und einer wohlfahrtsstaatlichen Absicherung bei einem vergleichsweise hohen Lebensstandard und einer „Entstandardisierung der Erwerbsarbeit" (U. Beck 1986: 220ff.). Für P. A. Berger (1996: 51ff.) wird die Alltagswelt infolge umfassender Freisetzungsprozesse aus traditionalen Verbindlichkeiten zumindest transitiv als eine „offene", „plurale", aber auch „deregulative" wahrgenommen.

K. Hahn (1995: 23) faßt die in der soziologischen Diskussion genannten zentralen Tendenzen der `Freisetzung´ wie folgt zusammen:

- die Herauslösung aus traditionalen Gemeinschaftsformen und sozialen Bezügen und Wählbarkeit der persönlichen Bezugsgruppen
- die Erosion aus traditionalen Solidargemeinschaften aufgrund sozialpolitischer Verteilungsmaßnahmen
- Abnahme persönlicher Abhängigkeiten und situativer interpersoneller Aushandlungsprozesse zur Interessenregelung aufgrund der Existenz von rechtlichen Garantien
- eine zunehmende Differenzierung von Lebensformen und die Herausbildung individueller lebenslaufspezifischer Muster aufgrund der Lockerung standardisierter Erwerbsbiographien der Industriegesellschaft
- eine zeitliche Flexibilisierung des `Normal-Lebensverlaufs´ und Unbestimmtheit in zugeschriebenen sozialen Rollenanforderungen.

---

[32] Vgl. hierzu N. Ebers (1995), die in ihrer synoptischen Analyse der gesellschaftstheoretischen Individualisierungskonzepte bei G. Simmel, N. Elias und U. Beck zeigt, daß Individualisierung einen ambivalenten und doppelten Prozeß darstellt. Neben der strukturellen Dimension: „`Individualisierung´ als strukturelle Freisetzung aus traditionellen Bindungen, Lebensformen, Abhängigkeiten, Sicherheiten und Deutungsmustern", die „zu einer steigenden p e r s ö n l i c h e n  A u t o n o m i e" (ebd.: 344f.) führt und die von allen drei Autoren thematisiert wird, berücksichtigen Simmel und Elias darüber hinaus noch Individualisierung „als Entfaltung einzigartiger Individualität" und als „intrapsychische Differenzierung" (vgl. bes. 346f. u. 349f.).

[33] Für G. Simmel (1908 (1968: 542) mündete im 18. Jahrhundert, bei allem Freiheitsstreben, die „Idealbildung des Individualismus" in das ein, „was den Menschen gemeinsam ist". Und im 19. Jahrhundert liegt der Akzent auf der Differenz. Beide Formen sind ohne die quantitative Erweiterung *sozialer Kreise* (ebd.: 305ff., 528ff.) nicht denkbar.

Die Freisetzungsprozesse führen für die Subjekte zugleich zu dem, was H. Popitz (1992: 137f.) einen Verlust „religiöser" und „irdischer Transzendenz" nennt, wodurch diese verstärkt gezwungen sind, den Sinn im Leben nun „in der biologisch begrenzten Spanne des eigenen Lebens" zu suchen und zu erreichen. Wenn dies alles zutrifft, dann sind die Subjekte im Alltag mehr denn je gefordert, sich als `soziale Netzwerker´ zu betätigen, räumliche Mobilität und gedankliche Flexibilität zu zeigen, sowie in einem hohen Maße selbstverantwortliche Lebensentwürfe zu entwickeln und unter dem Vorzeichen einer Entgrenzung und Neuverteilung von Rollen und Positionen nach neuen Wegen des Erwerbs von *sozialer Anerkennung* zu suchen.

Was die Suche nach sozialer Anerkennung betrifft, so findet sich bei H. Popitz (1992: 119;149f.) ein gedanklich überraschender Schlüsselhinweis dazu, gewinnen doch für ihn angesichts eines Verfalls „institutioneller Autorität" – was jedoch nicht gleichbedeutend ist mit deren gänzlichen Verschwinden – sozialstrukturell bedingt durch das Auftreten eines *neuen Typus sozialer Subjektivität*, bei dem „das Streben nach sozialer Anerkennung der *eigenen Individualität*" auf eine Exklusivität der singularen Existenz zielt, „persönliche Autoritätsbeziehungen eine dominante Bedeutung."[34]

Daß in den Freisetzungsprozessen trotz Auflösung lebensweltlicher Erfahrungen und deren Substituierung durch „massenmedial vermittelte Interpretationsfolien", Chancen „für `ein Stück eigenes Leben´" (Keupp et al. 1989: 155;159) liegen und diese nicht unbedingt Desintegration bedeuten müssen, ist unbestritten, gerade oft wegen ihrer Unbestimmtheit und Herausforderung. So vermitteln u. E. `fluxe´ Formen sozialer Begegnung mit auszuhandelnden und aufkündbaren Beziehungsmustern vielfältige Chancen kurzfristiger Selbstbestimmung und Selbstvergewisserung. Andererseits können die sich eröffnenden Möglichkeitsräume Wegbereiter für weitere Orientierungsprobleme, für Selbstzweifel sein oder zu einer unrealistischen Praxis der Selbststeigerung der eigenen Person auffordern. In diesem Zusammenhang konstatieren denn auch Keupp et al. (1989: 159):

„Die Folgen dieser Freisetzungsprozesse gehen für die Subjekte weit über die Veränderungen äußerer Lebenskonturen hinaus. Sie fordern eine *veränderte innere Ausstattung* [Herv. H.B.], um durch eine sich partikularisierende Welt und die ständig geforderten situativen Umstellungen ohne Zerfall der Person durchzukommen."

---

[34] Das Novum gegenüber den vier anderen (geschichtlich früheren) *Typen sozialer Subjektivität* besteht nach Popitz (ebd.: 139-51,159) darin, daß „die Verknüpfung von Selbst-Anerkennung mit sozialer Anerkennung" hier 1. nicht aus der *Zugehörigkeit zu einer Gruppe*; 2. einer *zugeschriebenen Rolle*; 3. einer *erworbenen Rolle*; oder 4. einer *öffentlichen Rolle* erwächst, sondern es einer „individualisierte(n) Autoritätsbeziehung auf Gegenseitigkeit" bedarf.

Alleine die Aufforderung sein `Selbst´ vielgestaltig zu modellieren und die damit verbundene Anforderung sein `Selbstbild´ im Fluß zu halten, kann dazu führen, daß die Herstellung und der Erhalt von Identität zu einem durchgängigen Lebensprojekt wird und es dann zu einer permanenten Selbstthematisierung und Hyperreflexion des Subjekts kommen kann.[35] Mit anderen Worten, eine Pluralisierung gesellschaftlicher Lebensformen verlangt eine plastische Persönlichkeitsstruktur, oder in der Diktion von H. von Recum (1995: 13): „Der Individualisierungsprozeß verlangt einen selbstsicheren Menschentyp, der fähig ist, die neuen Spielräume individueller Lebensmöglichkeiten auch zu nutzen. Nicht jedem gelingt das." Indikatoren, die dafür sprechen, sind z.B. in der zunehmenden Inanspruchnahme von öffentlichen Beratungsstellen oder den gestiegenen Zahlen bei der Telefonseelsorge zu sehen.[36]

Sozialepidemiologische Untersuchungen zeigen nach Keupp (1995: 69) außerdem, „trotz Individualisierung bleibt und verschärft sich soziale Ungleichheit", wobei aber unseres Erachtens, Ungleichheit nicht mit Unsicherheit oder Ratlosigkeit kurzgeschlossen werden kann, ist doch aus milieutheoretischer Sicht eine eindeutige Gruppenzugehörigkeit stets auch Hilfe für die Aufrechterhaltung von innerer und äußerer Sicherheit. Gleichfalls ist es für uns fragwürdig, bei den sogenannten `Verlierern´ der Individualisierung eine besonders hohe selbstbekennende Ratbedürftigkeit anzunehmen.

Was die Verortung *sozialer Kontrolle* nach K. Hahn (1995) in den neueren Gesellschaftstheorien im Gegensatz zu den `klassischen´ Gesellschaftstheorien (Durkheim; Weber; Simmel) betrifft, so ist ihrer Auffassung nach mitzubedenken, daß dort „die ... ebenfalls konstatierten größeren Freiheits- und Abhängigkeitsformen ... nicht mehr auf individuelle Lebenslagen, sondern auf Systeme oder Handlungssphären bezogen (sind). Das beinhaltet, daß die Ambivalenz der Vergesellschaftung ... [eine, Einf. H.B.] zunehmend abstraktere, d.h. nicht personenbezogene Wirkung ist" (ebd.: 154).

Bedingt durch Strukturprinzipien wie: Verrechtlichung, Raum-Zeit-Organisation und deren Verschränkung, oder (Risiko-)Versicherungen, liberalisierte marktförmige Tauschstrukturen, sowie neue und leicht zugängliche mediale Kommunikationstechnologien und -formen, findet für K. Hahn eine Funktionalisierung und neue Art der Differenzierung von Sozialstrukturen statt, sowie

---

[35] Für Keupp/Straus/Gmür (1989: 155) hat die „Suche nach dem wahren Selbst" schon G. Simmel in >Das Individuum und die Freiheit< (1957: 266) durch folgende Feststellung formuliert: „*Durch die ganze Neuzeit geht das Suchen des Individuums nach sich selbst, nach einem Punkt der Festigkeit und Unzweideutigkeit, dessen es bei der unerhörten Erweiterung des theoretischen und praktischen Gesichtskreises und der Komplizierung des Lebens immer dringlicher bedarf und der eben deshalb in keiner der Seele äußeren Instanz mehr gefunden werden kann´*."

[36] Vgl. dazu die in der Einleitung genannte Literatur.

die Herstellung „*tragbare*[r] Kontingenz" (ebd.: 156). Im Zuge dieser strukturellen Vorgaben und Prozesse verknüpfen und überlagern sich „neue Zwänge" und „individuelle Anpassungsleistungen" (ebd.: 10), mit traditionellen sozialen Kontrollmechanismen. Hierbei ist vor allem, neben den regulären manifesten sozialen Normen, an die Lenkung, Formung und Kontrolle menschlichen Verhaltens und sozialer Beziehungen durch zusätzliche *Normalisierungstechniken* zu denken, wie sie bei M. Foucault in Anschlag gebracht werden, um die bestehenden sozialen Normen abzusichern, zu ergänzen, oder neue Systemkonforme zu definieren.[37]

Festzuhalten bleibt fernerhin, daß selbst aus systemischer Perspektive gezwungenermaßen ein Mindestmaß an lebensweltlicher Kontingenz zum Systemerhalt notwendig und erforderlich ist. Und da es in gesellschaftlichen Systemen durch die *generalisierten Medien* teilweise zu einer unvollständigen Regulation und Integration des Sozialen kommt, sind deshalb individuelle Leistungen gefragt. Vor allem sind individuelle Leistungen dann gefragt, wenn sie in spezifischen lebensweltlichen Segmenten als Regulativ eine günstige Kosten-Nutzen-Relation für eine gesellschaftliche Ordnungsbildung bieten.

Für Hahn (1995: 156) ist im Zusammenhang von „struktureller Handlungskontingenz" und sozialer Kontrolle, mit Hondrich (1985: 71), nach den sozialen Einrichtungen zu fragen die „`erfunden wurden´"", um „die für die Konstituierung neuer Sinnstrukturen" in Grenzen notwendige „`Unbestimmtheit zu erhalten und fortzusetzen´." Denkt man nach Hahn jedoch an die „modernen Formen der Selbstthematisierung", wie Psychotherapie, Lebenshilferatgeber, Selbsthilfegruppen etc., die zur Einübung oder Sicherstellung von Individualität gedacht sind, so sind diese für sie „kein Ausdruck für `Individualität´..., sondern materialisierter Ausdruck eines hochkomplexen, geteilten Wissensvorrats oder des Kollektivbewußtseins, durch die bereits nach den klassischen Gesellschaftstheorien soziale Kontrolle ausgeübt werden kann" (ebd.:163).

Wenn eine komplexe und differenzierte Gesellschaft wie die unsere zur Sicherung und Aufrechterhaltung von Ordnung auf ein hohes Maß an sozialer Kontrolle angewiesen ist, dann kann dies bei der Frage wer und wie wird kontrolliert, für Hahn nicht primär eine Frage nach äußeren Zwängen und Restriktionen sein, sondern „die Frage nach der Lebens*gestaltung* impliziert bereits, daß die Grundlage der Erklärung sozialer Kontrolle in der Sphäre des

---

[37] Vgl. hierzu W. Eßbach (1996a: 161); W. Schmids Aufsatz (1991) >Von den Biotechnologien zu den Technologien des Selbst< bei M. Foucault; aber auch K. Mannheims (1958) Ausführungen zu den *Sozialtechnologien*; bzw. im Gegensatz dazu die protagonistische Haltung und Hoffnung eines W.T. Williams ((1927)1965: 63ff), mittels einer „nomothetischen" Sozialtheorie die erforderliche „rationale Kontrolle" ausüben zu können, um eine Gesellschaft grundlegend stabil zu halten.

konkreten sozialen Handelns gesucht werden muß" (ebd.: 158).[38] Kulturelle und soziale Individualisierung als ein Vergesellschaftungsprinzip werden nach Hahn vielmehr zum aktiven „Problemlösungsmuster" (ebd.: 166) für soziale Kontrolle und der individuellen Bereitschaft dazu. Auf der Verhaltensebene „wird nicht mehr die Einhaltung festgelegter Verhaltensweisen kontrolliert ... . Es wird ... der Erfolg der Kontrollarbeit kontrolliert, der sich daran bemißt, daß individuelle Praktiken ein *flexibles* Ordnungsmuster, aber keine `Unordnung´ produzieren" (ebd.: 182).[39]

Die Zubilligung und das Erfordernis aktive individuelle oder autonome Kontrollarbeit zu leisten, ist die eine Seite. Die andere besteht darin, daß immer dann, wenn dies nicht gelingen will, wenn es also dysfunktional zu werden beginnt, versucht wird, im Rückgriff auf institutionalisierte formale Kontrollhilfen, z.B. ein medial vermitteltes lebensweltliches `Rezeptwissen´ – anhand von Ratgeberliteratur – einzuüben und sich zu eigen zu machen. So wirken die in der medialen Lebensberatung „definierten kulturellen Standards ... als soziale Kontrollen, der [sic.] man sich nur schwer entziehen kann: ... Die Einübung des sozial gebilligten kulturellen Standards gipfelt in einer Therapie für Normale" (ebd.: 183f.).[40] Aber man könnte hier unseres Erachtens angesichts euphemistischer Sprachregelungen, die die Autonomie des Subjekts vordergründig durch sozialpolitische Handlungsprogramme betonen oder flankieren, von der Gefahr einer Verschleierung realer Tatbestände sprechen.[41]

---

[38] Für K. Hahn (1995: 169) ist durch die „`Pluralisierung´ und `Wahlfreiheit´ der sozialen Beziehungen", die kontrollierende Einflußnahme von Bezugsgruppen geringer geworden, weil sie kann „durch Abbruch unterlaufen werden". Jedoch die zu leistende Kontrollarbeit des Einzelnen wird nicht weniger, so die Theans, im Gegenteil, es „läßt sich erkennen, daß das Gesamtvolumen sozialer Kontrollen zugenommen haben muß" (ebd.). Dies hängt auch damit zusammen, daß bei Hahn die soziale Kontrolle durch ein Anwachsen von sozialen Beziehungsmustern und -strukturen eine „Wende auf die interaktionistische Ebene" (ebd.: 158) erfährt.

[39] K. Hahn (1995: 182) zeigt an der Verhaltenvorschrift für leitende Mitarbeiter eines internationalen Handelskonzerns, wie durch die Zielvorgabe: „`Machen Sie, was Sie wollen. Aber mit Erfolg´[!]", Kontrolle auf folgenden drei unterschiedlichen Ebenen hergestellt wird: „Erstens wird kontrolliert, daß überhaupt ein Beitrag zum Ordnungsproblem geleistet wird, zweitens daß die Problemlösung hinreichend individuell und damit effizient ist und daß sie drittens ... auf institutionalisierte (Teil-) Lösungsmuster zurückgreift."

[40] Vgl. hierzu K. Hahn (1995: 183) Bellah zitierend: `Die Ausdrucksfreiheit des modernen Selbst geht Hand in Hand mit der instrumentellen Kontrolle der modernen Welt.´(1987: 154) Darüber hinaus ist `die Therapie selbst ... eine genauestens *regulierte und sorgfältig ausbalancierte* Beziehung.´(ebda.: 158; Hervorh. K. H.)."

[41] So kreiert z.B. *Das Bundesministerium für Arbeit und Sozialordnung*, in einem "Leitfaden für Arbeitnehmer und Arbeitgeber" (März 1996) das Schlagwort von der

Hahns Analyse unterschiedlicher gesellschaftstheoretischer Ansätze mit ihren expliziten oder impliziten Aussagen zu Formen von sozialer und individueller *Kontrolle* zeigt zusammenfassend: *Individualisierung* ist „Resultat moderner Ordnungsbildung" (ebd.:119) und wird auf interaktiver Ebene zunehmend selbst zum Kontrollinstrument um soziale Ordnung aufrechtzuerhalten. Und es gibt für den Einzelnen durch seine Verortung in „sozialstrukturelle Gefüge" eine `Zumutung´ an zu leistender „Kontrollarbeit" zur Abwendung von Devianz, die erkennen läßt, „daß das Gesamtvolumen sozialer Kontrollen zugenommen haben muß. Gerade in der individualisierten Gesellschaft gibt es damit keine zwingende Handlungslogik, aber eine Kontrollogik" (ebd.: 169).

Das Ansinnen und die Praxis, lebensweltliche Kontingenz vorrangig mittels *Normalisierung* bewältigen und vermeiden zu wollen, Autonomiegewinne für individuelles Handeln und neue Möglichkeiten und `Praktiken´ sozialer Bindung bei Auflösung traditionaler Bindungen durch die Einbindung in „präventive(.) Politiken" (R. Castel, zit. n. Makropoulos 1990: 420) erreichen zu wollen, ist faktisch unmöglich, ja sogar kontraproduktiv. Für Makropoulos (407f., 418, 420f.) besteht der „problematische" Anteil „neuzeitliche[r] Kontingenz" nicht im Zufälligen, sondern im artifiziellen „Verfügbar-Kontingenten" und sie steht für die „Expansion des gesellschaftlichen Möglichkeitshorizontes ins Unabsehbare, die als Ambivalenz von Unsicherheit und Handlungsoffenheit erfahren wird." Sie bringt zwei „säkulare(.) Gesellschaftsprojekte" hervor, nämlich die „der Normalisierungsgesellschaft" und die „der Versicherungs-Gesellschaft", wobei letztere als ein zweites „soziale(s) Projekt (.)", die Risiken um anderweitiger Chancen willen in Kauf nimmt und um der Subjektivität willen auf ein „Kontingenzmanagement" setzt.[42]

Selbst wenn gegenwärtig nach M. Makropoulos' Einschätzung die "Versicherungs-Gesellschaft" die dominante sein sollte, dann ist Foucaults Analyse, daß durch die Produktion von Wissen über die Individuen, eine immer „feinmaschigere" Erfassung und Kontrolle und somit eine „`absteigende Individualisierung´" (K. Hahn 1995: 123) stattfindet, keineswegs obsolet. Habermas (1965: 471ff.) thematisiert eine vergleichbare Gefahr, wenn die „Mediatisierung der Lebenswelt" durch „Formen ökonomischer und administrativer Rationalität" in ihre „Kolonialisierung" umschlägt, dann ist dies eine gewichtige Gesell-

---

"**MOBILZEIT**ARBEIT" und wirbt damit für „eine Arbeitszeit nach Maß mit Flexibilität und Mobilität."

[42] Makropoulos sieht eine mögliche Erklärung in der Verwobenheit von „Normalisierungsgesellschaft" und „Versicherungs-Gesellschaft" bei aller Konkurrenz und Besonderheiten darin, „daß die Ambivalenz des Kontingenten selbst nicht aufzulösen ist. Handlungsmöglichkeiten sind ohne Unsicherheit nicht zu haben" (ebd.: 421).

schaftskritik. Und dennoch, selbst Foucault setzt Signale der Hoffnung, wenn er in seinen Spätschriften, die Aufmerksamkeit auf die „Technologien des Selbst" (1993), der „Selbstsorge" (1985) richtet und auf das ästhetisch-ethische Subjekt in seiner lebensweltlichen Verankerung setzt, welches sich durch Erfahrung des Anderen konstituiert und was ihm die kritische Sicht der `Dinge´ und nötige Kraft zum Widerstand gegen die „Techniken der Beherrschung" (W. Schmid 1991: 1346) gewährt.

**Summa summarum:**

1. In den Begriffen der *Individualisierung* und *Pluralisierung* verdichten sich zum Teil gesellschaftliche Widersprüche, die dann für das einzelne Subjekt im Alltag als individuelles Thema, oder als Problem, Konflikt, bzw. Krise erfahrbar werden. Die Gegenwartsgesellschaft verlangt von den Individuen ein hohes Maß an persönlichen und sozialen Ressourcen sowie Kompetenzen, um ihr Leben weiterhin selbstbestimmt, konstruktiv und lebenswert gestalten zu können.

2. Individualisierung als Form und Ausdruck gesamtgesellschaftlicher Prozesse wird auf personaler Ebene mit Selbstverantwortlichkeit und Einzigartigkeit verankert. Eine `qualitative´ Individualität hat zwangsläufig eine verstärkte reflexive *Selbstthematisierung* zur Folge, verbunden mit einem hohen Grad an *Selbstdarstellungsleistungen* (*"Impression-Management"*) und *Identitätsarbeit*, und bedarf deshalb besonders der sozialen Anerkennung durch die anderen.

3. Auf Grund der Komplexität und zunehmenden `Temporalisierung´ von gesellschaftlichen Prozessen und Lebenszusammenhängen durch Wissenschaft und Technik (Technologien), wird das einzelne Subjekt in seiner Lebenswelt mehr denn je mit artifiziellen Kontingenten konfrontiert und muß sich deshalb immer häufiger mit neuen oder sich schnell wandelnden ratbedürftigen Situationen auseinandersetzen, die nicht selten mit einem `individuellen Problemlösungsdruck´ gekoppelt sind. Zudem ist davon auszugehen, daß zunehmend mehr Menschen erprobte Sinngrundlagen für ihre Selbst- und Weltorientierung abhanden gekommen sind. Einigen wird es gelingen, der gesellschaftlich propagierten Forderung, auch in stürmischer See sein eigener erfolgreicher Steuermann zu sein, gerecht zu werden. Andere werden von sich aus nicht alles selber lösen wollen, sofern sich anderweitige Kompensationsmöglichkeiten oder funktionalisierte, vorfabrizierte Sinnangebote bieten, und wieder andere werden eine `Selbstsorge´ entwickeln, die vom Leistungsdenken und anderen gängigen gesellschaftlichen Leitideen abrückt.

4. Und da der Individualisierung *Kontrolle* inhärent ist, hat dies auch Folgen für den Umgang mit ratbedürftigen Situationen und der Art und Weise wie Rat gesucht und gegeben wird.

## 3.2 Versozialwissenschaftlichung: insbesondere die Psychologisierung des Alltagsbewußtseins/-lebens

Der im Alltagsleben fest verankerte Satz: „Wissen ist Macht", ist in einer `Wissens-´ und `Informationsgesellschaft´, besonders mit Blick auf ein sich wandelndes und ungleich verteiltes ganzheitliches Alltagswissens, im Verhältnis zum exponential anwachsenden wissenschaftlichen Wissen (spezifisches Sonderwissen) neu zu sehen. Denn dieses Wissen, so Stehr (1994: 290) „produziert unmittelbar Nichtwissen oder gar Ignoranz (das heißt >certified ignorance<)."[43] Ob jedoch wissenschaftliches Wissen wie Stehr schreibt: „in allen Bereichen unserer Gesellschaft Grundlage und Richtschnur menschlichen Handelns" (ebd.:41) wird, kann in dieser Ausschließlichkeit bezweifelt werden, wenn man folgende zwei Einwände mitberücksichtigt:

1. Aus der Dominanz des wissenschaftlichen Wissens kann nicht zwingend abgeleitet werden, es könne „als Ersatz für Allgemeinwissen wirken" (T. Luckmann 1981: 50).
2. Ist davon auszugehen, daß wissenschaftliches Wissen mittels praxisbezogener Expertenwissenssysteme nur in inhaltlich abgeflachter Weise in das Alltagswissen eindringt.

Expertensysteme, die im Verbund mit bürokratischer, verwaltungstechnischer und juristischer Rationalität die Prozesse der Verwissenschaftlichung im Alltag legitimieren und die mittels Medien ihre Botschaften vom gelingenden Leben populärwissenschaftlich im Alltag streuen, sind ein Vorgang der allgegenwärtig stattfindet. Daß es durch Prozesse der Verwissenschaftlichung zu einer Schieflage kommt, wird nach Lachenmann (1984: 285) anhand des „Gegensatzes von Alltags- und Expertenwissen" deutlich und zeigt sich in der Setzung von Standards für ein `neues´ Alltagswissen. Dies beinhaltet, ein traditionelles ganzheitliches Wissen des Lebens kann und sollte im Alltag nur in vordefinierten Grenzen Geltung haben und ein begrenzter Sinnlieferant sein. Und selbst dieses wird noch konterkariert in dem was gegenwärtig stattfindet und sich umfassend vollzieht, nämlich die verflachte Verwissenschaftlichung des Alltagslebens. Hierbei interessiert uns vor allem die *Versozialwissenschaftlichung* des Alltags[44] – insbesondere die `Psychologisierung´ des

---

[43] Für G. Lachenmann (1994: 287f.) ist es gleichfalls evident, daß „die gesellschaftliche Entstehung und Verteilung von Wissensvorräten notwendigerweise Nicht-Wissen produziert." Dieses bedeutet jedoch nicht ein Fehlen oder das Gegenteil von Wissen, es geht auch nicht „um `wahres´ oder `falsches´ Wissen, sondern es gibt immer einen gesellschaftlichen Standard der Geltung." Insofern haben für sie *Systeme des Nichtwissens* stets „einen gesellschaftlichen Sinn".

[44] Prozesse der Verwissenschaftlichung, und analog dazu die der *Versozialwissenschaftlichung* im Besonderen, lassen sich nach E. W. Busch (1994: 85) an den

Denkens und Handelns im Alltag –, sowie deren Protagonisten, die professionellen Berater in der Expertenrolle. So ist denn bei Keupp et. al. (1989: 150) zu lesen: „Keine aktuelle Gesellschafts- und Kulturanalyse kann den Siegeszug psychologischer Deutungsmuster übersehen." Andererseits, wenn, daß sei hier vorweg angesprochen, nach Alfred Schütz, so Lachenmann (1994: 292), „die alltägliche Lebenswelt ... die `ausgezeichnete´ Wirklichkeit ist, dürften in ihr keine das Alltagshandeln behindernden Widersprüche zwischen Wissen und Nicht-Wissen auftreten. Bei Expertensystemen ist dies jedoch der Fall. Verknüpfungen und Schlußfolgerungen werden nicht gemacht, bestimmte Fragestellungen und Gegenstände werden ausgeklammert, die im Alltagswissen bzw. der Weltanschauung jedoch vorhanden sind."

Wenn nun nach Keupp et al. (ebd.: 153f.) im Zuge gesellschaftlicher Freisetzungs- und Individualisierungsprozesse kollektive und individuelle Alltagsgewißheiten „erodieren", dann ist „die Basis für die Entstehung psychosozialer Dienstleistungssysteme und die Nachfrage nach solchen Dienstleistungen" geschaffen. Es ist hier vor allem an die praxisorientierte Psychologie zu denken, die gegenwärtig eine bis dahin unbekannte gesellschaftliche Bedeutung erlangt hat. Zum einen, weil sie die Existenz `soziogen´ bedingter „existentieller Frustrationen" (V. Frankl 1993: 141f.) und andere reale Probleme thematisiert, und zum anderen, weil deren Vertreter auf individueller Ebene in Konkurrenz zu traditionellen Anbietern, so Tretzel (1993: 15) nach Keupp (1981: 50), „komplementäre" sowie „kompensative" therapeutische und beratende Angebote zum „richtigen Leben" bieten.[45] Dies ist jedoch nur die eine Seite im `Marktgeschehen´. Die Nach- und Angebotsfrage psychosozialer Beratung, einschließlich ihrer Steuerung, wird von den Beratungsexperten mitdefiniert, wobei, differenzierte Beratungssysteme, definierte Zuständigkeitsbereiche und perfektionierte `Sozialtechniken´ diesen Prozeß unterstützen.[46]

Neutral formuliert sind Beratungsexpertensysteme als Ganzes nicht nur eine Antwort auf gesellschaftliche Individualisierungsprozesse, sondern sie tragen maßgeblich zu deren Prozeßhaftigkeit und zur *Versozialwissenschaftlichung* des Alltagslebens bei. Kritisch gesehen, „(werden) im Zuge der `Verwissenschaftlichung der Person´ im Kontext des szientistischen Wissenschaftsideals (...) laufend neue `Eigenschaften´ `entdeckt´, mittels derer Personen in ihrem

---

„Zentren ihrer Produktion ... Orten ihrer Verbreitung und Anwendung" festmachen und verfolgen.

[45] „Die ... Etablierung des Berufsstandes der Psychologen/innen trug mit dazu bei, daß die Psychologie auch immer mehr Raum in einer Domäne einnahm, die früher der Religion und Philosophie vorbehalten war: eine Bestimmung des «richtigen» Lebens, sowie diverser «Anleitungen zum Glücklichsein». Psycholog/innen/en werden so zu Lebensberatern und «Beichtvätern des 20. Jahrhunderts» (wie der Titel des Buches von Halmos (1972)) lautet" (Tretzel 1993: 16).

[46] Vgl. R. Mahlmann (1991: 29ff.).

So-Sein erkannt werden können: depressiv, anorektisch ..." (Vaassen 1996: 194). Der Einsatz psycho- und sozialtechnischer Instrumente trägt demnach mit dazu bei, den gesellschaftlichen Prozeß der Individualisierung richtungsweisend im Fluß zu halten, mit dem gleichzeitigen Bemühen ihn zu standardisieren. Zugleich muß sich die Praxis psychosozialer Beratung mit dem Vorwurf auseinandersetzen, sie weise einen Verlust von Gesellschaft auf, indem sie menschliches Handeln individualistisch verkürzt und die Gesellschaft therapeutisiere.[47] So verweist Kleiber (1987: 61) im Rekurs auf die materialistische Erkenntnistheorie zunächst auf Hahn (1969) und seine anderweitig längst sattsam bekannte These, daß „der `scheinbar konkrete´ Alltag (...) etwas `falsches Konkretes´ (ist)". Im weiteren bezieht er sich auf Rexilius (1986) und andere Kritiker, die ihm zufolge zu bedenken geben, daß eine professionelle psychologische Hilfe, „die zu einer sozialen Kontroll- und Normalisierungsinstanz (verkommt), (...) in die Gefahr (gerät), tradierte und erfolgreiche Alltagskompetenzen und alltagsweltlich verfügbare Ressourcen zu zerstören bzw. zu enteignen. Expertokratische Definitionen von gesund und krank, normal und abweichend werden so zur Norm für Selbstdefinition und die Psychologie begibt sich so ungewollt in die Rolle eines Problemdefinierers, -bewältigers und -verhinderers" (ebd.).

Seit ungefähr Mitte der sechziger Jahre haben die Sozialwissenschaften, nach Schmitz et al. (1989: 122f.), in ihrer Etablierungs- und Differenzierungsphase, die mit der Forderung einer „angewandten Aufklärung" (Dahrendorf) einherging, „den neuen beruflichen Typ des sozialwissenschaftlich ausgebildeten `angestellten Beraters´ hervorgebracht." Keupp et al. (1989: 162) wiederum thematisieren speziell den „Professionalisierungsboom" der angewandten Psychologie im „Zeitraum von 1965 bis 1975", der unmittelbar und in der Folge zu einer Palette differenzierter und elaborierter Beratungs- rsp. Therapieangebote und zu einer gestiegenen Anzahl öffentlich institutioneller Beratungseinrichtungen und Privatpraxen führte. Daß dies mit Richtungskämpfen innerhalb einzelner `Schulen´, mit Abgrenzungen gegenüber anderen sozialwissenschaftlichen Disziplinen, mit Auseinandersetzungen etablierter `Schulen´ gegenüber Protagonisten neuer Bewegungen usw. verbunden war, ist hier immer mitzudenken und ein eigenes Thema, welches hier nicht vertieft werden soll.[48]

---

[47] Die Notwendigkeit von Therapie wird selbst in einem didaktischen Lehrbuch der Geschichte vertreten. So verweist Thomas Leeb (1986: 138) in: >Vorbereitende Überlegungen zu einer Regionalität des Menschen. Selbstorganisierendes Lernen der Individuen im gesellschaftlichen Kontext< in einer Fußnote darauf hin, daß ein Übergang von der Rollen- zur Ich-Identität in der Adoleszenz kaum noch „ohne `therapeutische´ Unterstützung ... gelingen wird."

[48] Vgl. hierzu H. Keupp et al. (1989: 162ff.); D. Schaeffer (1990); F. Nestmann (1992).

Wenn wir im weiteren der Frage nach der Verwissenschaftlichung des Alltagslebens nachgehen, dann teilen wir mit R. Keller (1994) die Auffassung, daß quantifizierende Analysen der Angebotstruktur und Inanspruchnahme psychosozialer professioneller Beratung oder die Auflagenhöhe und Vielfalt von Lebensratgebern, nicht hinreichend die `Verwissenschaftlichung des Alltagswissens´ erhellen. Die zentrale Frage lautet vielmehr, *wie* das wissenschaftliche Wissen als „`Wissenslawine´ in den Wissensvorrat der Laien sedimentiert und in deren Deutungs- und Handlungspraxis relevant wird" (ebd.: 64).

Nach Walter-Busch (1994: 86) lassen sich „um die vielfältigen Prozesse der akademischen Etablierung, der Elaborierung und Diffusion sozialwissenschaftlichen Fachwissens, die es gibt, besser überblicken zu können ... *drei Phasen der Versozialwissenschaftlichung* ... unterscheiden ... 1. Pionierphase. ... 2. Etablierungs- und Differenzierungsphase ... 3. Reifephase ... ."[49] Übersetzt man dieses auf die relevanten Schnittstellen für die lebensweltliche Praxis, so bedeutet dies: Sozialwissenschaftliches „Gelehrtenwissen" diffundiert zunächst in die „Berufsfelder von Sozialexperten" (ebd.: 85f.)[50] und „erreicht und beeinflußt außerdem bereits, von sozialwissenschaftlich informierten Berufspraktikern und Sozialexperten sowie von Massenmedien und populärer Sachliteratur vermittelt, den *Laien* in seinen verschiedenen Rollen als Staatsbürger, Ehepartner, Kindererzieher usw." Unberücksichtigt bleiben jedoch in Walter-Buschs Erklärung des Diffusionsprozesses die unbeabsichtigten Folgen des sozialwissenschaftlichen Wissens und deren Trivialisierung.

Ob es gerechtfertig erscheint, wie Keupp et al. (1989) in Anlehnung an A. de Swaan vorschlagen, von einem „protoprofessionellen Wissen" (ebd.: 176-82) seitens der Laien/Klienten zu sprechen – hier bezogen auf den psychosozialen Bereich – ist selbst aus ihrer Sicht nicht eindeutig. Indizien, die aus ihrer Sicht dafür sprechen, wären z.B. die Tatsache, daß `Laien´ zunehmend „Schwierig-

---

[49] E. Walter-Buschs (1994: 88-91) „Reifephase" der anwendungsorientierten Sozialwissenschaften, deren typischen Prinzipien „Perspektivenverkehrung und ... Perspektivenvermehrung" sind und die mit U. Becks Begriff der „Sekundärverwissenschaftlichung" korrespondiert, zeichnet sich durch folgende Merkmale aus: „a) ... eine sehr hohe Populationsdichte unterschiedlichster Forschungsansätze ... b) ... zunehmende Interdisziplinarität ..." und c) die Konfrontation „`mit ihrer eigenen objektivierten Vergangenheit und Gegenwart ... : mit sich selbst als Produkt und Produzent der Wirklichkeit und der Probleme, die sie zu analysieren und zu bewältigen haben ...´(Beck 1982, S. 9f.)."

[50] Walter-Busch (1994: 85) bezeichnet mit Sozialexperten diejenigen Fachleute, „die sich hauptberuflich mit beratungs- oder hilfsbedürftig erscheinenden Verhaltens und Sozialproblemen von Menschen und deren damit zusammenhängenden Eigenschaften befassen – also beispielsweise Psychotherapeuten, Berufs-, Personalberater, Gruppentrainer, Organisationspsychologen, Sozialarbeiter, Markt- und Meinungsforscher usw."

keiten als psychische Probleme erkennen" und eine erhöhte Bereitschaft besteht, sich in eine Beratungssituation zu begeben. Des weiteren sei ein ungefähres Vorwissen über das Beratungssetting vorhanden und es wird ein bruchstückhaftes psychologisches Wissen in den Beratungsprozeß eingebracht. Jedoch bei genauerer Betrachtung des angeblich durch Beratung hervorgerufenen „Protoprofessionalisierungseffekt[es] ... stellt man erstaunt fest, daß dieser vergleichsweise gering erscheint." Denn nach Beobachtung der Autoren benutzen Klienten „... nur (in) wenigen Fällen ... explizit psychologische Erklärungsmuster und Metaphern. Noch seltner gebrauchen sie in ihren Beschreibungen typische Fachtermini ... . Statt dessen verwenden sie bei der Beschreibung der erfahrenen Beratungshilfen Bilder und Begriffe, die alltagssprachlich sind und nicht notwendig auf den Kontext einer erfahrenen Beratung verweisen" (ebd.: 182).[51] Ein Widerspruch, der aus ihrer Sicht eine Erklärung findet, wenn man sich genauer ansieht, wie z.B. im Kontext eines `gemeindepsychologischen´ Beratungsmodells – welches von ihnen präferiert wird –, im Gegensatz zu einem ‚`technokratischen´'" oder „`eklektizistischen´'", sich die „personale Verwendung des Wissens" im Sinne einer Transformation vollzieht (ebd.: 189).

Walter-Busch (1994: 93) wiederum bietet eine eingängige, aber empirisch äußerst anfechtbare Erklärung, was die Diffundierung des sozialwissenschaftlichen Wissens in die Köpfe von Laien und Praktikern betrifft. Ihm zufolge gelingt es den Laien und Praktikern „überraschend leicht", sich gewisse sozialwissenschaftliche Erkenntnisse anzueignen, weil sie mit dem „Gelehrtenwissen" einen „auf der Grammatik der Alltagssprache aufbauenden Grundstock einfacher Formen des Nachdenkens über den Menschen verfügen, den sie miteinander teilen." Eine Gemeinsamkeit, die nach unserem dafürhalten in der Alltagspraxis wohl eher nur rudimentär vorliegt und nicht alles erklärt. Es ist vielmehr davon auszugehen, daß die Vermittlung sozialwissenschaftlichen Wissens weniger auf einem gemeinsamen Nachdenken, denn primär in der für Laien anonymen konsumtiven Form der populären Ratgeberliteratur oder in anderen speziellen Segmenten der *Print-* und *Audiovisuellen-Medien* erfolgt. Dieses Besitzergreifen und Durchdrungenwerden reicht bis in die Alltagssprache hinein, so daß nicht selten psychologische Termini trivialisiert in Floskeln zur Sprache kommen und zu Versatzstücken des Handelns werden. Psychologisch eingängige Denkfiguren werden formelhaft zum Lebensentwurf stilisiert und gelebt. Die `Psychologisierung´ der Alltagssprache wird vor allem

---

[51] Demgegenüber wird nach Mahlmann (1991:17), in ihrer Analyse von `Ehediskursen´, sehr wohl durch die „Psychologisierung", bei „Streitanlässen", auf der Handlungsebene „dem pragmatischen Motiv der Orientierung im Alltag ... ein kognitives oder analytisches Bemühen vorgeschaltet ... .`Ich muß erst x y wissen und/oder x y erklären können, bevor ich reagieren kann".

dann zum Problem, wenn ein „Defizit-Vokabular" (vgl. K. Gergen 1996: 41ff.) die Alltagskommunikation kontaminiert und dieses Auslöser und Aufforderung in einem ist, die alltägliche Praxis zu `normalisieren´.

Zu den vielstimmigen und zahlreichen `Abgesängen´ von *nicht-wissenschaftlichen Wissen* findet sich bei N. Stehr (1994: 291f.) eine Relativierung und Entgegnung. Seiner Auffassung nach berücksichtigt die von vielen Soziologen geteilte „These" P. Weingartens (1983: 228) von der Machtlosigkeit, der Verdrängung und dem Ersatz von „Primärerfahrung in `immer mehr Lebensbereichen durch die Produktion und Anwendung systematischen Wissens als Handlungsorientierung ...´" *nicht* ausreichend, daß „diese Überlegungen typischerweise oft nur in Form von Prophezeiungen und drohenden Voraussagen über die unmittelbar bevorstehende Vernichtung oder Kolonisierung der traditionellen kulturellen Lebensformen als eine Art `black box´ in die Diskussion übernommen werden." Bei aller Schwäche des nicht-wissenschaftlichen Wissens, sollte nach Stehr jedoch nicht übersehen werden, daß dieses so etwas wie „eine Insel im Sturm der funktionalen Differenzierung" bildet und genauere Analysen der „eigentümlichen Funktionen nicht-wissenschaftlichen Wissens in einer hochdifferenzierten Gesellschaft" – und in diesem Kontext ist unser Thema `persönlicher Rat´ mit zu sehen – mit dazu beitragen, „die Prämisse von der Macht wissenschaftlichen Wissens ... aufzulösen" (ebd.).

**Zusammenfassung:** Neben permanenten Fusionen von `altem´ Alltagswissen und `neuem´ veralltäglichtem popularwissenschaftlichen Wissen, besteht zum anderen im gegenwärtigen Austausch zwischen wissenschaftlichem Wissen und Alltagswissen ein *Machtgefälle* und kein Gleichgewicht. Das lebensweltliche Wissen der Subjekte erfährt durch die Expansion wissenschaftlichen Wissens im Gewand einer popularisierten *Versozialwissenschaftlichung* eine weitreichende Prägung. Ein auf diese Weise verändertes lebensweltliches Alltagswissen ist kein Garant für `vernünftiges´ oder `verstehendes´ Wissen, noch vermittelt es grundsätzlich eine größere Orientierungs- oder Verhaltenssicherheit als früheres Alltagswissen. Es bleibt bei allem Fortschreiten wissenschaftlichen Wissens und sich verändernden subjektiven Erfahrungsformen und -horizonten gegenüber dem wissenschaftlichen Wissen und Diskursen trotzdem ein eigenständiges Wissen, da davon immer nur Teile des `subjektiven Wissensvorrats´ moduliert werden und nicht alle Personen gleichermaßen davon `gefesselt´ werden – worauf wir beim *persönlichen Rat* näher eingehen werden. Deshalb kann in der Summe nur von einer partiellen Marginalisierung des Alltagswissens gesprochen werden. Aber es wäre kurzsichtig, die Diffusion popularisierter wissenschaftlicher Erkenntnisse und Vorgaben in die Alltagssprache als Ganzes mit einem peripheren Vorgang gleichzusetzen.

Eine ganz zentrale Folge der Verwissenschaftlichung des Alltagslebens ist einmal darin zu sehen, daß sich die Akteure in ihrem Alltagshandeln zunehmend verstärkt mit Standardisierungen ihrer Lebensvollzüge und mit Vorgaben für Lebensentwürfe auseinandersetzen müssen und zum anderen, daß bei einem notwendig erachteten Klärungsbedarf, die oft medial geförderte Bereitschaft steigt, sich an einen Experten zu wenden. Die `Delegitimierung´ des ganzheitlichen Alltagswissens wird im Verbund mit den Beratungssystemen durch die `Betroffenen´ selbst mit vorangetrieben bis zu dem Punkt, wo sie als ratsuchende Personen selbst Mängel und Schwächen von Expertensystemen und -beratung erkennen oder erfahren und dann als zweifach `Betroffene´ in der Aneignung von wissenschaftlichem Wissen als `lebensweltliche´ Gegenexperten eine `Delegitimation´ einer `expertokratischen Alltagsdelegitimation´ betreiben.

Bevor wir im weiteren unser Augenmerk auf die professionelle psychosoziale Beratung als (Makro-)Institution und ihre Inhalte richten und uns fragen, was sie auszeichnet, worin die Motive und Gründe für ihre Inanspruchnahme bestehen und was dies letztendlich für das alltägliche Hilfeverständnis bedeutet, wollen wir zunächst der *Frage nachgehen*: was zeichnet seine Träger, die Experten aus?

## 3.3 Professionelle psychosoziale Beratung

### 3.3.1 Der professionelle Berater für Lebensfragen als Wissens- und Kommunikationsexperte

Wenn für D. Schaeffer (1990: 57) durch soziokulturelle Umbrüche „tradierte Sinnzusammenhänge und Erfahrungswissen in wachsenden Maße irrelevant werden", dann gewinnt systematisches Wissen für individuelle Problemlösungen Bedeutung. Und die maßgebliche „Instanz auf dem Weg der Diffusion systematischen Wissens ist die Figur des Experten" (ebd.).

Die Aufgaben eines professionellen Beraters (Beratungsexperten) für ein spezielles oder allgemeines Problem lebenspraktischen Handelns bestehen gemeinhin darin, daß dieser seinen Wissensvorsprung in der Sache und sein methodisches Regelwissen unterstützend und kontrolliert/kontrollierend in den Beratungsprozeß einbringt, damit es dem Ratsuchenden möglich wird, sich eine individuelle „Orientierungs-, Planungs- und Entscheidungshilfe" (Dorsch 1994: 101) zu erarbeiten.

B. Kleimann (1996: 185ff.) zeigt in seinem Literaturbericht zum >Expertendilemma<, daß der Expertenbegriff bezüglich „Reichweite" des Expertenwissens, „individuelle[r] Merkmale des Experten" und der „Zuweisung der Expertenrolle" unscharf ist.[52] Es wird jedoch gleichfalls erkennbar, daß der professionelle Berater in einer komplexen Gesellschaft mit einer differenzierten Arbeitsteilung nicht mehr der ursprüngliche Experte sein kann, nämlich der aus eigenem Erproben Erfahrene und somit Kenner und kompetenter Partner für eine Materie. So zeigt G. Böhme (1980) am Beispiel der Etablierung der Geburtshilfe innerhalb der wissenschaftlichen Medizin, wie das ursprünglich erfahrungsgeleitete personengebundene Hebammenwissen, welches immer zugleich auch ein ganzheitliches *lebensweltliches Wissen* war, „aus dem Lebenszusammenhang entfernt [wird, Einf. H.B.]" (ebd.: 447).

Bei dem neuen Typus von Experten handelt es sich in der Regel um Personen, die durch eine zertifizierte (fach-)wissenschaftliche Ausbildung, eine hochspezialisierte berufliche Sozialisation und im Verhältnis zum Ratsuchenden über ein spezifisches elaboriertes objektiviertes „Besser-Wissen" (R. Mahlmann 1991: 50)" oder nach R. Hitzler (1994: 26) über ein „Mehr-Wissen" verfügen. Dieser besondere Wissensstatus, einschließlich der damit verbundenen Implikationen, drückt sich für Hitzler (ebd.) folgendermaßen aus: „Mehr-Wissen als das von anderen *konkret* abfragbare bzw. beanspruchbare Wissen zu haben, über (kaum bzw. unkontrollierbare) Rat- und Hilfekompetenz zu verfügen, verschafft dem Wissenden eine *relative* Autonomie, macht ihn in diesem Sinne zum *Experten*."

Dieses „Mehr-Wissen" des Experten innerhalb eines `Sonderwissensbereiches´ geht für Hitzler (ebd.: 23) einher mit einer speziellen Organisation des Wissens. Dieses wiederum trägt mit dazu bei, was H. A. Hesse (1998: 105) die Ausformung und Etablierung des „Handlungsmuster Fachmensch – Laie" nennt und die häufig eine Zuspitzung in der „Richtigkeitsfrage" findet, welche sich gegenwärtig stark „auf die Problemlösungsverheißungen" ausrichtet.[53] Es ist hier jedoch anzumerken, die speziellen Problemlösefähigkeiten und -methoden über die Beratungsexperten verfügen, zielen auch dann, wenn sie für den individuellen Fall im Beratungsprozeß eingesetzt werden, immer zugleich auf

---

[52] Diese zuweisende Definition erfolgt nach Kleimann (1996: 188ff.) durch die: *Profession; Klienten; Medien* und *Selbstdarstellung.*

[53] Die „Richtigkeitsfrage" ist bei Hesse (ebd.:104f.) in einem umfassenden Sinn gemeint. So versuchen Menschen in unserer säkularisierten Gesellschaft angesichts allgegenwärtiger Ungewißheit und Unsicherheit, Gewißheiten oder Handlungshinweise und Entscheidungsfindung durch Fragen wie diese zu finden: „`Was ist der Nutzen, was sind die Kosten? Welche Chancen, welche Gefahren sind damit verbunden? Dient es meinen Interessen? ...´". Fragen, die sie an „spezialisierte Instanzen mit spezifischen Botschaften... richten", die „mit Kalkulationen, mit Empirie, mit Wahrscheinlichkeitslehren, mit Ideologien, mit Gesetzen, mit Gesundheits-Lehren, mit Moden, mit Ethik, mit Moral, mit Glaubens-Lehren, mit Groß-Theorien (antworten)."

etwas gesellschaftlich Allgemeines, da professionelles Handeln immer schon zentrale kulturspezifische Werte und soziale Ordnungsmuster mit einschließt. Außerdem verfügen Experten nach Hitzler (1994: 26f.) „über die relative Produktions- und Deutungsmonopole für Expertisen", die im Verbund mit einer lobbyistischen Professionspolitik gesehen werden müssen. Und sie verstehen es, sich durch „Inszenierungsleistungen"[54] Anerkennung zu verschaffen.

Richtig ist sicherlich D. Schaeffers (1990: 57) Analyse, daß „die Figur des Experten und des Expertentums ... im Zusammenhang mit solchen Prozessen der Verwissenschaftlichung der Lebenspraxis (auftaucht), die auch den Mittelpunkt der wissenschaftsrationalistischen Betrachtung bilden." Aber es wäre sicherlich falsch, psychosoziale professionelle Beratung, in ihren unterschiedlichen Erscheinungsformen, grundsätzlich mit einem `expertokratischen Modell´ – deren systematische Wissensbestände auf eine instrumentell sachbezogene Anwendung ausgerichtet sind – kurzzuschließen. Schließlich ist professionelle psychosoziale Beratung ohne eine hohes Maß an kommunikativen Fähigkeiten und einem Mindestmaß an „sinnverstehender Kompetenz" (Schaeffer 1990: 57) nicht denkbar. Mal ganz abgesehen davon, daß psychosoziale Berater keine homogene Gruppe bilden.[55]

Was nun speziell die „persönlichen Anteile" in der Berufsrolle betrifft, so können diese nach (Keupp et al. 1989: 172) bei einer lebenspraktischen Beratung als Chance oder Hemmschuh verstanden werden. „Durch die Verwobenheit der Berufsrolle mit persönlichen Anteilen und die dabei angelegte, höchst individuelle Brechung sowohl in der beruflichen Sozialisation als auch in der Berufsrolle selbst werden Routinisierungsprozesse, die für eine klassische Professionalisierung charakteristisch sind, erschwert" (ebd.). Zudem können wir davon ausgehen, daß all dieses, in der psychosozialen Beratung, im Gegensatz zu einer Beratung im technischen Bereich, viel stärker zum Tragen kommt. Aber man würde dem Sachverhalt gleichfalls nicht gerecht, wenn man bei den psychosozialen professionellen Beratern für praktische Lebensfragen den problematischen szientistischen und objektivistischen Experten-Aspekt weglassen würde, da hier der einzelne Berater ebenso wie ein naturwissenschaftlich-technischer Experte, in die Praxis ein theoretisch geformtes „Verfügungswissen einbringt ... [welches, H.B.] seiner Natur und Herkunft nach

---

[54] Darunter lassen sich nach Hitzler (1994: 27) Phänomene subsumieren, wie: „auf eine bestimmte Art und Weise zu sprechen, bestimmte Embleme und Symbole verwenden, ein bestimmtes Erscheinungsbild abgeben, bestimmte Rituale – auch Anti-Rituale – vollziehen usw.".

[55] Vgl. hierzu D. Schaeffer (1990: 50), die kritisch auf die gegenteilige Vorstellung innerhalb der klassischen (funktionalistischen und strukturfunktionalistischen) *Professionstheorie* verweist, „deren Mitglieder gleiche Werte, Rollenvorstellungen, Interessen und eine ähnliche Berufsidentität haben (Goode 1972)."

unterschiedlich verläßlich (ist)!" (H. Mohr 1996: 5). Weitere Schwierigkeiten ergeben sich für den *psychosozialen Beratungsexperten*, kurz Berater genannt, in der Konfrontation mit bürokratischen und institutionellen `Zwängen´, die wiederum den Beratungsprozeß selbst beeinflussen.

Insgesamt weist vieles darauf hin, daß professionelle Berater als *Dienstleister* in der psychosozialen Praxis, trotz postulierter Verpflichtung und realer Einhaltung von Neutralität/Objektivität, dem Klienten gegenüber und einem „zentralwertbezogenen Handeln" (D. Schaeffer 1990: 47), ihre besonderen Kompetenzen und ihre berufliche Notwendigkeit weitgehend durch die testieren und legitimieren lassen, die ihrer Hilfe bedürfen.

Und auf der Ebene eines naiven Alltagsverständnisses verwischen sich die Grenzen zwischen einem professionellen Beratungsexperten und einem anerkannten lebenserfahrenen `alltäglichen Experten´, wenn Hitzler (1994: 26) resümiert:

„Wenn man *naiv* fragt, warum denn jemand als `Experte´ angesehen wird, dann stößt man auf Qualitäten wie: große Erfahrung haben, sich auskennen, die Welt kennen, etwas Besonderes hinter sich haben, Risiken eingegangen sein, Zusammenhänge verstehen, etwas `übersetzen´ können, besondere, in seinen Dimensionen `von außen´ unabsehbare Fähigkeiten haben. Immer aber läuft es darauf hinaus, daß man dem, der einem als Experte gilt, attestiert, mehr und anderes zu *wissen* (und zu können) als man selber weiß (und kann) ..."

Vielleicht liegt deshalb die Brisanz und die Gefahr des Expertenverständnisses und -handelns – in der Paraphrasierung einer Kritik V. Frankl's (1992: 41) am forschenden Spezialisten – nicht darin, daß sich die Experten spezialisieren, „sondern darin, daß sie als Spezialisten generalisieren."

### 3.3.2 Motive für die Inanspruchnahme lebenspraktischer professioneller Beratung

Neben den bisher festgehaltenen gesellschaftlichen Prozessen, Umbrüchen, Indikatoren und Leitideen für individuelles Handeln, die mit einem diversifizierenden und vermehrten Beratungsbedarf sowie deren institutionellen Bereitstellung in Wechselbeziehung stehen, und der Kennzeichnung professioneller Beratungsexperten, ist die wissenssoziologische Frage, weshalb die Dienstleistungen professioneller Berater in der psychosozialen Praxis von Ratsuchenden in Anspruch genommen werden, noch nicht ganz geklärt. Mahlmann (1991: 48-50) stellt sich gleichfalls diese Frage und bemerkt hierzu: „Die Delegation von Handlungskompetenzen leuchtet ja angesichts von Freundeskreisen und anderer intimer Beziehungen nicht ohne weiteres ein." Und sie nennt neben dem lapidaren Tatbestand, „wenn [Alltagswissen, H.B.] Probleme definiert, die es nicht lösen kann", im wesentlichen folgendes:

1. Die von Psycho-Experten selbst durch „Professionalisierungs- und andere Strategien" gesteuerte Nachfrage und Unentbehrlichkeit, die im Kontext gesellschaftlich funktionaler Differenzierungsprozesse und in der Dialektik von Komplexitätszunahme und -reduktion, „Experten und Laien zirkulär konstituiert".

2. Expertenwissen erfährt in einer maßgeblich „durch Rationalität und Wissen regulierten Gesellschaft ... wegen seiner ʼelitärenʼ, d.h. an bestimmte Qualifikationen geknüpften und wegen seiner (propagierten) höheren Leistungsfähigkeit sozial hohes Ansehen" (ebd.).

Mahlmann (ebd.: 40) hat neben den oben genannten Gründen, weshalb Individuen Kompetenzen an Experten delegieren, noch folgende Argumentation geliefert: „Die Implementierung wissenschaftlicher Rationalität in den Alltag zwingt das Individuum zu selbstverantwortlichem und rational begründbarem Handeln." Dadurch gerät für sie das Individuum in eine zwiespältige Situation. Es ist einmal die Erfahrung und die Erkenntnis, daß ein „wissenschaftliches Denken", welches einen „Legitimitäts- und Plausibilitätsverlust von Konvention und Tradition" erzeugt, nicht ausreichend geeignet zu sein scheint soziale Unsicherheiten aufzufangen. Zum anderen schlägt „das Bemühen, wissenschaftliche Rationalität im Verhalten und Handeln zu realisieren, um in die ʼFlucht vor der bewußten Wahrnehmung einer lebenspraktischen Autonomieʼ [zit. n. U. Oevermann 1984: 436] mit der Konsequenz, daß die Betroffenen schnell geneigt sind, Kompetenzen an Experten zu delegieren" (ebd.).

Wir wollen dieser Argumentation noch zwei kritische Gedanken hinzufügen. Erstens, man wird in der Gegenwartsgesellschaft nicht grundsätzlich von durchgängigen Mustern zu rational begründendem Handeln im Alltag ausgehen können, sondern sollte hier wohl vielmehr von einer erwünschten Orientierungsgröße in gesellschaftlichen Teilsegmenten sprechen. Zweitens ist zu fragen, ob die Flucht vor einer lebenspraktischen Autonomie und die Hinwendung zu den Beratungsexperten deshalb stattfindet – obgleich den vorgegebenen rationalen Denk- und Handlungsmustern an sich mißtraut wird und es auch nicht am Willen mangelt sich dagegen zu sperren –, weil viele nicht gelernt oder erfahren haben, auf die Kraft des eigenen Denkens und Handelns zu setzen und somit durch fehlendes Können etwas Ungewolltes seinen Lauf nimmt?

Empirisch läßt sich nicht leugnen, daß die Beratung von Experten im öffentlichen Leben und im Privaten Konjunktur hat. Aber ob sich nun dieser Tatbestand praktisch primär daraus ergibt, weil das alltagspraktische Denken und Handeln der Akteure unzureichend ist oder oft jeglicher alltagspraktischen Vernunft entbehrt und dann eine irrationale ʼFlutungʼ vermeintlich gesicherter Lebensbereiche stattfindet, entzieht sich unserer Kenntnis. Unübersehbar ist für uns vielmehr eine Diffusion zweckrationaler Kalküle in das Alltagsleben, die entscheidend die Suche nach schnellen, einfachen und effizienten Lösungen bei Problemlagen begünstigen. Dieses Denken führt auch – aus einer falsch verstandenen Vorstellung heraus – dazu, daß Ratsuchende auf die professionelle Beratung setzen und nicht selten im ersten Beratungsgespräch die Frage stellen: „Können Sie das nicht wegmachen?". So haben denn auch nach Keupp et al. (1989: 185), die Klienten zur Lösung ihrer Problemlagen häufig eine „typisch technokratische Vorstellung von Beratung", die aber ihrer Auffassung nach durch die Zunahme eines psychologischen *protoprofessionellen* Wissens abnimmt. Demnach müssen wir davon ausgehen, daß zunehmend mehr Ratsuchende von vornherein wissen, daß Beratung, verkürzt auf einen Nenner gebracht, sich nicht auf Ratschläge erstreckt, sondern eine methodische Prozeßunterstützung in einer *helfenden Beziehung* bedeutet, die sich zugleich auf eine kontrollierte, problemlösende Eigenarbeit des Klienten erstreckt – woraus aber nicht geschlossen werden kann, daß sich Ratsuchende stets vorbehaltlos dieser Einsicht stellen und diesen `kostenintensiven´ Weg mit einem ungewissen Ausgang gehen wollen.

Demgegenüber bietet die leicht zugängliche Ratgeberliteratur rezeptartige Informationen zu Problemstellungen,[56] ohne daß ein Ratsuchender etwas gegenüber jemandem offenbaren oder sich zu etwas verpflichten muß. Die expandierende `Selbst-Beratung´ anhand von Ratgeberliteratur, die nicht selten von professionellen Experten verfaßt wird, kann in Verbindung mit medialen Botschaften, wie: "Sprich über das, was dich bewegt!", durchaus eine Brückenkopffunktion übernehmen für den Weg, sich in eine professionelle Beratung zu begeben.

Professionelle Berater arbeiten als Dienstleister am Erscheinungsbild der *Demokratisierung* von professioneller Beratung mit. Sie ist per se für jedermann zugänglich, beruht auf Freiwilligkeit und die Kosten ihrer Inanspruchnahme werden wohlfahrtsstaatlich, versicherungsrechtlich oder privat abgedeckt. Nicht unwichtig ist in diesem Zusammenhang, daß das abstrakte Medium Geld, sei es nun in einer direkten oder indirekten Form, die `geschäftliche´ Grundlage der Austauschbeziehung zwischen Beratern und Klienten bildet. Dies kann einerseits den Eindruck vermitteln, es handelt sich um eine „bezahlte Zuwendung"

---

[56] Nach C. Berg (1991: 728) folgt z.B. die Erziehungsratgeberliteratur, die sich wie ein Faß ohne Boden darstellt, „bis heute con variatione ... dem Muster und Verständnis alter Erziehungslehren". Danach wird Erziehung durch die „Perspektive des Erziehenden", als ein instrumentelles, stereotypes und rezepthaftes „`Einwirkungsverhältnis´" vermittelt.

(M. Hermer 1995: 18),[57] kann aber aus unserer Sicht bei Ratsuchenden die Erwartung nähren, schnell und effektiv – bei geringer Mitarbeit – etwas für sein Geld zu bekommen. Möglicherweise wird gerade durch die `geschäftliche´ Grundlage, die Schwelle sich beraten zu lassen abgesenkt .

Die fachliche Kompetenz und das Prestige des Beraters, einschließlich seiner Neutralität der ratsuchenden Person und der Sache gegenüber, bietet eine erste Erklärung, weshalb der `Rat´ (eigentlich die Beratung) eines Professionellen für einen Ratsuchenden einen höheren Stellenwert und Verpflichtungsgrad erlangen kann, selbst etwas eigenverantwortlich zu tun, als der eines Nachbarn oder selbst der eines Freundes. K. Hahn (1995: 183f.) hat speziell mit Bezug auf das Empfinden bei „Problemlösungsvorschlägen" durch Nachbarn kontrolliert zu werden, im Gegenzug auf die positive Wertschätzung einer anonymen „Quelle des Wissens" hingewiesen, bei der „man als Rezipient ebenfalls anonym bleiben kann, ... also der Wissenstransfer unter Wahrung der persönlichen Autonomie zustande kommt."

Unserer Auffassung nach avanciert das Ansinnen und der Schritt, sich wegen eines Problems von einem Professionellen beraten zu lassen, zunehmend zum Normalen. Es besteht nicht nur ein institutionelles Interesse daran, sondern ist als ein Ausweg im Privaten sozial verankert. Jedoch selbst wenn vieles dafür spricht, daß eine `Beratungsgesellschaft´ das Eingeständnis eines partiellen Unvermögens unterstützt, bzw. den Schritt sich beraten zu lassen fördert, so ist selbst dann, wenn ein Ratsuchender aus freien Stücken die Notwendigkeit sieht sich beraten zu lassen, die Frage noch völlig offen, ob und wie sich dadurch die Wahrnehmung seines alltäglichen Selbstkonzepts verändern wird. `Raten´ einer ratbedürftigen Person Freunde, Bekannte und andere `Mitwisser´ im Privaten zu diesem Schritt, weil sie sich selbst thematisch, zeitlich oder emotional überfordert fühlen, so ist darüber hinaus die Frage zu stellen, wie sich die Wahrnehmung von `Hilfe ersuchen´ und `Hilfe gewähren´ aller daran Beteiligten in einer `Beratungsgesellschaft´ verändert.

Fürs Erste läßt sich *einerseits* mit Mahlmann (1990: 50) festhalten: „Die Erfahrung, Probleme zu haben, sie im Interesse der Lebensfähigkeit oder des Wohlbefindens lösen zu müssen, sowie die Erfahrung, Laie zu sein, und die der (damit verbundenen) Angewiesenheit auf Experten, macht jeder, so daß die `Orientierungsmodi´ `Laie´ und `Experte´ zu jedermanns Erfahrungsschatz gehören." *Andererseits* jedoch, wenn nach einschlägigen Erkenntnissen der sozialen Netzwerktheorie, professionelle psychosoziale Beratung dann zum `Rettungsanker´ wird, wenn enge private – vor allem familiäre – soziale Unterstützungsnetze überfordert sind, weil z.B. das Problem, die Krise riesengroß ist,

---

[57] Obgleich sich M. Hermer (1995) auf den therapeutischen Bereich bezieht, sehen wir darin eine Parallele in den psychosozialen Beratungsfeldern.

oder weil diese Unterstützungsnetzwerke kaum vorhanden sind,[58] dann muß – *so unsere These* – zumindest zuvor eine Reserve gegenüber der professionellen Beratung bestanden haben. Es besteht also ein berechtigter Grund zur Annahme, daß die `Laien´ nicht von vornherein stets auf die `Experten´ setzen und ihnen vertrauen, oder sich mit den Zielen, Inhalten und Arbeitsweisen von professioneller Beratung identifizieren können und wollen.

### 3.3.3 Zentrale Merkmale professioneller psychosozialer Beratung sowie eine erste grenzziehende kritische Bewertung

Geht es um die Beantwortung der Frage, welches sind zentrale allgemeine bzw. formale Merkmale professioneller Beratung bei lebenspraktischen Fragestellungen, Problemen, Konflikten, so ist zunächst festzuhalten:

1. Für jede psychosoziale professionelle Beratung trifft wie für jede andere gesellschaftliche Integrationsinstitution zu, daß sie zumindest der Idee nach eine „Entlastungsfunktion" für die Subjekte übernimmt und auf eine „Innenstabilisierung" (Gehlen 1972) der Ratsuchenden zielt, oder in der Diktion Luckmanns (1992: 157), als ein „kollektives Handlungsgedächtnis" Sinnvorgaben für zukünftiges Handeln bereitstellt.

2. Es gibt unterschiedliche basale Expertensysteme subjektorientierter interaktiver Beratung für unterschiedliche bzw. übergreifende lebenspraktische Belange, die nicht selten in Konkurrenz zueinanderstehen.[59] `Psychologische´, `Pädagogische´, `Medizinische´, `Seelsorgerische´ oder gar `Philosophische Beratung´[60] sind aus wissenssoziologischer Perspektive und in der Terminologie und im Verständnis von P. Bourdieu (1990)1998: 84) (Sub-) „Felder ... in denen die professionellen Betreiber der symbolischen Produktion miteinander in Kämpfe verwickelt sind, bei denen es um die Durchsetzung der legitimen Prinzipien der Wahrnehmung und Gliederung der natürlichen wie der sozialen Welt geht."

---

[58] Vgl. Straus/Höfer et al. (1987:184); A. Lenz (1987: 216).

[59] Vgl. hierzu die von R. K. Merton (1973: 110f.) bei P. Bourdieu (1998: 84) zitierte und von ihm geteilte Feststellung: „In the cognitive domains as in others, there is competition among groups or collectivities to capture what Heidegger called the `public interpretation of reality´. With varying degrees of intent, groups in conflict want to make their interpretation the prevailing one of how things were and are and will be."

[60] Vgl. zur noch wenig wahrgenommenen Bedeutung *Philosophischer Beratung* für lebenspraktische Fragen z.B. : B. B. Achenbach (1992); M. Berg (1992); H. Krämer (1992); M. Zdrenka (1997).

Die o.g. Basisformen professioneller Beratung unterscheiden sich nicht nur grosso modo voneinander, sondern auch en detail aufgrund spezifischer theoretischer Wissensbestände, ihren Zielen und ihrem Selbstverständnis von Beratung, den ihnen zugrundeliegenden Beratungskonzepten, ihres Setttings, ihres Methodenrepertoires, der grundständigen Ausbildung und spezifischen Weiterbildung der Berater usw. . Sie sind von vornherein auf Differenz an- und ausgelegt. Da für uns aber nicht die Differenz zwischen der Psychologischen-, der Sozial- und der Seelsorge-Beratung oder anderer `Bindestrich-Beratungen´, Gegenstand der Untersuchung ist und es uns auch nicht um spezifische Beratungsansätze geht,[61] die einer praktischen Beratungsarbeit zugrunde liegen können, konzentrieren wir uns exemplarisch auf die institutionelle psychosoziale Beratung, um allgemeine Prinzipien professioneller Beratung herauszuarbeiten, die wir kritisch werten wollen.

Psychosoziale Beratung kann nun für die Erziehungs-, Ehe- Familien- und Lebensberatung, die Partnerschafts- und Sexualberatung, aber auch speziell für die Frauenberatung, die Nichtseßhaftenberatung, die Jugendberatung oder die Schuldnerberatung stehen.

Was grundsätzlich die Ziele und die Inhalte von psychosozialer Beratung, die institutionellen *Rahmenbedingungen* in Union mit den zu bearbeitenden *Problembereichen*, dem *Beratungsansatz*, das *Beratungsverständnis* und die *Arbeitsformen* im Bereich der Erziehungsberatung, Ehe- Familien- und Lebensberatung, Partnerschafts- und Sexualberatung betrifft, so gibt es eine allgemeine trägerübergreifende Erklärung der Mitgliedsverbände des *Deutschen Arbeitskreises für Jugend- Ehe- und Familienberatung,* vom 1.10.1993.[62] Danach basiert jede institutionelle Beratung auf einer *zertifizierten Berufsqualifikation* der Berater, kennt eine *Berufsethik*, die den Schutz des Privatgeheimnisses garantiert, rekurriert auf *anthropologische* Grundüberzeugungen, beruht in den meisten Fällen auf *Freiwilligkeit* des Klienten und orientiert sich in der Regel, in Abgrenzung zur Therapie, *nicht* an einem *heilkundlichen* „Krankheitsbegriff". Und als ein weiteres signifikantes Merkmal wird die „Beratung durch ein multidisziplinäres Team" genannt .

Nun kann aber bei aller Interdisziplinarität, die in einer Beratungsinstitution gegeben sein mag, nicht übersehen werden, der Pool ratbedürftiger Situationen und ihrer Zielgruppen wird schon im Vorfeld von den `Leistungsträgern´ des Beratungsmarktes verhandelt und aufgeteilt, und die getroffene Vorgabe `Interdisziplinarität´ schenkt den möglichen Reibungspunkten, die dadurch entstehen können, keine Beachtung.

---

[61] Vgl. zur Einteilung von psychologischen Beratungsansätzen: E. König und G. Volmer (1996); H. Junker (1977); A. Houben (1975).
[62] Siehe hierzu B. Dorenberg-Kohmann et al. (1994: 8ff.)

Alle die o.g. Bedingungen und Regularien haben Einfluß darauf, wie das Verhältnis von Berater und Klient gesehen wird, wie interveniert wird, wie man methodisch zum Ziel kommt und ob Ratschläge oder Problemlösungsvorschläge seitens des Beraters angemessen und nützlich oder kontraproduktiv und verwerflich sind. Jedoch man wird in der psychosozialen Beratung im Detail unterscheiden müssen zwischen einer Beratung wie z.b. der Schuldnerberatung, wo es vorrangig um die Vermittlung gezielter Sachinformationen zur Entschuldung und Anleitung im Umgang mit Geld geht, und somit das konkrete Aufzeigen von Lösungen und Ratschläge zum Geschäft des Beraters gehören, im Gegensatz zu einer therapeutisch verstandenen *non-direktiven* Eheberatung, wo Ratschläge des Beraters vom Ansatz der Beratung her nicht Gegenstand möglicher Interventionen sind und die Beratung sich eher als katalytische Begleitung für Veränderungsprozesse versteht.

Eine Schwierigkeit der Bestimmung von psychosozialer Beratung besteht nach wie vor darin, daß es, was die Differenz von Beratung und Therapie betrifft, selbst in den Beratungstheorien immer wieder zu unpräzisen Formulierungen und Unstimmigkeiten kommt. So verweist Nestmann (1992: 80) darauf, daß Beratung bei manchen Autoren manchmal mit einer „kleinen Therapie" gleichgesetzt wird. Autoren, wie P. Deimann und U. Kastner-Koller (1992: 46) gehen davon aus, daß nicht immer ein praktikable Trennung vollzogen werden kann. Demgegenüber nennen E. Schmitz et al. (1989: 146f., Anm. 3), die folgenden drei grundlegenden strukturellen Unterscheidungsmerkmale zwischen Beratung und Therapie, die wir ergänzend kommentieren:

1. Bei der Beratung bezieht sich der „thematische Fokus" auf die „problematische Handlungssituation", während bei der Therapie die Person an sich das Problem darstellt. Dadurch ist aus unserer Sicht schon der zentrale Hinweis gegeben, wann eine Therapie und wann eine Beratung indiziert ist.
2. Der Berater geht auf konkrete Fragen ein und kann in der Beratung konkrete Handlungsvorschläge unterbreiten, was in der Therapie von vornherein Tabu ist bzw. nur unter bestimmten Bedingungen auftreten sollte.
3. In der Beratung geht es um eine „Erwägung" konkreter Handlungsschritte, während in der Therapie – und hier denken die Autoren zu einseitig an das psychoanalytische Therapiemodell – ist es gerade die methodische Förderung von Phantasien, und „die weitgehende Entlastung von praktischem Handlungsdruck, die die Thematisierung des Widerständigen und Abgedrängten ermöglicht."

Was speziell die Bewertung und Erteilung von Ratschlägen in einer psychosozialen Beratung betrifft, so sind die Einflüsse analytischer therapeutischer Erkenntnisse und Erfahrungen in den Beratungskonzepten unübersehbar. Demnach ist eine Ratabstinenz in einer Beratung am ehesten dann gegeben, wenn das Beratungsproblem vom Berater als ein klinischpsychologisches definiert wird und er sich einem non-direktiven oder analytisch/tiefenpsychologischen Beratungs-Ansatz verpflichtet weiß, bzw. selbst über eine therapeutische Zusatzausbildung in einer der genannten Richtungen verfügt. So schreibt Rollo May ((1939)1991:126) zu den „Grenzen des Ratgebens" in seinem durch psychoanalytische Erkenntnisse und Praxis gefärbten Aufsatz: >Die Kunst der Beratung<:

„Das Erteilen von Ratschlägen ist keine angemessene Beratungsfunktion, weil sie gegen die Autonomie der Persönlichkeit verstößt ... In der Praxis werden Berater/Innen jedoch immer wieder aufgefordert, in Dingen Ratschläge zu erteilen, die genaugenommen keine Persönlichkeitsprobleme sind. In diesen Fällen darf man dies tun, aber man sollte sich klar darüber sein, daß man in diesem Augenblick keine echte Beratung leistet."

R. Oetker-Funke (1993: 64f.) weist als therapeutische Beraterin in einer Beratungsstelle für Ehe-, Familien- und Lebensfragen gleichfalls darauf hin, daß es bei der Beratung nicht „um das erteilen von Rat" geht, sondern Beratung bietet Ratsuchenden durch die Hilfe von „Beziehungsfachleuten", die Möglichkeit sich selbst im Beratungsdialog „besser zu begreifen". Ähnlich sieht es Dohrenbusch (1993: 50), der die Auffassung vertritt, daß der Ratsuchende „wohl in den selteneren Fällen" einen „explizite(n) Rat als Antwort ... wirklich sucht" und Rat für ihn kaum „langfristige Veränderungen ermöglicht".

Im Zusammenhang mit Ratschlägen und Tips haben Schmitz et al. (1989: 124) auf einen anderen wichtigen Aspekt hingewiesen. Es kann bei solchen Beratungsinterventionen nicht ausgeschlossen werden, daß hier ein Berater einer „narzißtischen Versuchung" erlegen ist und dadurch zugleich die Gefahr einer stigmatisierenden Zuschreibung von Hilfsbedürftigkeit wächst. Die Versuchung kann damit in Verbindung gebracht werden, daß persönliche Anteile des Beraters den Beratungsprozeß überlagern. Dadurch sind im Sinne Keupps et al. (1989: 172) möglicherweise folgende Effekte gegeben: Eine eindeutige Unterscheidung zwischen einer helfenden Alltagsbeziehung und einer professionellen Beratungsbeziehung zu treffen wird schwerer. „Ebenso schwierig ist es, bei der Wirksamkeit von Beratungsangeboten zwischen den Einflüssen der eingesetzten Methoden und jenen, die sich aus der Person des Beraters ableiten, der eine Beziehung mit den Ratsuchenden eingeht, zu unterscheiden" (ebd.).

So unterschiedlich oder einhellig in manchen Punkten die professionelle beraterische Sichtweise und Praxis des `Rates´ sein mag, sie wird sich nach unserem Verständnis vor allem stets an dem Grundsatz der Selbstvertretung oder Selbstverantwortlichkeit des Klienten für seine Entscheidungen und Lösungswege ausrichten und verantworten müssen. Und für den Klienten schließt die Inanspruchnahme der Dienstleistung `Beratung´, die Anerkennung der vorgegebenen Spielregeln der Beratungsarbeit, inklusive der geschäftlichen Grundlage der Institution ein. Dies beinhaltet für den Ratsuchenden sich in eine 'asymmetrische' Konstellation zu begeben und sich zeitlich und räumlich zu binden. Selbst wenn die Beratung in der Wohnung eines Klienten stattfindet, wie dies manchmal in der aufsuchenden Sozialarbeit der Fall sein kann, so wird ein Privatraum für eine bestimmte Zeit institutionalisiert, gleiches würde der Fall sein, wenn die Beratung bei einem Spaziergang stattfände.

Des weiteren bedeutet professionelle Beratung für den Ratsuchenden letztendlich – bei aller zu erbringenden Eigenarbeit und Selbstverantwortlichkeit –, als ein ratsuchender oder beratungsbedürftiger Klient, eine kollektiv bereitgestellte institutionalisierte *Hilfe* in Anspruch zu nehmen. Und auf der Beratungsseite kommt es bei aller Versachlichung der Beziehungen – was nicht unbedingt in Widerspruch zu der Forderung steht, dem Klienten Empathie entgegenzubringen oder dem Ethos der 'Uneigennützigkeit', welches die individuelle Angelegenheit zu einem zentralen kollektiven Wert hochstilisiert – immer wieder zu Regelverletzungen. Zudem wird ganz offiziell in den "Richtlinien" des Deutschen Arbeitskreises für Jugend-, Ehe- und Familienberatung eingestanden, daß „Beratung ... nicht wertfrei (ist)" (Dorenberg-Kohmann et al. 1994: 10). Professionelle institutionelle Beratung läuft stets Gefahr, daß das Handeln des Beraters von den Zielen und dem „Handlungsprogramm der Institution" (Schmitz et al. 1989: 141) und seiner professionellen Sozialisation, Erfahrung und Position mitbestimmt wird.

Zum anderen, was das institutionelle Beratungsziel der Selbstverantwortlichkeit und die Förderung aktiver Selbsthilfe des Ratsuchenden betrifft, so werden sie, nach unserer Sicht, in der Regel in einem arrangierten offiziellen Refugium einer Beratungsstelle gestärkt – sieht man einmal von Beratung in *gemeindepsychologischen* Konzepten oder einer 'aufsuchenden' *gemeinwesenorientierten Sozialarbeit* ab.

Für Schmitz et al. „konstituiert sich der Handelnde als freie und sich selbstverantwortliche Person" (ebd.: 141) jedoch erst in der Lebenspraxis. Fügt man dem gedanklich noch die bisherigen Kritikpunkte zur institutionellen psychosozialen Beratung hinzu, dann stellt sich uns die Frage, ob nicht die folgende trägerübergreifende offizielle Behauptung, wie sie in den o.g. "Richtlinien" formuliert wird, geradezu den *Ideologieverdacht* von Beratung bekräftigt: „Weil Beratung ... Selbsthilfekräfte und Verantwortung für sich und andere stärkt, ist institutionelle Beratung ein volkswirtschaftlich günstiges, kräftesparendes und freisetzendes Problemlösungskonzept" (Dorenberg-Kohmann et al. 1994: 9).

H. Krämer (1992: 327,336f.) dagegen lenkt im Kontext einer 'konsiliaren' *Integrativen Ethik*, die den Versuch eines 3. Weges zwischen reiner Strebensethik und Sollensethik darstellt, seine Gedanken auf ein philosophisches Beratungsverständnis, demzufolge Beratung als Institution eine „anleitende und regulative Instanz" verkörpert und Ratschläge keineswegs dem sonst im psychosozialen Bereich verankerten Autonomieideal widersprechen müssen. „Der Autonomiegedanke ist jedenfalls insofern gewahrt, als die letzte Entscheidung immer beim Beratenen selber bleibt; er findet jedoch seine Schranke an der Hilflosigkeit und Nichtautarkie des Ratbedürftigen, und es ist unergiebig, das eine gegen das andere auszuspielen" (ebd.: 337). Es hat den Anschein, als ob sich hier, zumindest was das Erteilen von Rat betrifft, ein professionelles Beratungsverständnis in einem Teilausschnitt einem alltäglichen Beratungsverständnis annähert.

Was wir bislang noch nicht genügend beachtet haben und was in der vielzähligen und vielfältigen Fachliteratur zur Beratung überraschend selten formuliert wird ist, daß professionelle Beratung etwas mit **Machtprozessen** und mit **sozialer Kontrolle** zu tun hat. Schon Flaubert hat in einem Brief an George Sand vom 29. Sept.1866 (1977: 497) erkannt, daß „die psychologischen Wissenschaften ... in der Finsternis und im Wahn bleiben, solange sie nicht eine genaue Nomenklatur haben und solange es erlaubt ist, den gleichen Ausdruck für die verschiedensten Ideen zu verwenden." Und wie wir heute wissen, verbreiten sie in ihren szientistischen Theoriemodellen von der Psyche des Menschen und mittels psychometrischer Klassifikationssysteme einen richtungsweisenden regulativen kollektiven Wissens- und Personenstatus.

Wissenssoziologisch gesehen enthält Therapie nach Berger/Luckmann (1980: 121) „eine Theorie der Abweichung, eine diagnostische Methodik und ein theoretisches System der `Seelenheilung'". Und das was sie von der Therapie als einer „`angewandte(n)´ Form (.) von sinnweltstützender Theoriebildung" formulieren, erlaubt für uns bei der professionellen psychosozialen Beratung dieselbe Lesart: nämlich durch Anwendung des „Legitimationsapparat(es)" auf Einzelfälle, methodisch die Abwanderung oder Abweichung aus „einer bestehenden Sinnwelt" zu verhindern rsp. zu kontrollieren (vgl. ebd.).

Worin besteht nun das Einfallstor für die Einflußnahme bzw. die soziale Kontrolle in der Beratung? Ist professionelle Beratung durch Selbst- und Fremdzuschreibung erst einmal versehen mit dem Siegel der Qualität und wird ihr institutionelles Vertrauen[63] entgegengebracht, dann ist sie eine selten hinterfragte individuelle und gesellschaftliche *Kontrollhilfe*.[64]

Im konkreten Fall können nach Hess-Lüttich (1996: Sp.944) selbst methodisch unverdächtige „kooperative Strategien" wie die „des `aktiven Zuhörens´..., der Verstehenssicherung, der zielführenden Gesprächssteuerung durch Paragraphen, Resümees, ... Wiederholungen, Paraphrasen ... auch ... unkooperativ gebraucht werden". Vorgänge, die nach unserem Verständnis jedoch mehr sind als die von Hess-Lüttich genannte „Uminterpretation" von „Verstehenskontrolle" (ebd.). Des weiteren kann die Definition von Defiziten zum Argument für eine Beratung werden. Man denke hierbei nur an ein Standardwerk psychologischer

---

[63] Vgl. N. Luhmann (1989: 50f.), der eine Verschiebung vom personalen Vertrauen hin zum Vertrauen in die Systeme konstatiert.

[64] Der Begriff „Kontrollhilfe" wurde hier von K. Hahn (1995: 175) übernommen.

Beratung, wie das von G. Dietrich (1987), demzufolge Beratung durch die gezielte Anwendung diagnostischer, interventiver und evaluativer Verfahren „auf die Behebung bzw. Reduzierung von Störungen (zielt)" (ebd.: 112). Oder man denke daran, wie aus dem alltagsweltlichen Ratsuchenden ein `Fall´ bzw. ein `Klient´ wird. Nach v. Kardorff (1986: 128ff.) können durch die „Psychologisierung von Problemen" und die von dem Berater gesteuerten und vom Klienten übernommenen psychologischen Denk- und Deutungsmuster beim Ratsuchenden zu einer „Entalltäglichung" führen und letztlich zu dem, was man „die psychologische `Herstellung´ des Klienten" nennen kann, oder unter Hinweis auf Illich et al. (1979) die `Enteignung´ des Klienten". Ein `Klient´ kann nach v. Kardorff, wie die Etymologie schon darauf hinweist, nicht nur ein „Schutzbefohlener", sondern auch ein „Höriger" (ebd.: 121) sein. Er vergißt aber in diesem Zusammenhang zu unserer Überraschung, ausführlich auf Machtprozesse und deren Anwendung in Beratungen hinzuweisen.

Dagegen ist P. Baumann (1993: 77-112) der Machtfrage bei institutionellen „psychologischen Beratungsgesprächen" eingehender nachgegangen. Dabei lautet seine Ausgangsfrage: Durch welche Ressourcen kann ein Berater, die durch das Konzept professionelle institutionelle Beratung mit vorgegeben sind, bzw. weiterentwickelt werden können, auf die Motive des Ratsuchenden im Beratungsgespräch einwirken? Dreh- und Angelpunkt ist die strukturell bedingte und institutionell etablierte „Asymmetrie" zwischen Klient und Berater. Sie ist für ihn die „zentrale Ressource" überhaupt, um Macht und speziell bei ihm, um „Motivationsmacht" ausüben zu können. Für den Berater besteht demnach die Herausforderung und Chance *Motivationsmacht* in Anschlag zu bringen auf folgenden drei zentralen Ebenen von Beratung: „Etablierung der Gesprächsbeziehung und Aufrechterhaltung einer Gesprächsbeziehung (A), an der Erörterung von Problemen (B) und an dem Vorschlag von Lösungen (C)" (ebd.: 83).[65] Punkt A ist speziell für den Berater dann eine Herausforderung, wenn die Beratung nicht auf einer Freiwilligkeit beruht. Aber auch bei einer Beratung auf freiwilliger Basis wird der Berater immer wieder einige Register ziehen müssen, um den Klienten so zu motivieren, daß der an seinem Thema mit- und weiterarbeitet. Ein Gesichtspunkt, der bei Baumann ein wenig zu kurz kommt.

Je größer nun nach Baumann (s. bes. 85ff.) die Asymmetrien zwischen Berater und Klienten hinsichtlich „Problemdruck" , „emotionale Instabilität", „Ge-

---

[65] Mit den einzelnen Phasen der Beratung lassen sich nach Baumann (ebd. bes. S. 80f. u. S.103) vier Formen von *Motivationsmacht* verbinden, die von Fall zu Fall und Situation zu Situation, einzeln oder verknüpft in einer der oben genannten Phase auftreten können. In der ersten Phase ist es vor allem die „situative Motivationsmacht", in der Phase der Problemdefinition die „epistemische oder interpretative Motivationsmacht" und in der Lösungsphase, die „normative Motivationsmacht".

sprächsbedürfnis" und „Selbstbewußtsein" ausgeprägt sind, „desto größer ist die Chance den beratungsunwilligen Klienten beratungswillig zu machen". Indem der Berater über einen „Fachjargon", „Wissensvorsprünge" und grundlegend für alle Prozesse zur Durchsetzung von Macht über „institutionell gestützte Sachautorität" (ebd.: 94-100) verfügt, verfügt er damit über entscheidende Ressourcen um Einfluß auf die Problemdefinition zu nehmen. Anerkennt der Klient die Autorität des Beraters, dann besteht beim Klienten auch das, was H. Popitz (1992: 113) eine „Einflußoffenheit, Einflußbereitschaft" nennt.

Baumann schließt in dem von ihm untersuchten Konzept von Beratung nicht aus, daß der Klient die Autorität nicht anerkennt, sich der Problemdefinition und anderen Interventionen des Beraters verweigern kann oder versuchen wird Gegenmacht auszuüben. „Da Motivlagen auch davon abhängen, was jemand für sein Problem hält, sind jene Ressourcen zugleich Quellen (epistemischer und interpretativer) Motivationsmacht" (ebd.: 102).

Was die Erarbeitung von Problemlösungen und deren mögliche Realisierungen betrifft, so ist nicht stets die `Durchsetzungsmacht´ des Beraters präsent, da, nach Baumann, für den Berater eine Bindung an „das Modell gemeinsamer rationaler Mittelwahl" (ebd.: 102) besteht. Dieses ist jedoch häufig „nicht oder nur begrenzt anwendbar: oft ist die Problemlage mehrdeutig und vage und es gibt nicht eine beste Lösung ... . Unter solchen Umständen wird die Macht des Beraters interessant: seine Fähigkeit, den Prozeß der Lösungssuche zu dominieren" (ebd.). In solchen Situationen wird der Berater versuchen (ebd.: 103ff.) mittels der Ressource „Autorität ... normativen Druck auszuüben". Druck der sich weniger auf die Verpflichtung bezieht einen Ratschlag zu befolgen, was „schwer vereinbar (wäre) mit dem Charakter des Vorschlags als Ratschlag", sondern er bezieht sich „auf die Einstellungen und die Motivlage des Klienten". Des weiteren kann der Vertrauenskredit, den der Berater beim Klienten bislang sammeln konnte, dazu führen, daß der Klient eher geneigt ist die Problemdefinition des Beraters zu übernehmen. Und ein weiterer Aspekt, der dies unterstützen kann, ist dann gegeben, wenn der Klient von der „Bestätigung" des Beraters abhängig ist.

Wer nach Baumann über *Motivationsmacht* verfügt, verfügt letztlich auch über *Sanktionsmacht* und umgekehrt, denn die Sanktionsmacht ermöglicht manchmal erst die Motivationsmacht. Daß letzteres der Fall sein kann, besteht für uns zum Teil darin, daß professionelle Beratung auf dem beruht, was man mit H. Popitz (1992: 114) ein institutionell abgestütztes „konventionelles Autoritätskonzept" nennen könnte.

*Kritisch bleibt anzumerken*: Indem Baumann sein Machtkonzept als Einwirkungsverhältnis auf die Motive der zu Beratenden begrenzt und sogar in Abrede stellt, daß beim Einfluß auf das Verhalten, wie es in manchen Arbeiten diskutiert wird, von Macht gesprochen werden kann, verkürzt er aus unserer

Sicht unzulässig Machtphänomene in Beratungen. Nach unserem Verständnis von Beratung gehört dazu, daß man Verhalten aktuell modifiziert, mit der Chance es langfristig zu verändern. Diese verkürzte Sichtweise ist bei ihm mit in seinem verengten Beratungsverständnis zu sehen, wenn er schreibt: „Beratung ... kann der individuellen Orientierung wie auch sozialer Kontrolle dienen" (ebd.: 79).

Wir gehen davon aus, daß nicht nur Motive der individuellen Orientierung Gegenstand von Beratung sein können und soziale Kontrolle in einer Beratung nicht ausschließlich über die Kontrolle von Motiven und der Kontrolle sequentieller Beratungsinteraktionen abgedeckt werden kann, sondern es gibt eine soziale Kontrolle, auf die K. Hahn (1995: 182) hingewiesen hat und die darin besteht, den individuellen Erfolg der sozialen Kontrollarbeit, die der Klient erbringt, zu kontrollieren. Ein Tatbestand, der ebenso beim persönlichen Rat eine Parallele findet, wenngleich in einer anderen Ausgestaltung – wie wir noch sehen werden.

# 4. Theoretische Grundlagen, Prämissen und Leitgedanken zum persönlichen Rat

## 4.1 Persönlicher Rat als eine Wechselwirkungsform hat seine Wurzeln in der Alltagswelt, ist Bestandteil derselben und unterliegt einem Bedeutungswandel

Wenn wir von Rat sprechen, so meinen wir nicht eine Gremiensituation in der beratschlagt wird, sondern für uns ist der Rat dann von Interesse:

a) Wenn eine Person angesichts einer ratbedürftigen Situation `mit sich selber zu Rate geht´.

b) Wenn eine Person mit einer anderen Person durch eine Ratbitte in ein persönliches Wechselwirkungsverhältnis tritt, so daß durch einen Prozeß des `Rathandelns´ ein persönlicher Rat entstehen oder gefunden werden kann bzw. gegeben wird - der eigentliche Rat oder oft Ratschlag genannt.

c) Der Sonderfall, wenn ein `ungebetener Rat´ erteilt wird.

Treten Menschen unter dem Vorzeichen persönlicher `Rat´ in eine soziale Wechselbeziehung, dann verfolgen und verbinden die Beteiligten je nach ratbedürftiger Situation, sozialer Beziehungsform und soziokulturellem Kontext auf individueller Ebene durchaus unterschiedliche Motive, Bedürfnisse, Gedanken, Gefühle, Wünsche, Interessen und Ziele, die bei G. Simmel ((1908)1968: 5f.) kurz *Inhalte* genannt werden. Der persönliche Rat gehört, obgleich ihn Simmel „als Klassiker soziologischer Prozeßanalysen"[66] nicht ausdrücklich nennt, seiner Terminologie nach zu den unzähligen, nebeneinander ablaufenden, durch verschiedene *Inhalte* in Bewegung versetzten „mikroskopisch-molekularen Vorgänge", die „sich zwischen die offiziellen Formungen schieben" (ebd.: 14f.).[67] Es handelt sich hierbei um Prozesse, die bei Simmel auch unter

---

[66] Vgl. B. Nedelmann (1984).

[67] „Daß die Menschen sich gegenseitig anblicken, und daß sie aufeinander eifersüchtig sind; daß sie sich Briefe schreiben oder miteinander zu Mittag essen; daß sie sich, ganz jenseits aller greifbaren Interessen, sympathisch oder antipathisch berühren; daß die Dankbarkeit der altruistischen Leistung eine unzerreißbar bindende Weiterwirkung bietet; daß einer dem andern nach dem Wege fragt und daß sie sich füreinander anziehn und schmücken – all die tausend, von Person zu Person spielenden, momentanen oder dauernden, bewußten oder unbewußten, vorüberfliegenden oder folgenreichen Beziehungen ... knüpfen uns unaufhörlich zusammen. In jedem Augenblick spinnen sich solche Fäden, werden fallen gelassen, wieder aufgenommen, durch andre ersetzt, mit andern verwebt." (ebd.: 15)

dem Begriff der *primären dynamischen Wechselwirkungsprozesse* gefaßt werden.

Geht man nun davon aus, daß die Gestaltung, aber auch die Aufrechterhaltung von Wirklichkeit, durch eine *permanente Transformation von Narrationen* (vgl. Vaassen 1996) erfolgt und eine Textur bildet, dann kann persönlicher Rat durch seine Verankerung im Alltagsleben, im Rückgriff auf einem sich permanent verändernden kollektiv-individuellen Speicher von Alltagserfahrungen und einem elaborierten Wissen gegeben werden. „Das Alltagsleben des Menschen ist wie das Rattern einer Konversationsmaschine, die ihm unentwegt seine subjektive Wirklichkeit garantiert, modifiziert und rekonstruiert" (P. L. Berger/Th. Luckmann 1966: 163). Und das nicht standardisierte Gespräch ist in all seinen Variationen immer noch ein bevorzugtes Medium um persönlichen Rat zu erbitten und Rat zu geben. So erfährt z.B. bei K. Stierle (1984: 297-304) das Gespräch eine besondere Wertschätzung, weil es einen Kontrapunkt zur „Methode diskursiver Zwänge" darstellt. Denn, Gespräche bieten die Möglichkeit, „die Realsituation" zu unterbrechen und ihr „Ort (ist) die entlastete Situation". Und obgleich die „Sprache des Gesprächs (...) die Sprache des alltäglichen Umgangs (ist)", ist sie „aber von dieser selbst losgelöst, verfügbar gemacht für das noch Unerschlossene." Und die Besonderheit besteht nicht in einer „Kontinuität wechselseitiger Zuwendung ... einander zugeordneter Personen", denn dieses teilt es mit der Konversation und dem Dialog, sondern „in der gemeinsamen Hinwendung auf eine Sache, ein Verhältnis, ein Problem."[68]

*Wir können festhalten*: Persönlicher Rat als ein Wechselwirkungsgeschehen ist eine Prozeßgröße in und für soziale Beziehungen. Er stellt im Sinne Georg Simmels eine *primäre Wechselwirkungsform* dar und ist so durch die Zeitläufte hindurch eine nicht zu vernachlässigende Größe im Prozeß der Vergesellschaftung, ohne jedoch den Status einer überindividuellen rechtlichen Institution erlangt zu haben. Dadurch steht es den Menschen frei, diese „organische"[69] soziale Ausdrucks- und sprachliche Äußerungsform des Alltagslebens, die vor allem etwas durch Gespräche Vermitteltes und zugleich durch dieses zu Vermittelndes ist, in Anspruch zu nehmen oder es sein zu lassen.

---

[68] Demgegenüber gibt es für E. W. B. Hess-Lüttich (1996: Sp.930) „nach wie vor keine Einigkeit" in der Abgrenzung. Er vertritt den Standpunkt einer „gemeinsamen Situationsverbundenheit" beim Gespräch.

[69] Vgl. hierzu M. Maffesolis (1987: 464) Hinweis auf Simmels "Formismus", der den Vorteil hat „ein *organisches Modell des Sozialen* ins Auge zu fassen."

## 4.2 Exkurs: Persönlicher Rat als ein Ausdruck von Lebensweisheit

Nicht selten wird der persönliche Rat in seiner bewährten und idealisierten Form mit Lebensweisheit konnotiert. Schon im alten Testament (Jer.18,18b) wird nach H. Schröer (1980: 589) „der Rat ('eşā) dem Weisen zugewiesen".[70] Selbst heutzutage erfolgt nach Luckmann/ Keppler (1992: 204, 213f.), neben aller professionellen Beratung für konkrete Handlungsprobleme und zu Fragen einer „richtigen Lebensführung", eine spezielle Ratgebung durch „profane Lebensweisheiten" – wie Spruchweisheiten, Lebensregeln, Sinnsprüche etc.. Sie kommen „als Weisheit in komprimierter Form", oder in einer narrativ eingebundenen und mit persönlichen Erfahrungen verknüpften „weisheitlichen Rede" zur Sprache (ebd.).[71] Diese Art der Ratgebung hat die „Funktion ..., Lebenserfahrung für die moralische Identitätsbildung und soziale Orientierung von Individuen fruchtbar zu machen" (ebd.: 214). Sie wird, so Keppler/Luckmann, jedoch schnell in Frage gestellt, wenn sie in einem „autoritärem Gestus" (ebd.: 213) vermittelt wird. Und wir fügen darüber hinaus hinzu, die Ratgebung wird mit großer Wahrscheinlichkeit gleichfalls in Frage gestellt werden, wenn der Eindruck besteht, hier spricht ein mit `Weisheit Gesalbter´; jedoch sprichwörtliche Lebensweisheiten sind andererseits, situationsadäquat eingebracht, der Stoff wodurch `schwächere´ Gesprächspartner möglicherweise zu Ratgebern werden können.

Die Infragestellung eines „autoritären Gestus" ist ein Indiz dafür – worauf schon H. Popitz (1992) hingewiesen hat und worauf wir noch an anderer Stelle näher eingehen werden –, daß man beim persönlichen Rat ein anderes Autoritätsverständnis zu Grunde legen muß, falls er gesucht und gegeben wird. Und was den transgenerativen Erwerb und die Vermittlung praktischer Lebensklugheit durch Ratinhalte eines im `sozialen Gedächtnis´ archivierten lebenspraktischen Wissens o.g. Provenienz anbelangt, so bedarf dieses in einer anderen Arbeit einer weiteren Erörterung.

Neben der Engführung des Autoritätsbegriffs, verwenden Luckmann/Keppler in ihrer Studie aus unserer Sicht einen `direktiven´ Weisheitsbegriff, der in dieser Verkürzung fragwürdig ist, wenn nicht gar einen Widerspruch in sich bildet. Gleichfalls greift für uns das von P. B. Baltes und J. Smith (1990) formulierte kognitions-psychologische Konzept von Weisheit zu kurz, welches

---

[70] „`Solch ein Rat fordert nicht Gehorsam, sondern will geprüft sein; er wendet sich an das Urteil des Hörenden, dem er einleuchten will; er will die Entscheidung erleichtern´ (v. Rad, I, 432, ähnlich Zimmerli 183)" (H. Schroer 1980: 589).

[71] „Mit Hilfe von Sprichwörtern werden Themen abgeschlossen, Einzelfälle ins allgemeine erhoben, wird Mahnung oder Trost ausgesprochen, sowie die Richtigkeit von Erfahrung bestätigt. Die allgemeinen Wahrheiten sind hier schon gefunden, durch andere vorgeformt und sprachlich festgelegt." (Keppler/Luckmann 1992: 214)

sie „theoretisch definieren ... als `ein Expertenwissen, das zur Bearbeitung grundlegender Lebensfragen befähigt und sich in außergewöhnlich guten Urteilen und Ratschlägen manifestiert'" (ebd.: 104). Dieses Konzept wird für uns auch dann nicht plausibler, wenn sich nach Baltes u. Smith, Weisheit entwicklungspsychologisch als ein „Alterspotential" (ebd.: 125) und ein individuelles kognitives „hochentwickelte(s) Wissens- und Urteilssystem" (ebd.: 95) darstellt, welches letztendlich nur bei einigen wenigen zu finden ist, die als `Experten´ in Sachen Weisheit „`zu guten Urteilen und Ratschlägen in wichtigen, aber ungewissen Lebensfragen´ (Baltes u.a.,1984; Dittmann-Kohli & Baltes, in Druck; Smith u.a., in Druck)" (ebd.: 104 ) beitragen.[72]

Baltes et al. (1994: 21ff.) operationalisieren *weisheitsbezogenes* alltägliches (Experten-) Wissen anhand folgender 5 Kriterien  – wobei die beiden ersten als „Basiskriterien" und die übrigen als „Metakriterien" zu verstehen sind:

1. Umfangreiches allgemeines und spezifisches „Faktenwissen" über Lebensverlauf und Lebenslagen" rsp. „über grundlegende Lebensfragen".
2. Reichhaltiges „prozedurales Wissen", welches als planendes und strategisches Wissen die Beurteilung und Entscheidungsfindung in schwierigen Lebenssituationen sowie den gestalterischen „Umgang" damit erleichtert.
3. Ein vielfältiges Wissen über „Lebenskontexte", welches altersspezifische, kulturelle und individuelle Kenntnisse impliziert.
4. Wissen und Einsicht in die „Relativität individueller und gesellschaftlicher Wert- und Zielvorstellungen".
5. Wissen um (Erkenntnis) und Einsicht in die „Ungewißheit und Unsicherheit des Lebens", aber auch die Verfügbarkeit über das nötige strategische Wissen (Fähigkeit) für einen konstruktiven Umgang mit „Unbestimmtheiten".

Was speziell das Strategiewissen bezüglich der Ratgebung für Lebensprobleme betrifft, so kann nach Baltes et al. (ebd.: 23) ein Ratgeber, wenn er durch die Schule des Lebens und die Reflexion darüber die nötige Weitsicht und Handlungsfähigkeit gewonnen hat, „den richtigen Zeitpunkt" erkennen „an dem sein Rat erforderlich ist ... und ... wie man gegebenenfalls mit Ratschlägen weiterhelfen kann." Darüber hinaus werden als weitere Merkmale strategischen Prozeßwissens: die „Kosten-Nutzen-Abwägung"; die Systematisierung und Bewertung von gemachten Erfahrungen; sowie Ziele – Mittel – Beurteilung genannt.

---

[72] Baltes´ und Smiths (1990: 105f.) Konzept von Weisheit liegen 3 Ausgangsbedingungen zugrunde: 1. Den meisten Menschen ist das „notwendige Wissen ... zugänglich", um grundlegende Lebensfragen bearbeiten zu können. 2. Es besteht die Erwartung, „auch in diesem Bereich ... nur wenige wirkliche Experten zu finden." 3. Ist zu unterscheiden „zwischen `weisen Personen´ und `Weisheit´ als Wissenssystem." Und letzteres ist gegenwärtig ihr Forschungsgegenstand.

Wir können abschließend hier nur kurz darauf verweisen, daß das soeben knapp skizzierte kognitive Weisheitskonzept, welches Weisheit als kulturell-lebensgeschichtlich bedingte und entwicklungsfähige qualitative Intelligenz „im Bereich der fundamentalen Pragmatik" (Baltes et al. 1994: 9)[73] bestimmt und die als „Spitzenleistung" (Baltes/Smith1990: 98ff.) gerade erst bei älteren Menschen anzutreffen bzw. erreichbar ist, diametral zu M. Landmanns (1969: 99) „Weisheit des Unbewußten", oder zu W. Welschs (1995: 793ff.) Verständnis vom `Weisen´ steht, „der um sein Nicht-Wissen in allem Wissen weiß", und der sich als solcher auszeichnet und bewährt, wenn es keine „übergeordnete Regeln [gibt, H.B.], aus der man die Entscheidung einfach ableiten könnte", und wo man „das Richtige ... nicht mehr erkennen, sondern nur noch finden kann."

## 4.3 Der Bedeutungswandel des persönlichen Rates findet seinen Ausdruck in der Alltagssprache und verändert sich permanent durch neue Wissensinhalte

### 4.3.1 Etymologische Hinweise zum Bedeutungswandel des Rates

Nimmt man zur Klärung des Bedeutungswandels des Wortes `Rat´ die Etymologie zu Hilfe, dann öffnet sich der Blick für seine `objektiv´ veränderten Formen und Inhalte und findet darin gleichsam gesellschaftliche Strukturen und Prozesse widergespiegelt. Um dies zu verdeutlichen folgen wir dem Wörterbuch der Brüder Grimm (1893, Bd.8: Sp. 157ff.). Danach war `Rat´ und sein Verbum `raten´ anfangs „gesamtbezeichnung für alles das, was ein geschlechtsoberhaupt dem von ihm abhängigen gegenüber zu leisten schuldig war an fürsorge jeder art und schutz [sic.!]." Dabei bezog sich der Schutz, die Hilfe, die Vorsorge, und die Förderung, die das Geschlechtsoberhaupt bot, auf die materiellen und immateriellen Lebensbereiche. Dadurch ist zugleich impliziert, daß Rat etwas mit einer zukunftsgewandten Aufmerksamkeit für Sachen und Personen, mit reflexivem Vermögen, mit Strukturierung und Planung, aber auch mit machterhaltender Einflußnahme zu tun hatte. Rat war aber eben nicht nur schützende leibliche Fürsorge und Vorsorge durch ein tätiges Eingreifen, sondern zeigte sich in seiner einschneidensten Bedeutung als „... anweisung, der man zu folgen hat, richtschnur für ein thun." Diese Bedeutung ist jedoch „... gewöhnlich, und schon in der alten sprache, in den

---

[73] Die „fundamentale Pragmatik des Lebens" wird operationalisiert in: „Lebensplanung, Lebensbewältigung und Lebensrückblick" (ebd.: 9).

milderen sinn eines bloszen vorschlags über etwas zu thuendes überge-
gangen" (ebd.: 161).

*Zusammenfassend* und zeitlich weitergeführt, lassen sich die in Grimms
Wörterbuch und im Duden (1989, Bd. 7: 572f.) genannten etymologischen Hinweise zum Wortfeld `Rat´, für uns zu folgender Aussage verdichten: Der Rat
hatte sich 1. aus seiner gemeinschaftsorientierten, existenzsichernden und be-
schützenden Funktion, die durch eine traditionale institutionelle Autorität gewährleistet wurde, zunehmend losgelöst und wurde *entmaterialisiert* – siehe
vormals die Verbindung mit „Vorrat" oder die Kollektivbildung „Gerät" – und sich
2. über die Stufe, „Beschaffung", „Abhilfe", „Fürsorge", die noch ein *unmittelbares Tun* und *Handeln* ausdrücken um jemanden aus einer Not zu helfen, sich
3. hin zu einem *Sprechhandeln* – „gut gemeinter Vorschlag, Unterweisung,
Empfehlung" – entwickelt. Diese Entwicklung ist, so kann man annehmen,
zugleich Ausdruck für die Begünstigung und den Wunsch `Rat´ und `Tat´ zu
trennen, um eine größere persönliche Distanz zu ratbedürftigen Situationen
und im Verhältnis zwischen Ratsuchenden und Ratgeber zu schaffen.

### 4.3.2 Persönlicher Rat in praktischen Lebensfragen ist nicht mehr naives Alltagswissen

Persönlicher Rat ist inhaltlich immer weniger ein ausschließlich personales
erfahrungsgesättigtes oder naives Alltagswissen, sondern zunehmend ein Produkt unterschiedlicher Wissensformen. Und dennoch, selbst dann, wenn
lebenspraktische Erfahrung und Alltagswissen zunehmend medial von wissenschaftlichem Wissen beeinflußt wird und deshalb heutzutage der lebenspraktische persönliche Rat mehr oder weniger von einem wissenschaftlichen
Halbwissen durchsetzt, insbesondere psychologisiert ist, so verfügen Alltagswissen und ein daraus abgeleiteter persönlicher Rat über andere Qualitäten
und Funktionen als wissenschaftliches Wissen,[74] aber auch als Alltagswissen
in traditionalen Gesellschaften. Was sich jedoch gegenwärtig abzeichnet, ist die
Tendenz einer `Entkernung´ des Rates von persönlichem Empfinden und
Erleben. Es handelt sich dabei um einen Vorgang, der in unserer komplexen
und differenzierten Gegenwartsgesellschaft parallel zu der von H. G. Soeffner
(1995: 523) getroffen allgemeinen Charakterisierung des Alltagswissens ver-
läuft: „Je stärker ... der Anteil medial erworbenen Wissens wächst und den
Anteil des in konkreten eigener oder gemeinschaftlicher Erfahrung erwor-

---

[74] Vgl. Luckmann (1981: 50f.) für den Alltagswissen möglicherweise „verwissenschaft-
licht werden (kann) wie es seinerseits religiös geprägt wurde", welches aber von
seinen Funktionen her „nur in sehr begrenztem Maße `vernünftiger´ gemacht wer-
den kann."

benen Wissens überlagert, um so weniger erhält diese eine `persönliche´ Beimischung. Es wird unpersönlich – im guten wie im schlechten Sinne."
Nun ist aber hierbei mit N. Luhmann ((1972: 210) K. Hahn (1995:140) in Rechnung zu stellen, die Entstehung sozialer „*Marktbeziehungen*", bedeutet nicht unbedingt „`Unpersönlichkeit´, ... [sondern, Einf. H.B.] ... die Relevanz bestimmter Rollen (wird) für die Interaktion neutralisiert und die `die Person bewertende [sic!] Kontrollen´ entfallen."

Bei allen medialen Überlagerungen und Durchmengungen von Wissensarten versinnbildlicht der persönliche Rat für uns nach wie vor ein sozial tradiertes kollektives Wissen mit individuellen Wachstumsraten. Relativ neu dürfte dabei der individuelle Umgang mit diesem Wissen sein. So ist es denn auch kein Widerspruch zu sagen: Wird persönlicher Rat im Alltag gegeben, dann beruht er weitgehend auf einem *Common sense-Modell*[75] und transportiert bzw. produziert auf der Grundlage von diesem ein entlastendes Alltagsmodell von Wirklichkeit. Wobei anzunehmen ist, daß in Folge *permanenter Transformation von Narrationen* (Vaassen 1996), einem medial vermittelten psychologischem `Halbwissen´ und durch die praktischen Erfahrungen von Klienten mit professioneller Beratung, eine größere Buntheit und Vielgestaltigkeit im persönlichen Rathandeln möglich wird, sowohl was die Inhalte als auch was die Interaktionen anbelangt.[76] Angesichts des großen gesellschaftlichen Vorrats an `Common sense-Wissen´ und seiner verdichteten Bereitstellung des Allgemeinen für Besonderes, wird persönlicher Rat nicht unbedingt einer Topik des Individuellen oder des Originellen folgen, sondern erweist sich zuvörderst als personale Repräsentanz des überhaupt erreichbaren Vorrats an Lebensweisheit in und für eine konkrete Lebenssituation. Dadurch kann durchaus eine Spannung zwischen der einmaligen ratbedürftigen Situation und der Abstraktheit der Weisheit ent- und bestehen.

Persönlicher Rat weist zudem – so unsere Auffassung – eine Ähnlichkeit mit dem auf, was G. Gamm (1994: 300ff.) unter Bezugnahme auf kognitionswissenschaftliche Studien für das Denken und Handeln in der Alltagswelt festgestellt hat, nämlich, er wird nicht ausschließlich `formal-logisch korrekt´ zur Sprache kommen. Es gibt auch für ihn eine „Logik der Repräsentativität", die sich am „Typischen" orientiert und die zugleich eine „Logik der Unschärfe ist" (ebd. 310). Und da Vagheit nach Grace (1987) und anderen sozialkonstruktiv

---

[75] Bei C. Geertz ist nach Schmitz (1987: 284) „die Weisheit des common sens ... schamloses und vorbehaltloses ad-hoc Wissen. Sie zeigt sich in Epigrammen, Sprichwörtern, Spruchweisheiten, Witzen, Anekdoten, Fabeln, einer Flut von Aphorismen, nicht aber in formalen Doktrinen, axiomatisierten Theorien und dogmatischen Lehrgebäuden."

[76] Vgl. bei Reiner Keller (1997: 317) die Mitkonstituierung der „Lebenswelt des Alltags ... durch Diskurse."

orientierten Kommunikationswissenschaftlern, so Vaassen (1996: 140), „ein wesentliches Merkmal der Alltagssprache" ist, wird damit zugleich ein dekonstruktives Element eingeschlossen. Demzufolge kann der persönliche Rat zumindest potentiell einen Gegenentwurf für einen Ausschnitt in der Gestaltung von Wirklichkeit darstellen. Und er kann in diesem Sinne eine unorthodoxe Position gegenüber einer gesellschaftlich normativ gebundenen und möglichst zu glückenden professionellen Beratung beziehen.

Dies bedeutet keinesfalls Beliebigkeit, denn es wird beim persönlichen Rat mit einem Wissen operiert, welches dem nahe steht, was A. Reckwitz (1997: 110, 131ff.) in der Herausarbeitung und differenzierten Darstellung ein „kollektives, implizites Wissen" nennt. Dieses im Alltag „untrennbare" Wissen „wirkt gleichermaßen `generativ´ im Sinne eines handlungsproduzierenden `knowing how´ und `interpretativ´ im Sinne eines symbolischen Horizontes",[77] so daß für Reckwitz auf theoretischer Ebene eine Verbindung von *strukturalistischer* und *sozialphänomenologischer* Positionen vorliegt.[78]

## 4.4 Im Alltag kann der persönliche Rat die Form von `Beratung´ annehmen, aber institutionelle Beratung kann nicht mit Rat gleichgesetzt werden

Schaut man sich die Grundstrukturen und Regeln des sprachlichen Handelns an, nach denen Beratungsinteraktionen ablaufen, dann gibt es nach U. R. Kluck (1987) auf der Ebene der *praktischen Semantik*, Parallelen zwischen privater und institutioneller Beratung.[79] Wählt man einen kommunikativen Ansatz, dann verfügt sowohl der persönliche Rat als Rathandeln wie die professionelle Beratung, über einen Inhalts- und Beziehungsaspekt. Betrachtet man die Form des persönlichen Rates als einen interaktiven Prozeß, dann

---

[77] Für Reckwitz (ebd.: 121) sind „`deskriptive´ Regeln die Voraussetzung zum sinnhaften Weltverstehen, während `evaluative Regeln´ die Akteure festlegen, welcher Ich- und Weltzustand als erstrebenswert und welcher vermeidenswert gilt."

[78] Bei der strukturalistischen Position besteht nach Reckwitz (1997: 132f.) die eigentliche Kulturbedeutung von Wissen „nicht darin, Welt zu beschreiben, sondern als Handlungsdispositionen soziale Praktiken hervorzubringen." Demgegenüber betont die sozialphänomenologische Position symbolische Deutungsmuster – „models of (the world)" (ebd.).

[79] U. R. Kluck (1984) hat jedoch hierbei den Blick auf die professionelle Beratung gerichtet, wenn sie zu klären versucht nach welchen „sprachlichen Regeln" (ebd.: 5) Beratungen ablaufen und worin bei aller „Ähnlichkeit der Regeln" (ebd.: 110), die sich bei `Rat´, `Tip´ und `Empfehlung´ als Handlungsmuster zeigen, analytisch die Strukturunterschiede bestehen und geht nur am Rande auf den privaten Rat ein (vgl.12f.).

kann dieser von sehr unterschiedlicher zeitlicher Dauer und inhaltlichem Gewicht sein. So läßt sich, folgt man Klucks Ausführungen (ebd.: 197), der Verlauf des „Beratungsspiels" idealtypisch in drei Hauptphasen unterteilen bzw. besteht aus den drei „`Minimalzügen´": „ (i) Bitte um Rat / (ii) Ratschlag / (iii) Reaktion auf den Rat." [80]

Für ein Beratungs- rsp. Ratgespräch sind Ratschläge/Rat jedoch nicht zwingend erforderlich. Werden keine Ratschläge gegeben, was u. E. bei einem Rathandeln auf privater Ebene im Gegensatz zur professionellen Beratung wohl eher die Ausnahme bildet – werden sie hier doch zumeist als ein kontraproduktives Element angesehen –, dann ist das Gespräch in seinem Findungs- und Lösungsprozeß trotzdem als ein Beratungs-/Ratgespräch zu bezeichnen. Denn betrachtet man die formale Struktur genauer, dann kann zum einem, der persönliche Rat in der Form eines Ratschlags, das `Ergebnis´ (Inhaltsaspekt) eines mehr oder weniger ausführlichen Gesprächs sein. Zum anderen, kann er eine direkte Antwort auf eine direktive Ratfrage sein. In beiden Fällen kann er sowohl in einem Zuraten als auch in einem Abraten bestehen und ist meist auf etwas Zukünftiges gerichtet, so daß sich subjektivem Handeln ein `Möglichkeitsraum´ eröffnet.

Für H. Krämer (1992: 344) sind in seinem philosophischen Beratungskonzept, Ratschläge innerhalb einer Beratung, „entscheidungsverbessernde, problemorientierte, kommunikative Vorgaben", die Raum für Alternativen lassen und dem Subjekt die freie Wahl der Entscheidung zugestehen.[81] „Die Vorgabe ... bezieht sich einerseits auf den sachlichen Mehrgehalt an Information und andererseits auf die Bewertung und Rangierung, die im empfehlenden oder warnenden Charakter des Ratschlags liegt" (ebd.: 344). Und sie deckt nach Krämer „drei verschiedene Typen von Ratschlägen mit wachsenden Explikationsgrad ab: die Information, die nur implizit, und den Vorschlag, der explizit anrät, sowie den Sonderfall der scheinbar alternativlosen Direktive" (ebd.: 345).

Da Ratschläge „für die Empfehlung und Warnung" stehen, können sie nach Krämer präventiv, interventiv, kurativ und/oder fruktikativ sein (vgl. ebd.: 345). Da jedoch viele Ratschläge in der „Form von Behauptungssätzen auftreten, die Bewertungen implizieren oder voraussetzen, oder ... die Gestalt problematischer (`man könnte´) oder hypothetischer (Wenn-Dann-Relationen) Sätze an(nehmen)" können, sind sie oft „elliptisch" (ebd.: 346). Dadurch ist ein sprachlogischer Hinweis auf eine Unzulänglichkeit gegeben, die bei Rat-

---

[80] Vgl. ähnlich bei H. Krämer (1992: 347ff.).

[81] Für Krämer (ebd.: 324f.) „nimmt der Ratschlag zwischen der moralischen Direktive und dem gemeinsamen praktischen Diskurs eine mittlere Position ein, indem er einerseits mehr, andererseits weniger autonome Freiräume offenhält."

schlägen besteht, ob sie aber deswegen in der professionellen Beratung selten erwünscht sind, kann hier nicht beantwortet werden.

Und was die Bewertungen betrifft, so finden nach Kluck (ebd.: 71, 86) „Bewertungshandlungen (...) in allen Phasen des Dialogs statt." Sie können sich auf Gegenstände, Handlungen und Personen beziehen. Die Grundlagen der Bewertung können dabei technische, instrumentelle, moralische, soziale Regeln bzw. Normen sein, die wiederum soziokulturellen Veränderungsprozessen unterliegen.

Des weiteren sind für U.R. Kluck (ebd.: 62) „Beratungsinteraktionen (...) Spiele, in der die Abfolge bestimmter Züge nicht von vornherein festgelegt ist." So kann z.B. die Bitte um einen Rat vor der Explikation des Problems erfolgen und man kann beim *Sprachspiel* `Beraten´ analytisch unterscheiden zwischen dem Ratschlag „an einer bestimmten Stelle" in der Beratungsinteraktion und dem „Handlungsmuster `Einen Rat Geben´" (ebd.: 60). Sie geht davon aus, daß diesbezüglich im Alltag nicht fein säuberlich getrennt wird, genausowenig wie zwischen Rat und anderen *Mustern*, wie: `Vorschlag´, `Tip´, `Empfehlung´, `Instruktion´, `Direktive´ und `Information´.[82]

„In den Realisierungsformen von Tips, Empfehlungen und Ratschlägen können kaum Unterschiede festgestellt werden. Generell scheint es möglich, mit einer Äußerung sowohl einen Rat als auch einen Tip geben zu können. In der Umgangssprache werden die Bezeichnungen Tip, Empfehlung, Rat ohnehin fast synonym verwendet" (ebd.: 112).

Strukturell gesehen haben Vorschläge als „Folgezüge" (ebd.: 69) im *Sprachspiel* `Beraten´, für sie den Sinn, „zunächst einmal tentativ gewisse Handlungsalternativen zur Sprache zu bringen und dazu Stellung zu nehmen bzw. diese Handlungsalternativen zu bewerten." `Ratschläge´ dagegen, so Kluck (ebd.: 109f.) beziehen sich im Gegensatz zu `Empfehlungen´ und `Tip´ auf komplexere Sachverhalte, wobei aber für uns nicht nachvollziehbar ist, warum sie den `Tip´ vorwiegend auf technische Probleme eingrenzt und weshalb `Ratschläge´ „fast immer das Ergebnis" einer (komplexen) Problemanalyse sein sollen und eher argumentativ sind. Weiterhin ist nicht ganz einsichtig, weshalb eine `Empfehlung´ im Gegensatz zu einem `Rat´ meist aufgrund positiv erlebter „persönlicher Erfahrungen" (ebd.: 101) ausgesprochen wird, oder warum man sich für einen `Vorschlag´ nicht zu bedanken braucht (vgl. ebd.: 133).

Wenn nun Kluck meint: „Für das Verstehen von Rathandlungen im Alltag allerdings ist die Frage irrelevant, ob der Ratgeber seine Äußerung als Rat, Empfehlung oder Tip meint: dies ist ein Indiz für die Ähnlichkeit der Regeln, die für diese Handlungsmuster gelten" (ebd.: 110), dann sehen wir darin einmal eine weitere Variation des *Regelspiels* `Beraten´, in einer sich permanent ver-

---

[82] Vgl. ebd. 98 ff. und bes. 110,112.

ändernden Wirklichkeit, mit nicht auszuschließenden Folgen für ein kommunikatives Rathandeln. Zum anderen *erschließt* sich im Alltag die Bedeutung von
Rat, Tip etc. nicht durch die Analyse von Regeln, sondern durch ihren um-
gangssprachlichen Gebrauch, in Abhängigkeit von sozialen Beziehungskon-
texten und den zu klärenden Sachverhalten und Lebensthemen. Deshalb ist es,
wie wir noch erörtern werden, nicht unbedeutend in welchem Zusammenhang
und mit welchen gedanklichen Vorwegannahmen eine Person einen Rat oder
Tip sucht oder ob eine Person einen Rat oder einen Tip gibt, so daß darüber
hinaus, die von Kluck formulierte gemeinsame Funktion von Tips, Empfehlungen und Ratschlägen in Interaktionen, nämlich „einem anderen zu sagen,
wie er sein praktisches Problem optimal lösen könnte" (ebd.: 98), nur einen
Teilaspekt darstellt.

Der persönliche Rat gehört insbesondere durch seine Vielfalt an Aspekten
und gemäß seiner alltagspraktischen Verwendung zu den `unscharfen´ All-
tagswörtern. Er ist aus semantischer Sicht vergleichbar mit Wittgensteins
„Begriffen mit verschwommenen Rändern" und seiner Frage: „`Ist das Un-
scharfe nicht oft gerade das, was wir brauchen?´"[83] Selbst unter formal-
strukturellen Aspekten kann der persönliche Rat im Alltag nicht auf explizite
Ratschläge eingeengt werden, die zu einem bestimmten Tun oder Unterlassen
auffordern. Privates Rathandeln kann durchaus, sowohl die Form einer ausführlichen Beratung annehmen, in der ein Rat gegeben wird oder in der die
Beantwortung der Ratbitte offen bleibt, als auch sich in der Form eines expliziten Ratschlages ausdrücken, ohne daß diesem ein ausführliches Rathandeln
vorausgeht und der Ratschlag dann für uns eine `minimale´ *Alltagsberatung*[84]
darstellt.

Und was die institutionelle Beratung betrifft, so kennt sie zwar einen Ratsuchenden, kann aber nicht mit `Rat´ gleichgesetzt werden. Zum einen, weil
schon rein sprachlich der Ratgeber vom Berater abgelöst wurde, und zum
anderen, weil dem Klienten im `Arbeitsbündnis´ nahegelegt wird, in einer durch
den Berater unterstützenden – oft reflektierenden – Beratungsarbeit für sich
selbst zu einer Klärung zu kommen.[85]

---

[83] Vgl. bei S. Ullmann (1973: 147ff.) näheres zum Zitat und den „Wörtern mit verschwommenen Rändern" aus semantischer Perspektive.
[84] Vgl. F. Nestmann (1984), der den Begriff der *Alltagsberatung* für eine `nicht-pro-
fessionelle Beratung´ verwendet.
[85] Vgl. z.B. R. Tausch (1974: 145).

## 4.5 Persönlicher Rat läßt sich nicht auf kognitive Inhalte und zweck-rationale Funktionen reduzieren, sondern wird maßgeblich von sozialen Beziehungsaspekten mitbestimmt

Bei einem praktischen oder sachlichen Problem liegt es nahe, daß der Ratsuchende die Erwartung hat, der Ratgeber möge ihm einen praktisch-anleitenden Rat geben, der ein `gewußt wie´ formuliert oder zumindest einen Hinweis gibt, der informativ ist, um selbst zu einer Lösung zu kommen. Und es kann natürlich hilfreich, nützlich und vorteilhaft sein, wenn der Ratgeber bei einem lebenspraktischen Problem auf der Grundlage von praktischen Klugheits- und Verfahrens- oder sozialen Verhaltensregeln ein konkretes kognitives Ziel- oder Realisierungswissen vermittelt. Also ein Wissen, welches aufzeigt, vorgibt oder anweist, was je nach sozialem Kontext am besten zu tun oder zu lassen ist und welches für die ratsuchende Person Verhaltenssicherheit oder Zukunftsoffenheit bieten kann. So heißt es denn auch in J. H. Zedlers Universallexikon von 1741 (1961: Sp. 965):

„Ratschlag, Rath, Anschlag, *Consilium*, ist nichts anderes, als eine Regel, welche weiset, wie jemand eine Verrichtung seinem Endzweck gemäß angreifen und ausführen soll. Ein Rathschlag betrifft nur die Art und Weise, wie diese oder jene Verrichtung, so uns die Vernunft oder das natürliche Gesetz befiehlet, ins Werck zu richten, damit dadurch unser Nutzen befördert wird."

Jedoch ein Rat läßt sich nicht nur auf ein (vernünftiges) Regelwissen reduzieren. Dagegen spricht schon das Theorem vom Inhalts- und Beziehungsaspekt einer Kommunikation und die attributive Ausdrucksvielfalt des Rates, die einer Verweisstruktur des `mehr als´ gleichkommt. So kann der Rat, um nur einiges zu nennen, folgendermaßen etikettiert werden:

- ein erbetener, ungebetener Rat
- ein öffentlicher, privater, intimer Rat
- ein freundschaftlicher, väterlicher, mütterlicher, kollegialer Rat
- ein kluger, scharfsinniger, gezielter, ausgeklügelter Rat
- ein weiser, besonnener, überlegter, wegweisender, lebenskluger, begründeter Rat
- ein glaubwürdiger, aufrichtiger, ehrlicher, vertraulicher, verantwortungsvoller, fürsorglicher Rat
- ein aufmunternder, tröstender, wohlmeinender, warnender, erinnernder Rat
- ein sachlicher, fachlicher, praktischer, tatkräftiger Rat
- ein unangenehmer, entlarvender, provokativer Rat
- ein unüberlegter, törichter, fragwürdiger, widersprüchlicher, falscher Rat
- ein gewitzter, ausgekochter, gerissener, verführerischer Rat
- ein heilsamer, prophetischer Rat
- ein unbewußter, intuitiver Rat
- ein sprichwörtlicher, aphoristischer Rat
- ein innovativer, bewährter Rat

Wenn nun z.B. ein Ratsuchender zum Ratgeber sagt: „Von Ihnen hätte ich einen solchen Rat nicht erwartet!", dann drückt sich darin allemal Überraschung aus, und je nach Intonation, wurde der Ratsuchende in seiner Erwartung angenehm überrascht oder enttäuscht. Beidemal zeigt sich, daß die Antwort der ratgebenden Person als Person nicht mit dem Bild und der Erwartung übereinstimmt, welches die ratsuchende Person vom Ratgeber hat. Der Ausruf des Ratsuchenden kann aber auch ausdrücken, daß das, was vom Ratgeber gesagt wurde, für ihn eine attributive Glaubwürdigkeit besitzt, aber seinen Interessen widerspricht.[86] Und liest man die Rolle des Ratgebers gegen, dann ist das Beispiel ein Hinweis dafür, daß in dieser Interaktion die gegenwärtige Beziehung einer situationsbedingten Neudefinition unterzogen wird.

Nun gibt es aber auch die Erwartungshaltung gegenüber einem Ratgeber, dieser möge einen Rat geben, da dieser in einer moralischen Bringschuld steht, die aus einer gewachsenen emotionalen Verbundenheit gegenüber dem Ratsuchenden oder aus einer ihm einmal erwiesenen Hilfe herrührt.[87] In Harley Granville-Barkers (1905) >They Voysey Inheritance< (zit. in D. Nyberg 1994: 248) kommt diese geforderte Gegenleistung exemplarisch zur Sprache.

*Edward*: Soll ich das tun?
*Alice* (wendet sich ab): Warum mußt du mich das fragen?
*Edward*: Früher hast du dich doch über meine Prinzipien lustig gemacht und jetzt hast du sie von mir übernommen. Dann kannst du mir als Gegenleistung doch wenigstens einen Rat geben.

Unverkennbar kommt hier der Beziehungsaspekt mit all seinen Facetten und Schattierungen ins Spiel. Persönliches Rathandeln (Beratungsgespräch) sowie der Ratschlag hat deshalb immer auch etwas mit der Art und Weise von Alltagsbeziehungen zu tun – so z.B. mit der Nähe oder Distanz von Ratsuchenden und Ratgeber. Rat als inhaltliches `Ergebnis´ und Rathandeln als Prozeß wird sowohl bei den Ratsuchenden als bei den Ratgebern von positiven, negativen oder auch indifferenten Empfindungen, Gefühlen und Haltungen mitbeeinflußt, die schon im Vorfeld den Gesprächsverlauf und den Rat(schlag), sowie seine mögliche Akzeptanz mitbestimmen. Daß `nicht-rationale´ Grundstrukturen die Ratsuche mitbestimmen, drückt sich in einer so einfachen und in ähnlichen Varianten bestimmt schon gehörten Formulierung wie der folgenden aus: „Na, da ist halt das rote Tuch, wenn ich den sehe wie er auf seinem Balkon

---

[86]  Vgl. hierzu aus sozialpsychologischer Sicht L. Fischer u. G. Wiswede (1997: 305). „Eine Botschaft wirkt dann besonders glaubhaft, wenn sie von *diesem* K [ommunikator, Einf. H. B.] nicht erwartet wurde bzw. wenn die Richtung seiner Argumentation ganz offensichtlich eigenen Interessen entgegensteht."

[87]  Vgl. hierzu B. Nedelmanns (1988: 29) Ausführungen zu G. Simmels Affekt der *Dankbarkeit* als Folge vorausgegangener Wechselwirkungsprozesse, die dann zur Aufrechterhaltung von sozialen Beziehungen beitragen kann.

sitzt,"sst", da gibt's nix zwischen Rat und annehmen, hören, da ist's aus! (kräftig)"
(I.5). Inhaltliche Qualität garantiert noch keine Akzeptanz, vor allem dann nicht,
wenn die zwischenmenschliche `Chemie´ und Vermittlung nicht stimmt. „Ich
kann also auch etwas völlig Richtiges hören von jemand, aber es ist von ihm
absolut nicht anzunehmen, weil es so gockelhaft, so besserwisserisch, da-
rüberstehend kommt, so hundertprozentig überzeugt, wie der das bringt, ist es
völliger Quatsch" (ebd.).[88]

Was hier vorrangig für den Ratsuchenden formuliert wurde, ist unter rezipro-
ken Vorzeichen gleichfalls für den Ratgeber mitzubedenken, wenn es um seine
Bereitschaft geht, Ratgeber zu sein und wenn es darum geht, wie und was er
zur Sprache bringt. Vertrauensbereitschaft, Empathie, Aufrichtigkeit, Verbundenheit, Mitverantwortung, Solidarität aber auch Neid, Mißgunst, Konkurrenz,
Kontroll- und Machtbedürfnisse sind in sozialen Beziehungen zentrale dynamische Interaktionsgrößen und sie haben im Rathandeln Einfluß darauf, ob und
was geraten wird. Welche personalen Fähigkeiten, Eigenschaften, Interessen,
Erwartungen, Gefühle beim persönlichen Rathandeln in den Vordergrund treten, ist nicht nur eine Frage von individuellen Persönlichkeitsmerkmalen der
interagierenden Personen, der situativen Verknüpfungen, sondern hängt insgesamt von kulturellen und sozialstrukturell bedingten neuen Formen des Mit-
einanderumgehens ab.[89]

Deshalb, persönlicher Rat zu Fragen der Lebenspraxis läßt sich nicht auf ein
Informations-, Ziel-, Realisierungs- oder Problemlösungswissen zum Zwecke
der „Orientierungs- Planungs- und Entscheidungshilfe" reduzieren,[90] wie dies
z.B. Nestmann (1984: 48) für private und professionelle Beratung unter-
schiedslos reklamiert. Einer Differenzierung bedarf unseres Erachtens auch die
gängige Verkürzung von vielfältigen ratlosen Lebenssituationen, -fragen und
-themen auf den Begriff des `Problems´. Die Konstatierung eines einfachen
oder komplexen `Problems´ betont zumeist eine zweckgerichtete *Aufgaben*-
stellung, die der Sache nach gelöst werden kann – sofern jemand über das
nötige Hintergrundswissen und methodische Problemlöseverfahren (Regel-
oder Verfahrenswissen) verfügt – bzw. gelöst werden sollte, wenn nicht gar
gelöst werden muß, im Gegensatz zu einer schwierigen Lebenssituation, deren

---

[88]  Wir haben hier bei diesen zwei Beispielen auf unsere Primärdaten vorgegriffen, weil
      sie sprechender waren als das, was wir in der Sekundärliteratur gefunden haben.

[89]  Vgl. bei N. Elias (1980, Bd.1 Einleitung) die Beeinflussung zwischenmenschlicher
      Beziehungen durch regulierte `affektive´ Valenzen im Zivilisationsprozeß.

[90]  Man kann in dem Vorzug eines operationalen Wissens und Handelns in der pro-
      fessionellen Beratung eine Widerspiegelung dessen sehen, was Stegmaier (1993:
      15) die Priorität einer „Freiheit der Handlungsentscheidung ... vor der Wahrheit
      des Handlungswissens" in der Gegenwartsgesellschaft nennt.

*Zustand* beeinflußbar, veränderbar, verbessert oder gemildert werden kann, aber nicht immer restlos auflösbar oder lösbar ist.

Ebenso fragwürdig ist es, wenn Nestmann (1988: 242ff.,261) in seiner Untersuchung zu den „alltäglichen Helfern", im Rat eine problemlösende Interventionsstrategie (mit kognitiven oder informativen Aspekten) zur sozialen Unterstützung sieht. Insgesamt läßt sich eine Verkürzung auf den kognitiven Aspekt des Rates ohne genauere Explikation des Begriffes `Rat´ in den Konzepten und Analysen zur persönlichen Unterstützung in sozialen Netzwerken feststellen.[91] Was jedoch nicht ausschließt, daß in den Konzepten einer sozial unterstützenden Netzwerkanalyse ein vorrangiges wissenschaftliches Interesse darin besteht, noch eingehender zu klären, welcher Personenkreis bei welchen Problemarten z.B. einen Rat erteilt oder andere Hilfestrategien leistet und wie effektiv sie im einzelnen Fall sind bzw. sein könnten, wenn eine Beraterschulung von Laien stattfindet.[92]

*Kritisch bleibt anzumerken:* 1) Konzepte von *Alltagsberatungen,* die den Ratinhalt und damit die kognitive Seite des Rates zur Lösung von Problemen überbetonen, berücksichtigen zu wenig, „daß Emotionen als Kontrollinstrument der Motivation, die Funktion einer optimalen Problemlösung übernehmen können" (J. Gerhards 1988: 13). 2) Konzepte, in denen sich der `Sinn´ des persönlichen Rates in themenzentrierten zweckgerichteten „UM-zu-Motiven" und damit im „Kern [einer, Einf. H. B.] kognitiven Handlungsorientierung" (T. Eberle 1984: 399) erschöpft, vergessen die uns wichtig erscheinenden relationalen soziale Aspekte. Denn bei einem `In-Wechselbeziehung-treten´ unter der Form des persönlichen Rates, geht es immer auch um *soziale An- oder Nichtanerkennung, um Beziehungsgestaltung.* So bedeutsam der Faktor `know -how´ in Alltagsberatungen sein mag, so eindeutig Alltagswissen quantitativ und qualitativ mehr denn je ungleich verteilt ist, und es deshalb zu einer ungleichen Verteilung möglicher Ratsuchender und potentieller Ratgeber kommen kann, das Wissen der Akteure ist nicht der alles entscheidende Faktor. Weder für die Ratsuche noch bei der Wahl des Ratgebers oder für das Rathandeln in *Alltagsberatungen* insgesamt, wenngleich auch Emotionen rational eingesetzt werden können.

---

[91] Siehe dazu die synoptischen Arbeiten von D. Klusmann (1986: 8) und F. Nestmann (1988: 45).

[92] Vgl. hierzu Nestmann (1987: 286f.) zu Cowens (1982) empirischen Ermittlungen, die eine Parallele zwischen „natürlichen Helfern" und „berufsspezifischen Helfergruppen" herstellen, was die „ermittelten Antwort- und Reaktionsstrategien in der Hilfe und Unterstützung... wie ... nur zuhören;... Rat geben; Fragen stellen ... Gefühle klären helfen ..." etc., bei Vorliegen ähnlicher „Problemarten" und persönlichen Haltungen betrifft. Für Nestmann besteht jedoch angesichts „dieser Zusammenhänge von spezifischen Problemarten und entsprechenden Hilfestrategien" ein weiterer Untersuchungsbedarf.

## 4.6 Persönlicher Rat hat seiner Form und seinen Inhalten nach andere `Spielräume´ als professionelle Beratung

Für Nestmann (1984: 48) gibt es in „allen Alltagsberatungen" trotz unterschiedlicher Problemsituationen und persönlicher Qualitäten der Akteure und in Abgrenzung zur psychosozialen Beratung Gemeinsamkeiten. Da sind zu nennen:

- die Verwobenheit in den Alltag der Berater und der Ratsuchenden bezüglich Raum, Zeit, Tätigkeit und handelnden Personen
- die nicht als spezifische Beratungssituation und -konstellation definierte Struktur
- die prinzipielle Offenheit der Situation und der Berater bezüglich unterschiedlichster Problemstellungen, Problemträger etc.
- der `Laien´charakter der Beratung durch nicht besonders ausgebildete oder trainierte Berater
- die potentielle Umkehrbarkeit der Beratungsrollen und der Wegfall prinzipieller Status- und Machtunterschiede
- Freiheit von institutionellen Rahmenbedingungen einer Beratungsorganisation (obwohl selbstverständlich andere institutionelle Grenzen die Interaktionen mitbestimmen)
- die nicht durch Bezahlung geprägte Austauschbeziehung der Beratung etc.

Wir wollen nun diese invariant gesetzten allgemeinen Charakteristika kommentieren und durch neue Aspekte erweitern, die aus unserer Sicht bei einer Analyse des persönlichen Rates Relevanz haben. So ist der persönliche Rat als eine eigenständige Form für Fragen der Lebenspraxis nicht von vornherein auf die mündliche `face to face´ Vermittlung begrenzt. Persönlicher Rat kann durchaus telefonisch, brieflich oder über `Online´[93] gesucht und gegeben werden. Selbst ein schriftlich angefragter Rat in der Lebensberatungskolumne einer Zeitung kann durchaus persönlich adressiert sein und es können gleichfalls Bilder – besonders in Gesellschaften, die ihre soziokulturellen Räume und Lebensstile semiotisch `aufladen´ – zum richtigen Zeitpunkt für einen Rat stehen.

In der ausgewiesenen Zuständigkeit der Beratungsinstitution für spezielle Problembereiche findet hier im Gegensatz zum persönlichen Rat, grundsätzlich eine Fokussierung auf bestimmte ratbedürftige Situationen statt, was zu einer Ausklammerung anderer oder weiterreichender ratbedürftiger Themen führen kann. Außerdem kann es beraterspezifisch bei einer professionellen Beratung, durch die Spezialisierung der Berater selbst, zu einer nicht angemessenen Beachtung weiterreichender relevanter ratbedürftiger Aspekte kommen. Dies läßt den Schluß zu, daß in der professionellen Beratung mit der Existenz `weißer Flecken´ zu rechnen ist, so wie dies beim persönlichen Ratgeben im Alltag immer schon gegeben ist, nur daß hier die `weißen Flecken´ gerade nicht

---

[93] Vgl. hierzu Nicola Döring (1997): > Selbsthilfe, Beratung und Therapie im Internet<.

durch ein Spezialwissen und berufsrollenspezifische habitualisierte Fähigkeiten miterzeugt werden, sondern weil es dem `naiven´ Ratgeber im Alltag gerade wegen mangelnder spezifischer Wissensbestände und Fähigkeiten an der nötigen `awareness´ für sich selbst, sowie anderer Personen und der Umwelt mangelt.

Persönlicher Rat als eine Form der *Alltagsberatung*, vermittelt darüber hinaus in Analogie zu H. Krämers (1992: 347) philosophischem Beratungskonzept, „nicht nur Erfahrungen, sondern auch Überlegungen und Gedankenexperimente des Beraters oder Dritter."[94] Er ist im Gegensatz zur psychosozialen professionellen Beratung und Therapie nicht primär *biographiezentriert* (Hahn/Willems 1993: 327ff.), oder findet als ein Rathandeln in einem zeitlich und örtlich begrenzten `offiziellen´ Refugium statt, sondern ist eher ereignishaft und spontan. Er stützt sich nicht auf einen beraterisch-therapeutischen `Zentralwert´ wie sachlich-affektive Neutralität und eine methodisch fundierte Gesprächsführung und Zielorientierung, sowie einer Prozeß- und Ergebnisevaluation, sondern hat eine stark subjektiv gefärbte, durchaus parteiische Dimension.

Ein weiterer Differenzpunkt liegt in der Art und Weise der Kommunikation und Interaktion. Im Alltag/im Privaten agieren und kommunizieren Personen auf der Grundlage unterschiedlicher *Inhalte* (Erwartungen, Motive etc.), Rollenmuster und Beziehungsnetze. Die Rollenmuster, so H. P. Bahrdt (1996: 189), „sind ... nicht durchweg absolut voneinander abgeschottet. Es gibt ein vielfältiges Spiel von Übertritten, Entlehnungen und Ersatzlösungen. Denn nur wenige Rollen sind vorgängig so ausgearbeitet, daß sie jeder Situation voll gerecht werden." Deshalb können insbesondere Beratungsdyaden, die auf einer engen sozialen Beziehung basieren, nicht von vornherein dauerhaft auf eine gleichbleibende Asymmetrie hin definiert werden, sondern es ist davon auszugehen, daß die Interaktionspartner in *Alltagsberatungen* von Fall zu Fall mehr oder weniger frei darüber entscheiden und aushandeln werden, wer sich in der Ratgeberrolle und wer sich in der Rolle des Ratsuchenden befindet, bzw. ob sie diese situative Rollenverteilung aufrecht erhalten wollen und welche ihrer vielfältigen Anteile ihrer Person sie darüber hinaus in diese Interaktion einbringen wollen. Und es gibt beim alltäglichen Rathandeln so etwas, wie ein durch bisherige Erfahrungen verbürgtes Vorverständnis zu dem, was in der Regel zu tun ist, damit ein Beratungsgespräch zustande kommt – man denke hier an Rituale. Beziehungsweise, es besteht ein Wissen darüber, daß je nach

---

[94] Und für H. Krämer (ebd.: 347) gibt es nur Überschneidungen, aber keine Kongruenz zwischen „vermittelte[r] Erfahrung und Ratschlag", sehr wohl aber „vermittelte Erfahrung und Anleitung ohne expliziten Ratschlag und umgekehrt Ratschläge ohne Erfahrungsbasis."

Gesprächsituation und beteiligten Personen unterschiedliche Regeln gelten können, die von Fall zu Fall richtig einzuschätzen und auszuhandeln sind. Eine besondere Variante des persönlichen Rates findet statt, wenn z.B. ein Ausstieg aus einer definierten Beratungsrolle von Professionellen stattfindet. Ein Vorgang, den wir bei H. P. Bahrdt (1996: 188) exemplarisch in einem Sprechstundengespräch zwischen einem Professor und seinem Doktoranden vorfinden, der ein persönliches Problem hat. Ersterer stellt sich, nachdem er das eigentliche Problem erkannt hat, zunächst innerlich die Frage, ob er darauf eingehen soll und verläßt dann seine erworbene und definierte Hochschullehrerposition mit den Worten: „`Jetzt spreche ich zu Ihnen nicht als Professor, sondern als älterer Mann, der gewisse Lebenserfahrung besitzt.´"

Was die Interaktionsgrammatik und Dynamik beim persönlichen Rathandeln im Alltag betrifft, so kann diese zwar nicht losgelöst von erworbenen, zugeschriebenen und institutionell legitimierten sozialen Positionen und Rollen betrachtet werden, und dennoch beinhaltet diese von ihrem Vorverständnis her, trotz einer zunächst zugestandenen situativ anerkannten Überlegenheit eines Ratgebers, eine jederzeit umkehrbare Handlungsstruktur. Durch die Annahme und das Zugeständnis einer anerkannten situativen Überlegenheit des Ratgebers stellt sich die wichtige, aber die nicht hier zu erörternde Frage, ob der Ratgeber durch seine Überlegenheit – insbesondere bei existentiellen ratbedürftigen Situationen – im Ratgeben eine moralische Mitverantwortung zum Ausdruck bringt.[95] Es sei hier nur soviel gesagt, für W. Stegmaier (1993: 16f.) kann der persönliche Rat eine „Quelle des Ethischen" sein, weil er als ein interindividuelles Verhältnis, das Allgemeine voraussetzt und weil es dabei „auf einen bestimmten anderen" ankommt. Stegmaier jedoch räumt selbst ein: „Aber so wenig wie der Rat immer ein ethisches Verhältnis ist, ist er natürlich auch nicht das einzige inter-individuelle Verhältnis." Rat „grenzt" für ihn an die „inter-individuellen Verhältnisse ... Macht und Liebe ... an, kann beide einschließen und in beide übergehen" (ebd.).

Wenn im Prozeß der Ratsuche und des Ratgebens die Rollen von Ratsuchenden und Ratgebern nicht beständig bleiben müssen und es immer wieder zu Wendepunkten kommen kann, dann ist auch davon auszugehen, daß Einflußnahme oder Kontrolle über Inhalte und Gesprächsverlauf, sowie Sanktionen, also Machtphänomene, nicht auszuschließen sind. Was die Inter-

---

[95] Vgl. H. Krämer (1992: 343f.), der in seinem philosophischen Konzept von Beratung gleichfalls von einer „Hilfeleistung durch Kommunikation" spricht, die mit „Direktiven" und „Präskripten" arbeitet. „Die präskriptive Anleitung ist die eigentliche, zentrale Leistung der Praktischen Philosophie und Ethik" (ebd.: 325). Demgegenüber siehe W. Kerstings (1991: Sp.36) Hinweis zur Entsittlichung des Rates in der neuzeitlichen Philosophie. So bestimmt z.B. Kant den Rat als eine nichtmoralische Handlungsregel für „die technischen und pragmatischen Imperative, denen nur eine hypothetische Notwendigkeit zukommt."

aktionsdynamik betrifft, so ist die von F. Nestmann (1984: 48) genannte „potentielle Umkehrbarkeit der Beratungsrollen" als ein wesentliches Merkmal in Alltagsberatungen wohl zu teilen, aber nicht seine Auffassung „vom Wegfall prinzipieller Status- und Machtunterschiede." Wir vertreten die Position einer stets umkehrbaren „beweglichen" Machtbeziehung, wie sie nach M. Foucault (1985b: 19) selbst in der Liebe und in Freundschaften anzutreffen ist.

Die Lebenspraxis zeigt außerdem über die Zeitläufte hinweg, es wäre blauäugig davon auszugehen, daß ein persönlicher Rat stets aufrichtig und wahrhaftig ist und dies schon gar nicht in einer durch Wettbewerb und geldwirtschaftliches Denken dominierten Gesellschaft.[96] Eine Gesellschaft, in der Kosten-Nutzen-Strategien die Lebenspraxis mitbestimmen und wo schon seit geraumer Zeit liquides pekuniäres „Kapital ... an die Stelle von Dankbarkeit (tritt)" (Luhmann 1973: 30). Wir können deshalb annehmen, daß beim persönlichen Rat taktische und strategische Überlegungen mit im Spiel sein werden.

### 4.7 Persönlicher Rat ist nicht unbedingt eine Form kommunikativer Hilfe

Wenn ein Ratgeber einem Ratsuchenden einen Rat gibt, dann liegt es zunächst nahe, den Vorgang als ein hilfreiches kommunikatives Verhalten zu umschreiben. Und wir können davon ausgehen, daß sich beim persönlichen Rat durchaus Hilfefiguren oder „Metaphern des Helfens" finden lassen, wie sie R. Schmitt (1995: 217 ff.) im Bereich der sozialen Einzelfallhilfe in seiner *Metaphernanalyse* herausgearbeitet hat. So z.B.: „Etwas auf den Weg bringen" – „Begleiten" – „Entlasten und Unterstützen" – „Einmischen und Abgrenzen" – „Geben und Nehmen" – „Durchblicken und Klären" – „Reden über". Darüber hinaus ist anzunehmen, daß beim persönlichen Rat wie in einer *Psychologie hilfreichen Verhaltens* (Bierhoff 1993: 104ff.), Rat infolge internalisierter *prosozialer Normen* (soziale Mitverantwortung und Verpflichtung, Solidarität,

---

[96] S. hierzu in >Lob der Halbwahrheiten< von D. Nyberg (1994: 14): „Täuschung ist ... ein wesentlicher Bestandteil unserer Fähigkeit, die Welt zu organisieren und zu gestalten; Koordinationsprobleme zwischen verschiedenen Individuen zu lösen, mit Unsicherheiten und Schmerzen fertig zu werden, höflich zu sein und bei Bedarf die Privatsphäre zu sichern." Vergleichbares läßt sich schon bei B. Garcian, einem maßgebenden Vertreter der europäischen Moralistik finden, der als ein „Stratege des Lebens" (H.P. Balmer 1981: 76 ff.) die Position vertritt, immer etwas in der Reserve zu behalten und nicht gleich erkennen zu geben was man will ("la simulación").

Altruismus) oder wegen *pro-sozialer Motive* (soziale Anerkennungs- Entfal-
tungsmotive) – und wir fügen *Interessen* hinzu – gegeben wird.[97]

Es stellt sich dennoch die Frage, ob man auf Grund der soeben genannten
Merkmale, im persönlichen Rat nur eine ausschließlich spezifische Form hilfreichen Verhaltens sehen kann, oder ob er nicht bei durchaus vergleichbaren
Merkmalen, etwas Eigenständiges verkörpert, weil ihm andere Beweggründe,
ein anderer Interaktions- bzw. Kommunikationscode und eine andere
`Rahmung´ zugrunde liegt? Substituiert man den persönlichen Rat unter den
Begriff der sozialen Hilfe, dann wird damit primär eine Notlage definiert, die ein
intervenierendes Handeln durch `alter´ (notwendig) begründet und eine Ver-
besserung der Lage in Aussicht stellt. Ob die praktizierten Hilfeleistungen
positiv, ambivalent oder negativ erlebt werden, dazu gibt es seitens einer
„Psychologie des Hilfe-Erhaltens" (vgl. H. W. Bierhoff 1993: 129ff.) zunächst
die grundlegende Aussage, daß dies zum einen stark vom Ausmaß der konkreten Notlage abhängt und zum anderen durch den *„Selbstwert der Hilfeempfänger"* (ebd.: 137) beeinflußt ist. In der Regel jedoch ist der Hilfe eine
gewisse Ambivalenz eigen, denn sie „stellt im allgemeinen eine Mischung aus
positiven und negativen Konsequenzen für den Hilfeempfänger dar. Denn einerseits wird die Notlage überwunden, während andererseits das eigene Versagen
und die Überlegenheit anderer betont werden kann" (ebd.: 129).[98]

Nun ist aber in Rechnung zu stellen, daß ein Rat als Hilfe verstanden, den
Ratsuchenden zu einseitig vom anderen her, dem Helfer, mit unzureichender
Kompetenz bzw. als einen bedürftigen Empfänger adressiert und etikettiert.
Dies trifft besonders für organisiertes soziales Helfen zu, ist dieses doch nach
D. Baecker (1994: 99) „eine Kommunikation, die entsprechend der Funktions-
bestimmung auf Defizitkompensation abstellt." [99]

---

[97] Hilfreiches Verhalten läßt sich nach Bierhoff (ebd.: 110) genausogut austauschtheoretisch durch internalisierte soziokulturelle „normative Verpflichtungen" erklären.

[98] „Positive Reaktionen ... auf die Hilfeleistung" ergeben sich nach Bierhoff (ebd.: 132)
laut empirischen Untersuchungen dann: „wenn die Ähnlichkeit niedrig war, eine
Gegenleistung möglich war, die Hilfe freiwillig, normativ angemessen und mit
mäßiger Verpflichtung zur Rückzahlung verbunden war, die Freiheitseinengung
der Empfänger und die Mittel der Geber gering waren."

[99] Ders. weiter (ebd.: 99): „Helfen ist eine Kommunikation, die darüber *informiert*, daß
ein Defizit besteht, *mitteilt*, daß dieses Defizit behoben werden soll, und *ver-
ständlich* macht, daß zwischen dem Bestehen eines Defizits und seiner Behebung
nicht etwa ein kausal verläßlicher, sondern ein höchst kontingenter Zusammenhang besteht. Diese Kontingenz macht es unter anderem möglich, Helfen mit
Konditionierungen zu verbinden, die zu regeln erlauben, wann Hilfe oder Nichthilfe fällig ist. ... Vor allem jedoch ist Hilfe eine Kommunikation, die auf die Unterscheidung abstellt, nämlich die Unterscheidung von Nichthilfe."

Neben einer möglichen Verletzung des Selbstwertgefühls des Hilfesuchenden, durch die vom Helfer signalisierte oder angewandte überlegene kognitive oder pragmatische Kompetenz, ist es für uns darüber hinaus wichtig zu sehen, es gibt Hilfeleistungen, die auf eine Schuldfrage rekurrieren und andere wiederum sind per se durchgängig an asymmetrische Konstellationen gebunden. Es hat den Anschein, daß hilfreiches Verhalten als ein grundsätzlich wünschenswertes Sozialverhalten, gerade unter dem Aspekt der persönlichen Autonomie als einer gesellschaftlichen Leitidee, von Hilfeempfängern insgesamt eher negativ bewertet wird. Für uns ist jedoch in diesem Zusammenhang Bierhoffs (ebd.: 133) Feststellung, daß eine Hilfeleistung beim Hilfeempfänger „den Eindruck hervorruft, daß seine Freiheit eingeschränkt wird, weil er unter Normdruck gesetzt wird zurückzuzahlen (vgl. Worchel; Andreoli & Archer,1976)", nicht restlos schlüssig. Denn wenn in der Gegenwartsgesellschaft, wie N. Luhmann (1973: 37) konstatiert, die persönliche Hilfeleistung einen abnehmenden Grad sozialer Verpflichtung erreicht hat,[100] dann sehen sich aus unserer Sicht Personen, die Hilfe erfahren, gleichfalls weniger verpflichtet in irgendeiner Form reziprok auf eine Hilfe zu reagieren. Ab welchem Punkt man auf intersubjektiver Ebene von Helfen sprechen kann, hängt nach Luhmann (1973: 21) „davon ab, wie die Beteiligten die Situation definieren und welche Erwartungen sie in Bezug auf die Handlungen, ihre Motive und auch auf die Erwartungen der anderen Seite hegen." Deshalb erwarten wir bei allen Hilfeanteilen/-merkmalen die im persönlichen Rat enthalten sein können, nicht, daß er vollständig im Hilfebegriff aufgeht, sondern wir *hypostasieren*, auch eingedenk der Trennung von `Rat und Tat´, daß er – wie wir im weiteren noch sehen werden – eine eigenständige Form ist, die manchmal gar nichts mit dem zu tun hat, was man gemeinhin mit einer Hilfe verbindet.

---

[100] Vgl. ders. (ebd.: 37): „... mit dem Pathos des Helfens ist es vorbei. Man kann es tun oder man kann es lassen, wenn man gerade anderen Zielen nachjagt. Die Gesellschaft konzediert, auch normativ, die Freiheit des individuellen Entschlusses."

## 4.8 Zusammenfassung und theoretische Schlußfolgerungen

Unsere bisherigen theoretischen Erkenntnisse und Hinweise durch empirische Sekundärquellen lassen sich zur Generierung und Verifizierung eines neuen persönlichen Ratverständnisses wie folgt zusammenfassen:

1. Die Inhalte des persönlichen Rates resultieren aus unterschiedlichen Wissensprovinzen und Informationsquellen. Deshalb kommt im persönlichen Rat *mehr als* nur ein traditionelles lebensweltliches *Orientierungs-* und *Verfügungswissen* zum Ausdruck, aber es fehlt ihm dadurch eine insgesamt verbürgte soziale Geltung um die Beantwortung praktischer Lebensfragen zu generalisieren.

2. Ein `In-Wechselbeziehung-treten´ unter der Form des persönlichen Rates bedeutet nicht zwingend, daß es hier nur um Inhalte geht oder stets `echte´ ratbedürftige Situation verhandelt werden, für die man eine Antwort, eine Regel zu finden oder zu geben versucht. Es gibt vielmehr Hinweise, zu der noch zu begründenden **These**, daß der *persönliche Rat eine `überdeterminierte´ Form ist,* die stets mehr sein kann, als sie fürs erste im Alltag vorgibt, weil Motive, Interessen einfließen und bedient werden, die über die rein inhaltliche Klärung einer ratbedürftigen Situation hinausgehen. So z.B., wenn es um soziale Anerkennungs- und um Kommunikationsbedürfnisse geht, oder um die evaluative Bestätigung von eigenen Positionen und von Selbstkontrolle. Deshalb kommt der vielzitierten individuellen kognitiven Problemlösung (Orientierungs-, Entscheidungs-, Planungs-, Handlungshilfe) beim persönlichen Rat in manchen Fällen nur eine randständige Bedeutung zu.

3. Persönlicher Rat, der auf der Grundlage einer mehr oder weniger ritualisierten wechselseitigen Interaktion zwischen Ratsuchenden und Ratgebern zustande kommt, ist sofern er nicht ungefragt gegeben wird, eine freiwillige *Sinn* generierende und/oder sinnvermittelnde Kommunikationsform, die im Vollzug und im Ergebnis für den Ratsuchenden hilfreich sein kann, aber nicht sein muß, bzw. hat Hilfe nicht unbedingt zum Thema.

4. Der Wegfall „prinzipieller Status- und Machtunterschiede" in *Alltagsberatungen* schließt für uns, entgegen Nestmann (1984), keineswegs soziale Kontrolle und Machtprozesse aus.

5. Die Bedeutung des persönlichen Rates läßt sich nicht darüber bestimmen, inwieweit er eine funktionale Leistung für ein komplexes System erbringt, die dem der professionellen Beratung äquivalent ist bzw. diese ergänzt, sondern es ist vielmehr die Frage, inwieweit und unter welchen Voraussetzungen er für die Akteure einen Beitrag zum lebensweltlichen Verstehen und zur lebensweltlichen Verständigung in einer besonderen Situation dient.

# 5. Bedeutung und Wertschätzung des persönlichen Rates oder zu einem neuen persönlichen Ratverständnis. Ergebnisse der Befragung

## 5.1 Es gibt insgesamt nach wie vor zum persönlichen Rat eine unterschiedliche Wertschätzung und Zuschreibung von Bedeutung

Unsere Befragung zeigt zunächst einmal, es finden sich selbst innerhalb der einzelnen Bezugsgruppen keine geschlossenen, sondern diversifizierende und konkurrierende Gesamtpositionen. So kann zum Beispiel in der Gruppe der *Berater/innen*, die Beraterin des Interviews 3 im persönlichen Rat an sich keine Schwäche erkennen, außer „wenn sich jemand in die Rolle begibt ständig Rat zu suchen, dadurch eben den Anteil der Eigenverantwortlichkeit nimmer lebt, das ist eine Schwäche". Dagegen ist bei der Beraterin im Interview 4 (Z.76f.)[101] der eigene Standpunkt zum Rat ein sehr kritischer, „weil jemanden einen Rat geben heißt, ich maß mir im Prinzip an zu wissen, was für den anderen gut ist und das weiß ich nicht." Diese kritische Sicht, einschließlich der wie Menschen in der Wirklichkeit denken und handeln, wird bei dieser Beraterin, mitgetragen durch eine Verbundenheit zur Theorie des sozialen `Konstruktivismus´ (vgl. Z.85f.), die, wie sie sagt, ihr Privatleben und Berufsverständnis zentral bestimmt. Der Gesprächspartner im Interview 5 (Berater) betrachtet den persönlichen Rat grundsätzlich nicht für untauglich, jedoch wenn er ihn im Privaten gibt, dann auf dem Hintergrund beruflicher Erfahrungen und beraterischen Wissens. Denn er sieht bei seiner Arbeit mit Straffälligen, daß der persönliche Rat im Alltag bei seinem Klientel häufig an eine Grenze stieß, weil es durch ihn nicht gelang, die für das Zusammenleben in einer Gesellschaft geltenden „Spielregeln" zu vermitteln.

Unterschiedliche Auffassungen lassen sich gleichfalls bei den Vertretern und der Vertreterin aus dem *Seelsorge*bereich feststellen. So wird z.B. im Interview 7 (Pfarrerin) prinzipiell die Position vertreten, daß sowohl in der Seelsorge als auch im Privaten, ein persönlicher Rat der hier allerdings ausschließlich mit einem Ratschlag gleichgesetzt wird, wenig taugt, weil er eine fertige Lösung vorgibt. Sie versteht ihre seelsorgerische Aufgabe „als eine Begleitung", in der ein Ratsuchender „über seine Sorgen, Nöte und vielleicht auch Ängste sprechen kann, daß jemand einen hat, der zuhört, der sich Zeit nimmt ... . Es gibt keine fertigen Lösungen, sondern es gibt eine gemeinsame Suche nach der Problemstellung ... und dann vielleicht auch ein gemeinsames Versuchen sie zu lösen, oder auch Lösungsmöglichkeiten aufzuzeigen, aber

---

[101] Die im Anhang sich befindenden Interviews werden mit Zeilenangabe zitiert.

nicht einen Ratschlag den ich jetzt gebe *(I: Mhm)*. Also das wär für mich Undenkbar (betont)."[102]

Demgegenüber nimmt der befragte Diakon im Interview 8, der sich von vornherein nicht so gerne in die Rolle des Ratsuchenden begibt, hier aber wie er sagt „dazugelernt" hat, eher einen pragmatischen Standpunkt ein. Für ihn gehört der persönliche Rat ganz einfach zur Alltagskommunikation dazu. Ähnlich kommt es im Interview 9 (Pfarrer) zum Ausdruck, aber erhält jedoch dort durch folgende Formulierung noch eine Akzentuierung: „Ich hole mir ungern Rat, aber das bedeutet letztlich, daß man alle Erfahrungen selber machen muß" (Z. 215f.).

Und was die Gruppe der von uns befragten *"Klienten"* (Interview 1; 2 und 10) betrifft, so ist der persönliche Rat – wenngleich in Grenzen – unter der Prämisse der Entscheidungsautonomie, einschließlich persönlicher Kosten-Nutzen-Aspekte, Bestandteil des Selbstmanagements in einer sich wandelnden Alltagswelt.

In der Gruppe 4 *"Andere"* (Interview 11 und 12) ist gleichfalls weniger eine Polarisierung von Pro und Kontra zu konstatieren, sondern durch die persönliche Lebenserfahrung ist eine unterschiedliche Schwerpunktsetzung in der Sichtweise und Praxis festzustellen. Die Gesprächspartnerin im Interview 11 fragt bei sachlichen Problemstellungen „sehr gern" (ebd.: Z.5) um einen persönlichen Rat nach, sofern die Ratgeber kompetent sind und fragt bei privaten Lebensfragen eher nicht um Rat. Dagegen nimmt sie lieber die Ratgeberrolle wahr, sieht aber in dieser Rolle durchaus einige Unwägbarkeiten und mögliche Schwierigkeiten. Der Befragte im Interview 12 betont, daß persönlicher Rat für ihn Bedeutung hatte und immer noch hat, schon allein deshalb, weil er wissen möchte wie andere Leute über eine für ihn relevante ratbedürftige Situation denken. Jedoch sein „Stil wäre eher nicht jemanden direkt zu diesem Punkt zu fragen", auch um nicht gleich zuviel Persönliches offenbaren zu müssen. Ratsuche und Ratgeben ist für ihn verdeckt „in die allgemeine Kommunikation integriert". Und persönlicher Rat erhält für ihn seine Bedeutung weniger bei akuten Problemen, denn bei längerfristigen zu klärenden lebensbegleitenden Themen. Hierbei erlangt der Rat auf indirekten Wege seine Bedeutung, indem der Befragte sich an zurückliegende Gespräche mit interessanten Bemerkungen erinnert und sie im nachhinein für sich als ein Rat versteht, bzw. sie als „Vorbild" für seine weitere persönliche Entwicklung aufgreift.[103] Diese Haltung

---

[102] Vgl. dazu ebenfalls D. Stollberg (1996: Sp.181), der Seelsorge als eine „solidarische Wegbegleitung" versteht.

[103] Vgl. hierzu W. Kamlahs (1992: 163f.) „philosophisch ratende Rede". Sie kann in ihrer situationsunabhängigen Allgemeinheit immer nur „(sekundär) in den Grenzen derjenigen Lebenserfahrung verstanden werden, die dieser Hörer schon selbst er-

und Wertschätzung des Narrativen, wo ein ganz „normales Gespräch ... dann die Konsequenz eines Rates gehabt hat", ist bei dem Befragten damit in Verbindung zu bringen, daß er davon ausgeht, daß es für die meisten lebensbegleitenden Themen Antworten gibt, da die Situationen alle schon einmal da gewesen sind und sich andere dazu schon Gedanken gemacht haben. Und da das Besondere (das individuelle Problem) im Allgemeinen aufgeht, geht es deshalb für den Ratsuchenden eher darum, dieses „einzusehen. Da brauch' ich eigentlich gar keinen Rat von meinem Berater, aber ich brauche trotzdem sein Gespräch ... sein Wissen."

Wenn nun im Ganzen gesehen, die positiven, indifferenten bzw. negativen Ein- und Wertschätzungen zum persönlichen Rat quer durch die von uns befragten Teilpopulationen verlaufen, dann gibt es aus unserem Verständnis heraus, vereinfacht gesagt, zwei Hauptrichtungen einer weiteren Fragestellung und Analyse:

1. Inwieweit sind differierende bzw. ähnliche Positionen auf individuelle Lebensgeschichten und -entwürfe, die Persönlichkeitsstruktur, auf vorherrschende „transsituationale beliefs"[104], in Abhängigkeit von den jeweiligen soziostrukturellen Gegebenheiten zurückzuführen?
2. Und das ist unser Bestreben, zu fragen: Gibt es bei den Befragten trotz individueller lebensgeschichtlicher Besonderheiten einschließlich der beruflichen Sozialisation und in ihrer Verwobenheit mit den gegenwärtigen gesellschaftlichen Prozessen und Leitideen, so etwas wie ein `Panorama´ des persönlicher Rates mit `thematischen Fokussierungen´, die mehr oder weniger mit Zustimmung, Ablehnung oder besonderer Ambivalenz bedacht werden? Und gibt es so etwas wie ein neues persönliches Ratverständnis und wenn ja, worin besteht es?

Wir folgen hierbei „dem Prinzip des *Kontrasts in der Gemeinsamkeit* oder der *Gemeinsamkeit im Kontrast* " (R. Bohnsack 1977: 201).[105] Der erste Schritt besteht für uns deshalb darin zu klären, welches für die Befragten die übergeordneten zentralen Aspekte des Rates sind, die eine Lotsenfunktion in der weiteren Analyse und Interpretation des persönlichen Rates übernehmen können, die aber manchmal durchaus verborgen sein können oder inkongruent wahrgenommen werden.

---

worben hat ...", bzw. wird erst zu einem späteren Zeitpunkt, „aufgrund neuer eigener Erfahrungen ... primär" als konkreter Rat verstanden.

[104] Vgl. hierzu H. Nies und J. Munnichs (1987: 48).

[105] Ein Prinzip, welches nach R. Bohnsack (1997: 201) sowohl der „komparativen Analyse" zugrunde liegt als auch „die Idee des `Theoretischen Sampling´ (vgl. Glaser/Strauss 1969)" ist.

## 5.2 Zentrale Aspekte des persönlichen Rates

### 5.2.1 Kognitive Problemlösung ist nur ein möglicher Aspekt

Betrachtet man die Einschätzung des Rates, der von uns Befragten unter dem Blickwinkel, weshalb und wie Menschen Rat suchen und Rat geben, dann kommt durch die Textanalyse des uns vorliegenden Datenmaterials, die `Vorherrschaft´ der `wertfreien´ kognitiven Problemlösung beim Rat leicht ins Wanken.

1. Weil in ratbedürftigen Situationen unterschiedliche Motive und Erwartungen aktualisiert und verschränkt werden können, kann der persönliche Rat für Ratsuchende und Ratgeber zum *Träger* vielfältiger `motivdienlicher´ Funktionen im Hier und Jetzt, aber auch für Zukünftiges werden, die über eine reine Problemlösung hinausgehen.
2. Wenn nun der persönliche Rat, Träger vielfältiger `motivdienlicher´ Funktionen sein kann, bzw. als solcher im Erfahrungsschatz der Menschen im Alltag verankert ist, dann bedarf es auch nicht immer einer `echten´ ratbedürftigen Situation als Grundlage um in eine Wechselbeziehung unter der `Form des persönlichen Rates´ zu treten, sondern es kann eine `maskierte´ Ratbitte genauso gut Mittel zum Zweck sein, um z.B. mit jemanden in Kontakt, ins Gespräch zu kommen.

Sowohl in den Aussagen der professionellen Berater zum Phänomen persönlicher Rat – sofern sie dem persönlichen Rat eine Eigenberechtigung geben, als auch bei den anderen – zeichnen sich neben dem Aspekt der kognitiven Klärung (Orientierung, Strukturierung, Entscheidungsfindung, Planung), sprich Problemlösung von ratbedürftigen Situationen, der zugleich der fragwürdigste und umstrittenste ist, zumindest drei weitere zentrale Aspekte ab. Da wären vorab zu nennen:

- Der *Beziehungs*- oder *soziale Aspekt*, im Sinne der Herstellung, Vergewisserung oder Gestaltung von sozialen Beziehungen (Kontakt herstellen, im Kontakt bleiben, soziale Anerkennung etc.)
- *Psychodynamische* und *expressive Aspekte* (wie Entlastung durch ein Gespräch, oder Ratsuche als ein regressiver Vorgang etc.).
- *Kontroll*- und *strategische Aspekte* ( Selbst- und Fremdkontrolle, Erfahrungs- und Handlungsökonomie etc.).

Beim persönlichen Rathandeln kann mal der eine oder andere Aspekt dominant sein, es ist aber insgesamt mit einer mehr oder weniger intensiven *Verwobenheit aller Aspekte* zu rechnen. So verdeutlicht z.B. eine Äußerung wie die im Interview 10, wenn die Frau zum Mann sagt, „`Junge aggressiv nicht, aber kämpfen da bist du doch, wenn du wirklich mal was willst, dann kann dir niemand so schnell das Wasser abgraben´´", schon auf der Sprechakt-Ebene eine Verwobenheit an. Einmal, indem a) überhaupt Rat (illokutionärer Sprechakt) gegeben wird; dann b) ein konkreter Rat genannt wird, nämlich aggressives Verhalten führt nicht weiter; und (c) zugleich eine ermutigende Bekräftigung (perlokutionärer Akt) gegeben wird. Die oben genannte Verwobenheit gestaltet sich noch einmal anders, wenn der Ratsuchende durch eine `maskierte´ Ratfrage die Bestätigung einer schon vorhandenen Meinung, Idee, oder innerlich getroffenen Entscheidung sucht. Der Versuch, die Bestätigung einer eigenen Position durch einen Rat herbeizuführen, kann durchaus als eine bewußte kognitive Kontrollhilfe durch `alter´ gewertet werden.

Betrachtet man nun den `Ratvorgang´ der auf eine *Bestätigung* zielt, auf dem Hintergrund einer „Pluralität sozialer Subjektivitäten" (H. Popitz 1987: 642), dann kann, je nach soziokulturellem oder ökologischem Kontext und den interagierenden Personen, die Wechselwirkungsform des persönlichen Rates von Motiven und Funktionen getragen werden, die ein Streben unterschiedlicher „Anerkennungsbedürfnisse" (ebd.: 637) begünstigen. So kann hinter der Bestätigung einer Idee durch einen Ratgeber für den Ratsuchenden ein Anerkennungsbedürfnisstreben der „eigenen Individualität" (ebd.: 642) stehen. Oder es kann bei der Ratfrage nach einer anerkennenden Bestätigung der eigenen Position, um die „Sicherheit von Zugehörigkeits - Gewißheiten" (ebd.) zu einer sozialen Gruppe gehen, oder um die Bestätigung sich in der ratbedürftigen Situation als Rollenträger richtig zu verhalten. Außerdem wird man, um bei der Variante des `bestätigenden´ Rates zu bleiben, unterscheiden müssen, ob er mit der Intention einer Vermittlung kognitiver Inhalte zur Herstellung von Orientierungs-, Entscheidungs-, Planungs- oder Handlungsgewißheit gesucht und gegeben wird, oder eher aus aktivierten Gefühlslagen heraus gesucht und gegeben wird, bzw. wegen der bewußten Evozierung von Gefühlen gesucht und gegeben wird. Des weiteren wird man unterscheiden müssen, ob hinter einer Frage um Rat, die auf Bestätigung zielt, ein narzißtisches Streben steht, oder weil ihn ihr − bei allem Balsam für die Seele − eine Chance der persönlichen Selbstentwicklung und Selbststeigerung durch Arbeit an der eigenen Person gesehen wird. Und man wird in einer Ratbitte, die auf Bestätigung der eigenen Position durch eine `gewichtige´ andere Person zielt, wie wir noch sehen werden, den strategischen Aspekt nicht vernachlässigen dürfen. Wir können also, bevor wir nun die weiteren zentralen Aspekte des Rates im einzelnen thematisieren, trotz aller Kürze festhalten, daß selbst bei einem abgeleiteten Ratbedürfnis, wie dem der Bestätigung, alle vier Aspekte potentiell in Alltagsberatungen auftreten können.

## 5.2.2 Aspekte der Kommunikation und der Beziehungsgestaltung

Wenn eine Person sich in einer für sie ratbedürftigen Situation befindet, dann kann sie im Kontext ihrer gesamten Lebenssituation, ihrer Persönlichkeitsstruktur, den bisherigen Erfahrungen und sich anbietenden Kommunikationsmöglichkeiten formal gesehen folgende Schritte unternehmen:

Sie kann sich a) *inter-individuell* an eine ihr mehr oder weniger vertraute Person der Alltagswelt (Ehepartner, Freunde, Kinder, Verwandte, Bekannte, Kollegen, Eltern, Großeltern, Geschwister, Nachbarn, Gast) mit der Bitte um einen persönlichen Rat wenden.

Sie kann b) die ratbedürftige Situation bei einer passenden Gelegenheit, in einer sogenannten *passagèren* Alltagsbeziehung – z.B. bei einer Zufallsbekanntschaft im Zug, oder im Rahmen einer Dienstleistung, bei der nach Nestmann (1984: 49) „die Alltagsberatung ... quasi als Nebenprodukt (...) einer anderen zumeist bezahlten Serviceleistung ab(fällt)", versuchen anzusprechen.[106]

Oder sie kann c) *intra-individuell* `mit sich selbst zu Rate gehen´ – wobei a) und b) vorausgehend oder nachfolgend sein können – um durch ein sammelndes und erwägendes Innehalten zu einem Ratschluß zu kommen. Dieses sich selbstvergewissernde Selbstverhältnis, welches in Form eines Selbstgesprächs mit einer noch „lebenden oder verstorbenen" (Bellebaum 1992: 14) imaginierten anderen Personen erfolgen kann, um zu einen Ratschluß zu kommen, verlangt nach einem Perspektivenwechsel dergestalt, daß sich die ratsuchende Person fragt: „Was würde wohl P. dazu sagen?" – „Was würde G. an meiner Stelle tun?" Wobei hier die Frage offen bleiben muß, ob eine ratsuchende Person sich selbst einen Rat geben kann.[107] Und es kann durch unsere Befragung auch keine eindeutige Antwort darauf gegeben werden, ob es aufgrund einer vorherrschenden Temporalisierung des Alltags, sich dabei eher um eine selten praktizierte Form handelt. Es wäre aber gerade wegen, oder entgegen ubiquitärer Temporalisierungsmaximen wert zu klären, ob diese Form der Ratsuche nicht hin und wieder widersprüchlich umgemünzt wird in die Devise: „Kommt Zeit, kommt Rat", um sich einer zeitraubenden inneren Prüfung zu entziehen. Was als Aufschub oder ein `sich nicht Selbst stellen wollen´ interpretiert werden kann.

---

[106] Hier nennt Nestmann (1984: 48f.) „zum Beispiel Friseure, Wirte, Masseure, Krankenschwestern und Pfleger, der Mann/die Frau im Imbißstand an der Ecke oder auch Taxifahrer". Personen dieser dienstleistenden Berufe können auf Grund einer „`niedrigen Ansprechbarkeitsschwelle´ (Dietz 1980)", zu herausgehobenen flüchtigen Alltagsberatern werden.

[107] Vgl. J. Walther (1985: 298): „Man kann sich selber zwar eine Ratfrage stellen, aber sich nicht selber einen Ratschlag geben."

Ratsuche und Ratgebung kann demnach in unterschiedlichen Beziehungsformen und Varianten stattfinden und ist in einer der oben genannten Formen
ein alltäglicher Vorgang. Welche Personen letztendlich als Ratgeber gewählt
werden, hängt dann weitgehend von den real vorhandenen sozialen Beziehungen, den sich zufällig bietenden Gelegenheiten, der Art der Beziehungen zu
diesen Personen und den Erwartungen an diese Personen ab.

„Ich denke man kann ihn [den Rat, H.B.] nie isolieren auf die kognitive Ebene,
sondern er hat auch mit der Art von Beziehung zu tun, die ich habe, damit ich
ihn überhaupt hole. Also da spielen 'ne Anzahl von Faktoren 'ne Rolle. (–) Schon
beim Suchen nach einem Rat kann ich mich besser fühlen oder schlechter,
nachdenklicher. Es hat schon mit Gefühlen zu tun (-) und es muß eine positive
Beziehung da sein" (I.9: Z.336ff.).

Vorder- und hintergründig spielen *primäre Emotionen*[108] einen wichtigen
Part, damit überhaupt ein Rathandeln zustande kommt. Das Rathandeln
wiederum kann eine *sekundäre Emotion* wie die der Dankbarkeit auslösen, so
daß daraus durchaus eine nicht ganz unproblematische Rückbindung der
Beziehung erfolgen kann. Wenn es in diesem Zusammenhang heißt: „Guter
Rat ist nach wie vor teuer", dann wird meistens so wie im Interview 5
angenommen, er ist „`teuer´, einfach deshalb, weil ich ihn nicht vorgefertigt
bekomme", oder er ist wertvoll, weil er selten ist. `Teuer´ läßt für uns aber auch
folgende Interpretation zu: Der Rat kann dem Ratsuchenden `teuer zu stehen
kommen´, weil er mit einer über den Rat hinausreichenden unausgesprochenen Verpflichtung verbunden sein kann.

Und worin besteht nun der Beziehungsaspekt des persönlichen Rates noch?
Hier ist zunächst einmal darauf hinzuweisen, daß das Zusammenspiel von
Ratsuche und Ratgeben nicht immer konvergiert. So kann zum Beispiel der
Ratsuchende, der seine Ratbedürftigkeit signalisiert und einem designierten
Ratgeber einen Vertrauensvorschuß gewährt, erfahren, daß sich dieser nicht
darauf einläßt, die Begegnung unter dem Signum einer alltäglichen Beratung
zu definieren. Die Gründe, Interessen und Motive hierfür können vielfacher
Natur sein. Der designierte Ratgeber weiß meist auch, daß Ratgeben nicht nur
heißt für den anderen und für sich selber etwas positiv bewirken zu können –
im Sinne von sozialer Anerkennung, Sinnverwirklichung –, sondern daß dies
immer auch mit `Arbeit´, einem Risiko, mit einem zeitlichen Eingebundensein,

---

[108] Vgl. hierzu B. Nedelmanns (1983,1984,1988) Ausführungen zur Bedeutung von
*primären Emotionen* (wie Liebe, Sympathie, Haß etc.) bei G. Simmel, die Wegbereiter für die Entstehung von Wechselwirkungsprozessen sein können oder
bestimmte Wechselwirkungsprozesse verhindern, zuspitzen oder kippen können;
und von *sekundären Emotionen* (wie Dankbarkeit, Treue) als Folge von Wechsel-
wirkungen. Beide Ausdruckskategorien können mit über den Erhalt bzw. die Auflösung von Beziehungen entscheiden.

mit Überforderung, mit Mitverantwortung, mit emotionaler Verletzungsgefahr und Reputationsverlust verbunden sein kann. Deshalb sollte ein persönliches Rathandeln immer auch unter Erwartungen und *Erwartungserwartungen* und/ oder Kosten-Nutzen-Überlegungen betrachtet werden.

Daß ein Ratgeber *soziale Anerkennung* erfahren kann, die dieser noch mehren kann, wenn er schon über Prestige verfügt und aus der Sicht des Ratsuchenden einen `guten´ Rat gegeben hat, ist leicht nachvollziehbar. Jedoch wie sieht es mit der Anerkennung des Ratsuchenden aus, der doch zunächst als ein `Bittsteller´ auftritt? Selbst wenn auf den ersten Blick ein Ungleichgewicht zwischen Ratsuchenden und Ratgebenden besteht, weil der um Ratfragende dem Ratgeber in seinem `Fall´, situativ eine Überlegenheit zuschreibt, so sind es in engen sozialen Bindungen wohl oft die schon bestehende gegenseitige emotionale Wertschätzung, das Wissen von Eigenschaften und Fähigkeiten, die das augenblickliche Rathandeln überschreiten und die dem Ratsuchenden, so wie im Interview 8, zu verstehen geben: „Du bist mir als Person wichtig".[109]

Austauschtheoretisch läßt sich soziale Wertschätzung mit Lindenberg (1984: 175) vereinfacht formuliert, über „Status, Affekt und Verhaltensbestätigung" bestimmen. Nach seinem Verständnis erhält eine ratsuchende Person durch den Rat eines kompetenten Ratgebers – dem etwas am Wohlergehen der ratsuchenden Person liegt – vor allem „`Affekt´. Technisch gesprochen handelt es sich um abhängige Nutzenfunktionen: der Nutzen einer Person wird ein Argument in der Nutzenfunktion der anderen" (ebd.). Bei aller Plausibilität, die das oben genannte Argument aufweist, wer persönliches Rathandeln ausschließlich unter Kosten-Nutzen-Überlegungen betrachtet oder stets von rationalen Akteuren ausgeht, vergißt, daß Rathandeln auch etwas mit emotional gefärbten Kommunikationsbedürfnissen, dem sozialen Bedürfnis nach Affiliation oder dem der sozialen Anerkennung über Emotionen zu tun hat.

Des weiteren kann eine Ratbitte in einer ratbedürftigen Situation wegen eines `Nicht-Wissens´, eines `nicht mehr Weiterwissens´, auf der Ebene des sozialen Miteinanders zu einer Stärke in Grenzen werden, denn Ratsuche als

---

[109] Vgl. Axel Honneths (1992: 209f.) Überlegungen zur Verknüpfung von sozialer Wertschätzung und Solidarität: „Sich ... symmetrisch wertschätzen heißt, sich reziprok im Lichte von Werten zu betrachten, die die Fähigkeiten und Eigenschaften des jeweils anderen als bedeutsam für die gemeinsame Praxis erscheinen lassen." Beziehungen solcher Art sind „`solidarisch´ zu nennen, weil sie nicht nur passive Toleranz gegenüber, sondern affektive Anteilnahme an dem individuell Besonderen der anderen Person wecken" (ebd.). Honneth bezieht hier die soziale Wertschätzung im Gegensatz zur rechtlichen Anerkennung der Person auf „die besonderen Eigenschaften, die ihn im Unterschied zu anderen Personen charakterisieren" (ebd.:183).

eine artikulierte Form von `Nicht-Wissen´ ist eher verbindend als wenn die Menschen sich nur mit ihren Kompetenzen darstellen.

„Also wenn ich mich immer in der anderen Rolle darstelle, mit meinen Kompetenzen, meiner Autonomie, meiner Selbstständigkeit, dann kann ich mich unter Umständen weniger gut mit anderen Menschen verbinden und verbindend ist ja immer eher das andere: ich weiß nicht weiter, oder ich bin überfordert. Allerdings finde ich, hat das auch wieder so einen geschlechts-spezifischen Aspekt und das hat eine gefährliche Seite" (I.3).

**Schlußfolgerungen**: Der Beziehungsaspekt ist beim persönlichen Rat aus folgenden Gründen bedeutsam:

1. Da zwischenmenschliche Interaktionen insgesamt nicht frei sind von Bedürfnissen und Motiven, von Dualismen, Antagonismen, Ambivalenzen, Kontrolle und Machtprozessen, kann deshalb das Rathandeln und der Ratinhalt von diesen Antrieben und Prozessen mehr oder weniger mitbestimmt werden.
2. Wenn nun das Rathandeln und der persönliche Rat (Inhalt) bewußt oder unbewußt durch Eigeninteressen geleitet wird, besteht immer auch die Gefahr, daß `unbelastete´ Beziehungen im Prozeß des Rathandelns um sachlicher, persönlicher oder gruppenorientierter Vorteile willen, instrumentalisiert werden können.
3. In dem Wechselwirkungsprozeß einer `aufrichtigen´ Ratsuche und eines aufrichtigen Ratgebens geht es für beide Seiten immer auch um ein Streben nach individueller sozialer Anerkennung.
4. Rathandeln unter der Form des persönlichen Rates ist ein Synonym für Einwirkungen und Auswirkungen `auf´ und Bewegung `in´ sozialen Beziehungen, sei es, daß das Rathandeln dazu beiträgt Beziehungen zu stiften, zu erhalten, zu modellieren, neu zu ordnen, oder sei es, sie aufzulösen – etwas worauf wir im einzelnen noch zu sprechen kommen.

### 5.2.3 Expressive und psychodynamische Aspekte

Führen wir uns den im Interview 2 genannten ratbedürftigen Fall vor Augen. Die Freundin von Herrn B. ist ungewollt schwanger. Er zieht zunächst vorrangig seinen besten Freund mit zu Rate, um sich über das Für und Wider einer Geburt Klarheit zu verschaffen. Nun zeigt sich, daß neben der Suche von Argumenten, die für oder gegen die Geburt des Kindes sprechen, das Gespräch für den Ratsuchenden die Möglichkeit einer *Gefühlsregulierung* und damit *Entlastung* bietet, denn auf die Frage mit welchem Eindruck und

Gefühlen er nach dem Gespräch mit seinem Freund weggeht, wird geant-
wortet:

„Hm, schwierig ... immer noch nicht mit dem Gefühl, es entschieden zu haben,
(-) aber zumindest mit dem Gefühl, mal darüber geredet zu haben. Also doch
so 'ne gewisse Erleichterung ist schon da. Man hat so das Gefühl gehabt mit
jemand darüber zu reden einfach, der einem nahe steht. Man hat sich so ein
bißchen ausgeschüttet" (I.2).

Bei solchen und ähnlich schwerwiegenden ratbedürftigen Situationen kommt
es immer wieder dazu, daß der/die Ratsuchende sich eine Person als
Ratgeber/in auswählt, die sich schon einmal in einer ähnlichen Situation
befunden hat und man sich deshalb einen `guten´ Rat erhofft. Ob sich deshalb
der Ratgeber gut in die ratsuchende Person einfühlen kann, ist damit noch
nicht garantiert. Wir können jedoch davon ausgehen, daß es dem Ratgeber
nicht zu schwer fallen dürfte, sich mit dem Ratsuchenden in der angesprochenen Angelegenheit zu verbünden. Ein Bündnis, daß problematisch
werden kann, wenn der Ratgeber auf Grund starker unkontrollierter *Identi-
fikations*prozesse den Blick für die Realität verliert und ein `objektiver´ Rat eher
unwahrscheinlich wird.

Was das Verhältnis von Identifikationsprozessen und persönlichem Rat betrifft, so ist auch an die Internalisierung von sozialen Regeln, oder an die `Ich-
Idealbildung´ über Identifikationsprozesse zu denken, was sich für unserer Thema in der Redewendung „nach jemanden geraten" ausdrückt. Gleichfalls ist in
diesem Zusammenhang der Blick auf Sozialisationsprozesse zu richten, in
denen durch eine emotional bedingte Ratoffenheit gegenüber Erziehungsper-
sonen, `fremde´ *Werte*, Lebensformeln, -entwürfe und Weltbilder mittels per-
sonenbezogener Ratschläge durch Autoritäten, über maßgebende Jahre der
Persönlichkeitsentwicklung hinweg, den Grundstock für das eigene Denken
und Handeln mitbestimmen und was im Interview 8 angesprochen wird:

„Es ist ja so wie mit der Erziehung, man wird ja auch von Ratschlägen geprägt.
Also, wenn man jetzt die Ratschläge in der Familie holt, wo man sie ja schon
früh gekannt hat und erfahren hat. Man sucht sich da vielleicht schon 'ne
bestimmte Richtung aus, unbewußt. ... Also, das ist dann die Familienlinie oder
was weiß ich (lacht), aber durch das Anheiraten wird dann ein neuer Zug
reingebracht ... ."

Daß durch Ratschläge Werte und Weltbilder transportiert werden, wird im
weiteren Interviewverlauf eindeutig bejaht. Und wenngleich, wie oben durch die
Heirat angedeutet, die Auseinandersetzung und Abgrenzung durch heraus-
ragende Lebensereignisse oder in Phasen von Umbrüchen zwar begünstigt
und gelernt wird, dann besteht bei dem Befragten insgesamt durch seine
Sozialisation eher die Tendenz, sich nicht freiwillig auf fremde Wertsysteme

einzulassen. „Vermutlich würde ich niemanden um Rat fragen, von dem ich nicht weiß, ob er mein Wertesystem hat, oder daß er ein ganz anderes hat."

Daß Ratschläge auf der Basis vertrauter persönlicher Werte- oder Glaubenssysteme gegeben werden, wird auch im Interview 4 (Z.34f.) genannt, nur daß hier die Gesprächspartnerin sich ganz entschieden gegen eine Ratgebung gemäß der Devise „Was mir geholfen hat, ist für dich nicht schlecht" ausspricht. Daß zum anderen *Übertragungsprozesse* beim persönlichen Rat im Alltag Relevanz haben können, wird – wenngleich in unserem Beispiel eingebunden in eine institutionelle Ebene – durch folgenden Briefausschnitt einer Studentin an ihre Professorin deutlich:

„Wahrscheinlich werden Sie über mich lachen, wenn ich sage, daß mir ein Gespräch mit Ihnen mehr hilft als es jede psychotherapeutische Behandlung könnte, aber es ist wahr. Ich kann Ihnen keine vernünftige Erklärung dafür geben, warum Sie mir mehr helfen können. Wahrscheinlich habe ich mir immer eine Mutter gewünscht, die so ist wie Sie, mit der man ehrlich über alles reden kann, nicht, daß sich die Sorgen erst so anstauen müssen" (G. Schiek 1988: 76).

Die Form des persönlichen Rates begünstigt scheinbar, bei entsprechender Konstellation von Personen in entwicklungsgeschichtlich – gesellschaftlicher Gebundenheit und angesichts mehr oder weniger dramatischen ratbedürftigen Situationen, außer den bisher genannten Übertragungs- und Abwehrprozessen, die Möglichkeit, daß der Ratsuchende für den Ratgeber zur *Projektionsfläche* seiner Wunschvorstellungen werden kann. Projektionen, die gespeist werden aus nicht selber realisierten Lösungen, Phantasien, Ideen in zurückliegenden vergleichbaren Situationen, weil damals der Mut oder die `Mittel´ fehlten, oder sie aus einer (oft unerkannten) Lebenslüge heraus gegeben werden.

Des weiteren gibt, wer sich angesichts einer `echten´ ratbedürftigen Situation in die Rolle des Ratsuchenden begibt, nicht nur zu erkennen, daß er etwas nicht weiß oder nicht weiter weiß, sondern es kann sich darin auch die *Flucht* vor der Bereitschaft zur *Eigenverantwortung* ausdrücken. „Ich verbinde damit auch so ein kindliches Bedürfnis von mir. Jemand soll mir sagen, was gut für mich ist ... . So ein *regressiver Anteil* am Rat holen ist mir was ganz wichtiges, und wenn ich dann das nicht krieg', dann fehlt mir auch was " (I.3).

Rückt das `regressive´ Element oder ein anderes emotional bedingtes Rückzugsverhalten vor Eigenverantwortung in den Vordergrund, dann kann dies Ausfluß einer individuellen kognitiven Strategie zur Entlastung von `Kontrollarbeit´ sein. Eine weitere Strategie die das regressive Element der Flucht unterstützt, kann darin bestehen, möglichst viele Personen um Rat zu fragen, um länger „auf der Flucht bleiben" zu können, ohne zunächst selbst einmal etwas wagen zu müssen (vgl. I.9: Z.269ff.).

So frei die Emotionen in Alltagsberatungen selbst hin und wieder flottieren mögen, sie enthalten dennoch unübersehbar wie Nedelmann (1980: 30) bei Simmel nachgewiesen hat, ein „kontrollierendes Element", bzw. verlangen, wie im Interview 9 (Z.72ff.) deutlich wird, nach einer kognitiven Bestätigung.

„Also ich hab' manchmal den Eindruck, daß Leute ... ein klares Gefühl (haben), was sie tun möchten, aber kognitive Einwände da sind, (-) aber im Grunde ihr Gefühl oder ihre Intuition ihr stärkeres Argument ist und daß dann der Rat eher die Frage ist, gibt er mir recht, damit ich auch meine kognitiven Zweifel besänftigen kann."

## 5.2.4 Kontroll- und Strategieaspekte

In Wechselbeziehung treten unter der Form des persönlichen Rates heißt immer auch sich gegenseitig kontrollieren. Die Kontrolle beginnt schon mit der Wahl der Gesprächspartner und der aus- oder unausgesprochenen Zustimmung seitens des potentiellen Ratgebers, die angetragene Rolle zu übernehmen. Wir können davon ausgehen, daß die Wahl in der Regel weder gedankenlos noch emotionslos erfolgt. Findet nun zwischen Ratsuchendem und Ratgeber ein konkretes Rathandeln statt, dann werden sie versuchen sich gegenseitig auf der Beziehungsebene mittels bestimmter Taktiken[110] in ihren Interaktionen zu kontrollieren, wodurch der sozialen Beziehung zugleich eine spezifische Dynamik gegeben wird.

Neben der Interaktionskontrolle auf der Beziehungsebene werden die Akteure gleichfalls versuchen, sich auf der Inhaltsebene zu kontrollieren.[111] Die Kontrolle des Ratsuchenden kann damit beginnen, daß für ihn bestimmte persönliche Gegebenheiten einer ratbedürftigen Situation, angesichts einer bestimmten Beziehungskonstellation, von vornherein kein Thema sind, also ein geringer Grad an Veröffentlichungsbereitschaft besteht. Der Ratgeber wiederum, kann z.B. aus Gründen der Diskretion sehr zurückhaltend im Nachfragen

---

[110] Wir beziehen uns hier in der terminologischen Definition auf H. D. Mummendey (1995: 135), der im Rekurs auf Tedeschi et al. (1985) unter *Strategien* Handlungsweisen versteht, die in zeitlicher Perspektive eher auf langfristige Ziele und was die `Reichweite´ betrifft, „situationsübergreifend angelegt sind, während taktische Selbstpräsentationen situationsspezifisch wirken (sollen)" und zeitlich kurzfristig begrenzt sind.

[111] Nach L. Fischer und G. Wiswede (1997: 72) unterstellen nicht wenige sozialpsychologische Motivationsforscher Akteuren eine kognitive „Kontrollmotivation", um „die Konsequenzen ihres Verhaltens selbst steuern zu können." Einleuchtender ist ihrer Meinung nach die lerntheoretische Position, „daß Kontrolle eine größere Chance impliziert, Verstärker zu erlangen, sowie aversive Reize zu vermeiden."

sein, oder er wird sich taktisch verhalten, weil er nicht zu sehr „hineingezogen werden möchte" (I.12).

Die Akteure praktizieren demnach schon zu Beginn des Rathandelns ein *Informationsmanagement*. Hat ein Ratsuchender `die Karten auf den Tisch gelegt´, so ist nicht auszuschließen, daß der Ratgeber unter Umständen versucht – sei es aus einem unbewußten oder manifesten Eigeninteresse heraus – über den Ratinhalt, das inhaltliche `Ergebnis´ der Alltagsberatung zu beeinflussen rsp. zu kontrollieren. Ein Grenzfall von Interesse, aber durchaus mit Kontrolle durchsetzt, bietet sich, wenn ein Ratgeber aus einem fürsorglichen Interesse am Anderen einen Rat gibt, der bewußt nur bestimmte Informationen enthält. Dieses ist dann gegeben, wenn der Ratgeber bei einer vollständigen Offenlegung aller Möglichkeiten die vermeintliche Gefahr sieht, daß der Ratsuchende womöglich die falsche Wahl trifft und er deshalb nur selektiv gezielte Hinweise gibt. Hinter der Form des `unaufrichtigen´ Ratgebens kann deshalb durchaus eine verantwortungsbewußte Schutzabsicht für den Ratsuchenden stehen. `Unaufrichtig Rat geben´ mündet im Extremfall jedoch in eine völlige Gleichgültigkeit am anderen, nämlich dann, wenn der vermeintliche `Ratgeber´ den Ratsuchenden, durch falsche Hinweise oder bewußtes Verschweigen von wichtigen Informationen, ins `offene Messer´ laufen läßt und der Rat zum *Verrat* am Anderen wird.

Vom Extremfall wieder zurück zum Normalfall. Gerade in engen sozialen Beziehungen haben Ratgebende gute Möglichkeiten nach einem gegebenen Rat zu überprüfen, ob er angenommen und umgesetzt wird. In der Koppelung mit einer hilfreichen Tat für den Ratsuchenden erhalten Ratgeber zusätzliche Möglichkeiten, das weitere Verhalten des Ratsuchenden verstärkt zu kontrollieren und zu beeinflussen, etwas was im Interview 2 ausgesprochen wird.

*I:* Könnte es sein, daß ein Freund mal nachfragt: „Was hast du jetzt gemacht?"
*B:* Ja, ja natürlich, da ist es im Bekanntenkreis natürlich eher so, daß der das automatisch noch mitkriegt: was passierte da wie, wie hat er sich entschieden?
*I:* Könnte das als Druck erlebt werden, wenn sich einer zuviel um einen kümmert?
*B:* ... je nachdem, wenn der jetzt ständig nachhakt, glaub' ich, daß das nervig sein kann, weil man in Ruhe gelassen werden möchte, 'ne Zeit lang ... und nicht ständig darauf angesprochen werden: „Was machst du jetzt?" „Wie hast du dich entschieden?"

Daß Beeinflussung und Kontrolle durch den Ratgeber ausgeübt wird, kommt oft indirekt in seinem Ärger oder Rückzugsverhalten zum Ausdruck, wenn sein Rat nicht angenommen oder befolgt wird. Daß dieses oft mit einer Verletzung von Gefühlen, mit Enttäuschung einhergeht, wird im Interview 8 deutlich. H: ... wenn der nicht macht, was ich ihm geraten habe (lacht), (*I:* Ja), dann fühl' ich mich etwas komisch. Eine Mischung zwischen zurückgesetzt und Empörung und der Haltung: „Soll er doch sehen wo er bleibt!" Eine Haltung, die noch verstärkt wird, wenn der Ratsuchende von jemand anderem einen Rat annimmt bzw. seinen eigenen Weg geht und sich darüber hinaus an seiner Situation nichts grundlegend verändert, „dann kann ich richtig denken: „Dann rutsch mir doch den Buckel runter!" "(ebd.).

Die Nichterfüllung der Erwartung seitens des Ratsuchenden wird von den Ratgebenden nicht selten mit Bemerkungen wie folgenden rationalisiert: „die sind erwachsen und sie müssen wissen was sie tun" (I.11: Z.69), oder „vielleicht hat er nicht anders gekonnt" (I.10).

Da jedoch Beeinflussung oder Kontrolle in engen sozialen Beziehungen für den Ratsuchenden zumeist absehbar sind, kann es sein, daß so wie im Interview 7 gesagt wird, man unter anderem auch deshalb keinen Rat im Privaten sucht. Wenn Kontrolle absehbar ist, aber ein persönlicher Rat angesichts einer schwerwiegenden ratbedürftige Situation erforderlich erscheint, dann ist anzunehmen, daß der Ratsuchende versuchen wird, die Wahl des Ratgebers möglichst so zu treffen, daß es bei der Offenlegung des Problems für ihn zu keinem Gesichtsverlust kommt und es wenig Möglichkeiten der Kontrolle oder Sanktionsmöglichkeiten durch den Ratgeber gibt, oder zumindest eine Gegenkontrolle seinerseits möglich ist. Etwas was im Interview 2 wegen einer ungeplanten Schwangerschaft deutlich zum Ausdruck kommt, wenn zunächst sein bester Freund und nicht die Eltern aus oben genannten Gründen mit zu Rate gezogen werden.

„Na gut, bei der Schwangerschaft ... denk' ich, ist es etwas sehr Privates für mich, was ich nicht unbedingt meinen Eltern mitteilen wollte, solange ich mich noch nicht entschieden habe ... . Es wäre ein bißchen unangenehm. Während das Berufliche, das ist schon etwas anderes."

Nun kann man aber gerade angesichts einer schwerwiegenden ratbedürftigen Situation nicht davon ausgehen, daß per se alleine durch einen Rat(schlag) Einfluß auf die Ratsuchenden genommen wird. Es sind vielmehr einmal eine psychisch er- oder bedrückende ratbedürftige Situation, die einen Veränderungsdruck bewirkt und eine Ratbereitschaft oder -empfänglichkeit evoziert, so daß sich alleine durch die ratbedürftige `Sache´, ein `brennendes´ ratbedürftiges Thema, Nebeneffekte einstellen, die die sozialen Beziehungen in einer Alltagsberatung dynamisieren und die auf den Ratinhalt Einfluß nehmen, sowie die Einflußnahme des Ratgebers begünstigen. Zum anderen sind die allgemeinen und spezifischen Qualitäten der beteiligten Personen und das aktuelle, und sofern gegeben, das zurückliegende soziale Beziehungsverhältnis zueinander zu nennen. Sei es, weil ein Ratgeber über Prestige,[112] über eine autoritative Sachkompetenz verfügt und der Rat deshalb attraktiv ist und eher

---

[112] Vgl. Popitz (1992: 113): „Der Rat von Personen mit Prestige gilt mehr als der Rat gewöhnlicher Sterblicher. Es ist der Rat eines Erfolgreichen. Zudem man diesem Rat folgt, schließt man sich dem Erfolg an."

akzeptiert wird. Sei es, weil der Ratgeber aufgrund seiner Position in einem anderen Zusammenhang über Sanktionsmöglichkeiten verfügt, oder weil seitens des Ratsuchenden eine emotionale Abhängigkeit vom Ratgeber besteht. Zwar ist J. H. Zedlers Feststellung von 1741 (1961: 966) – „Der Rath führt keine Krafft zu zwingen bey sich" –, in seiner eingegrenzten Charakterisierung nach wie vor gültig, aber der persönliche Rat ist weder inhaltlich wertfrei, noch frei von Beeinflussung durch soziale Beziehungsstrukturen. Wir sehen deshalb im persönlichen Rat durchaus einen *Träger* und ein *Instrument* sozialer Lenkung und Kontrolle.

Sieht man einmal von dem Fall eines Schwangerschaftskonflikts ab – wo ja eine Pflichtberatung vorgeschrieben ist – und anderen vergleichbar schwerwiegenden Situationen, wo durch den enormen psychischen Druck eine Entlastung durch ein Gespräch von Nöten ist, dann kann die Lektüre entsprechender Ratgeberliteratur zu einer ratbedürftigen Situation und die Reflexion des Gelesenen, die unverfänglichste Art sein, sich einer direkten sozialen Fremdkontrolle zu entziehen, ohne die gesellschaftliche Leitidee einer Selbstkontrolle von sich weisen zu müssen. Ein Ratsuchender, der sich der Ratgeberliteratur bedient, findet zwar selten seine Situation `eins zu eins´ vor und es werden auch nicht Besonderheiten seiner Persönlichkeit und seines sozialen Umfeldes berücksichtigt, dafür muß er sich aber nicht unausgesprochenen oder ausgesprochenen Erwartungen signifikanter Anderer stellen, wie es in einer persönlichen Ratsituation gegeben ist und die ein impliziter Bestandteil des persönlichen Rathandelns sind. Es gibt demnach hier nicht den konkreten Anderen, der im Prozeß des Rathandelns versucht kontrollierend Einfluß zu nehmen. Sehr wohl aber wird in der Ratgeberliteratur über den Inhalt Einfluß genommen. Dies ist jedoch nicht gleichzusetzen mit den persönlichen Ratschlägen in engen sozialen Beziehungen, die für den Ratsuchenden mit einem höheren Motivations- und Handlungsdruck einhergehen etwas zu verändern, und sei es nur aus einem emotionalen Verpflichtungsgefühl heraus, was jedoch nicht selten zu kontraproduktiven Effekten führt.

Betrachtet man die klassische Ratfrage: „Was soll ich tun?", dann kann sich wie schon an anderer Stelle angesprochen, dahinter die Suche nach der Bestätigung einer Haltung für konformes oder non-konformes Verhalten, einer innerlich schon getroffenen Entscheidung verbergen. Für Baumann (1993), der sich primär auf die professionelle Beratung bezieht, begibt sich derjenige, der „eine Bestätigungsbitte vorbringt" und dadurch „um Bestärkung, Rückendeckung, Abnehmen von Verantwortung etc. bittet, ... ganz gezielt und offen in die Abhängigkeit von Anderen" (ebd.: 107). Gewährt der Ratgeber oder der Berater die vom Ratsuchenden innerlich gewünschte Bestätigung, so kann wie Baumanns Überlegungen zur *Motivationsmacht* in institutionellen Beratungen zeigen, die Bestätigung für den Ratgeber zu einer möglichen Ressource von

Motivationsmacht werden.[113] Ob sich jedoch wie Baumann meint, der Rat-suchende bei einer „Bestätigungsbitte" (ebd.: 107ff), die z.b. auf Verständnis für die eigene Situation zielt, dadurch in eine Abhängigkeit begibt und sich deswegen im weiteren besser lenken läßt, kann bezweifelt werden, vor allem dann, wenn es für den Ratsuchenden um eine bewußte gedankliche Selbst-kontrolle geht, die lautet: „liege ich mit meiner Zielentscheidung bzw. mit dem anvisierten Weg richtig?". Hier dient aus der Sicht des Ratsuchenden, der Ratgeber als *Kontrollhilfe* zur Evaluierung oder Bekräftigung einer Idee, einer inneren Haltung, einer schon getroffenen Entscheidung.

Wenn es einem Ratsuchenden um die Bestätigung einer innerlich schon ge-troffenen Entscheidung geht, dann kann im Einzelfall nicht ausgeschlossen werden, daß er bewußt den bestätigenden Rat einer Autorität sucht, um die eigene Position mit einem `Gütesiegel´ abzusichern und den autoritativen Rat argumentativ gegenüber anderen Personen mit einem anderem Standpunkt ins Feld zu führen. Dadurch kann sich die `ratsuchende´ Person zugleich vor-teilhafte sanktionierte Ausgangsbedingungen für ein `weiter so´ sichern oder den nötigen Rückhalt bekommen, um die eigene Position strategisch weiter ausbauen zu können (vgl. I.6: Z.468ff.).

Ratsuchende können darüber hinaus in Konfliktsituationen, wenn ihnen der Mut fehlt die eigene Position gegenüber dem Konfliktpartner zu vertreten, ver-suchen, sich hinter dem Rat einer Autorität zu verstecken, indem sie un-zutreffend vorgeben: „Und ich sag' dann, daß das die Pfarrerin gesagt hat." Und genau diese und andere fatalen Strategien, die mit dem Rat verbunden sein können, sind für die Pfarrerin im Interview 7 unter anderem mit ein Grund, sich gegen eine positive Wertschätzung des persönlichen Rates auszusprechen.

Ein weiterer `Schachzug´ seitens eines Ratsuchenden kann darin bestehen, durch eine `maskierte´ Ratfrage den Ratgeber zu einer für ihn selbst heiklen Situation zu fragen und das Gespräch so zu lenken, daß dieser etwas offen-legen `muß´, was ansonsten verborgen geblieben wäre. Selbst bei jeder `echten´ ratbedürftigen Situation ist eine persönliche Verletzungsgefahr im Kern mitgegeben, weil Ratsuchender und Ratgebender ein gemeinsames Wissen als Grundlage herstellen müssen, damit überhaupt ein Rat gegeben werden kann. Das `Problem´ des Ratsuchenden besteht darin, daß er eine ratbedürftige Situation scheinbar nicht alleine klären kann und dadurch eine persönliche `Schwäche´ preisgibt und außerdem nicht selten kontrolliert wird, ob er den erhaltenen Rat befolgt. Das Problem des Ratgebers besteht auf der *prag-matischen* Ebene darin, ungewollt in `Sachen´ hineingezogen zu werden, vor

---

[113] Die Art und Weise wie eine Bestätigung erfolgt, kann nach Baumann (ebd.: 108) „vom Signalisieren von Verständnis bis hin zu expliziten Aufforderungen reichen." Und sie schließt neben einer ideellen sozialen Unterstützung durchaus eine ma-terielle ein (ebd.: 110).

allem dann, wenn noch zusätzlich eine Tat seinerseits erwartet wird, die er nicht leisten kann oder will, und auf der *moralischen* Ebene, weil er als Mitwisser `antwortend´ zur Mitverantwortung gedrängt werden kann. Hierin ist folglich mit eine Wurzel zu sehen, weshalb manchmal ein verdecktes Ratsuchen als Strategie praktiziert wird, um eben nicht gleich eine Schwäche zeigen zu müssen, oder Ratgeber sich vorsehen, sich nicht über Maßen als die großen erfahrenen Problembewältiger in den Vordergrund zu stellen, denn dieses Bild könnte ja durch gezielte Rückfragen ins Wanken geraten und zu einer ungewollten Verkehrung der Beweislast führen.

## 5.3 Rat ist nicht gleich Rat

### 5.3.1 Rat und Tip kann im Alltag für vieles stehen oder ihr unscharfer Gebrauch kann im Alltag Vorteile haben

Wenn unsere Befragung zeigt, daß die Ratsuche und der Rat(schlag) thematisch von „Kleiderfragen", über „suchen nach einem Gegenstand" (I.1), „Kleinigkeiten" (I.4), „leichte Fälle" (I.6) bis hin zu schwerwiegenden Themen wie „Familienplanung", „Berufswahl" (I.2) und Umgang mit „Leid, Krankheit und Tod" (I. 6; 7; 9) reichen kann,[114] dann läßt dies zunächst den Schluß zu, daß der Ratbegriff im Alltag sehr unspezifisch verwendet wird und man manchmal angesichts `leichterer´ ratbedürftiger Situationen statt von einem Rat, genauso gut von einem Tip, einer Empfehlung oder einer Information sprechen könnte.

---

[114] Hier ein Vorschlag zur Kategorisierung ratbedürftiger Situationen, Lebensfragen/-themen für die ein Rat gesucht bzw. gegeben wird – ohne Anspruch auf Vollständigkeit. (Die Kategorienbegriffe a), b) und c) haben wir bei D. Levine 1992 entlehnt).
**A) Sachverhältnisse oder objektive/abstrakte Formen:** technische und ästhetische Artefakte, Recht, Kapital etc.
**B) Personenbezogene Situationen:**
  **a) soziale Beziehungsformen:** Partnerschaft, Freunde, Bekannte, Fremde, Nachbarn, Familie, Kinder etc.
  **b) soziale Prozesse:** Aggression und Gewalt, Verlust, Trennung, Emotionen, Ängste, Zärtlichkeit, Sexualität, Einsamkeit etc.
  **c) persönliche Entwicklungsmuster:** eigene Interessen, Ziele, Pläne, Bedürfnisse und Werte, der Umgang mit persönlichen Stärken, Schwächen, Erlebnissen und Erfahrungen etc.
  **d) existentielle, ethische und spirituelle Fragen:** Gesundheit, Krankheit, Alter, Sterben und Tod, Freiheit etc.

Fragt man jedoch genauer nach, dann findet im Einzelfall eine Differenzierung statt, die zeigt, daß die Wahl, ob Rat oder Tip, nicht beliebig ist (vgl. I.9: Z.17ff.).

*K:* `Tip´, mit Tip verbinde ich so was im Vorübergehen, also da frag' ich kurz jemand und der sagt mal kurz was er denkt, also ja (-) das ergibt sich so ...
*I:* Bedeutet das, Sie gehen damit ganz anders um, wenn Sie einen `Tip´ bekommen, als wenn Sie einen `Rat´ in Anführungszeichen bekommen?
*K:* Ja, (-) ich denke ein Tip wäre nicht etwas, wo ich nicht solange darüber nachdenke als über einen Rat, weil er einfach mal so aus der Hüfte geschossen ist, sag' ich mal.

`Tip´ ist somit von vornherein eher ein unverbindliches Andeuten, Anregen oder flüchtiges Verdeutlichen von etwas, und was der Betreffende gut selber verfolgen oder weiterführen kann. Es scheint jedoch Situationen zu geben, die nach einer angemessenen Begrifflichkeit verlangen und was als solches durchaus erkannt wird. Denn: „Jetzt gebe ich Ihnen mal einen `Tip´, wie Sie mit der Trauer klar kommen" (I.9: Z.191), zeigt durch die Bezugnahme auf eine existentielle Situation, daß schon rein sprachlich der Tip hier deplaciert ist und Rat hier wohl eher die Bedeutung einer Begleitung hat. In schwerwiegenden bedürftigen Situationen weiß der Ratgeber meistens auch, daß die ausdrückliche Formulierung einer Bitte um Rat, für ihn ein höheres Maß an einem persönlichen Involviertsein einschließlich einer Mitverantwortung beinhalten kann. Letzteres vor allem dann, wenn es sich um einen ungewöhnlichen, einen riskanten oder alles entscheidenden Rat handelt. Ist in solchen ratbedürftigen Situationen der Rat oberflächlich bzw. verschärft er durch seinen unbequemen Inhalt zunächst die wahrgenommene Ausweglosigkeit des Ratsuchenden, dann ist im Gegensatz zu einem Tip zu erwarten, daß der Ratsuchende dem Ratgeber mit Vorwürfen begegnen wird. Ein persönlicher Rat hat, so *unsere These*, gegenüber einem Tip, einen anderen gedanklichen Aufforderungscharakter und ist durch die Einbindung des Ratgebers wohl häufiger eine *soziale Klammer*, die über die augenblickliche Begegnung hinausgeht.

Andererseits ist zu bedenken, wenn die Grenze und der sprachliche Gebrauch von Rat und Tip fließend sind und sie in vielen Situationen synonym verwendet werden, dann kann dies im Alltag auch Vorteile haben. So kann zum Beispiel ein Ratsuchender bewußt nach einem Tip statt nach einem Rat fragen. Dadurch kann er erreichen, daß seine Situation – sofern es die Situation zuläßt – sich dem Anderen nicht gleich zu problematisch darstellt. Dahinter kann auch das Motiv verborgen sein, er will den Ratgeber aus welchen Gründen auch immer, nicht gleich zu stark beanspruchen und einbinden. Die Frage nach einem Tip kann aber auch ganz einfach nur der Wunsch sein, letztlich die Lösung selber finden zu wollen, wobei aber ein kleiner anregender Richtungshinweis durchaus vertretbar ist. Ein Ratgeber kann andererseits bewußt `Tip´, von `Empfehlung´, von `Vorschlag´ sprechen, obgleich nachdrücklich ein Rat gemeint ist, weil er weiß oder spürt, daß das Wort Rat zu belastet ist oder ein expliziter Ratschlag leicht einen Widerstand auslösen kann.[115]

*G:* Ich würde Ihnen auch einfach *empfehlen* [Herv. H.B.] Ihren Titel zu ändern und zu sagen `Beraten´. Kann man das nicht mit dem `Beraten´? Also praktisch den Titel der Arbeit zu verändern, da würd' ich Sie bestärken (lacht).

*I:* Ja ich weiß schon, auf was Sie raus wollen, aber ich bin noch nicht ganz schlüssig wie es sein wird.

*G:* Der Titel steht noch nicht endgültig?

*I:* Das ist ein Arbeitstitel.

*G:* Ah ja, aha dann gäb's ja noch 'ne Chance (beide lachen) (I.7).

**Wir können zusammenfassen:** Die von U.R. Kluck (1994) getroffene Feststellung, daß im Alltag nicht immer zwischen Rat und „verwandten Mustern" getrennt wird, wird auch in unseren Interviews deutlich. In diesem Zusammenhang wäre es in einer weiteren Arbeit interessant zu klären, ob es bei vergleichbaren ratbedürftigen Situationen, insbesondere in Abhängigkeit von Geschlecht und Alter, zu signifikant unterschiedlichen begrifflichen Definitionen und einem alltäglichen Sprachgebrauch von Rat oder Tip kommt.

Wenn nun, wie wir festgestellt haben, im Alltag jedoch bei schwerwiegenden ratbedürftigen Situationen differenziert wird, dann wird die Wortwahl Rat oder Tip von vornherein eher situationsabhängig und intentional konnotativ getroffen und weniger, wie bei Kluck herausgearbeitet, aufgrund von Unterscheidungen von Regeln nach denen Beratungen ablaufen. Betrachtet man zum anderen ihren differenzierten Gebrauch im Einzelfall, dann zeigt sich, daß Akteure im persönlichen Rat eher als in den *verwandten Mustern* (Tip, Empfehlung) eine situationsübergreifende soziale Klammer sehen und es Situationen im Alltag gibt, die nach einer eindeutigen Begrifflichkeit verlangen. Andererseits, bietet die schwache Trennschärfe von Rat und den anderen `Mustern´, die Möglichkeit sie `strategisch´ zu nutzen. Außerdem wird wohl der Sache nach im Alltag öfters ein Rat gesucht und gegeben, als daß er als solcher ausdrücklich wörtlich formuliert wird. Und es ist gleichfalls davon auszugehen, daß es unterschiedliche Formen/Typen des persönlichen Rates gibt, die mehr oder weniger situations- und kontextadäquat sind und die eine unterschiedliche Akzeptanz erfahren.

---

[115] Vgl. Kluck (ebd.: 48): „Einen Vorschlag kann man mit der Äußerung "Es war ja nur ein Vorschlag" jederzeit aus der Diskussion nehmen... mit einem Rat legt man sich stärker als mit einem Vorschlag darauf fest, daß x-en für P1 eine gute Art zu handeln ist."

## 5.3.2 Grundformen des persönlichen Rates

### 5.3.2.1 Der `bewußte´ und der `unbewußte´ Rat

Wenn es nicht um eine Typologie von Motiven der Ratsuche und des Rat-gebens oder um eine Typologie von Funktionen des persönlichen Rates geht, sondern wissen möchte, wie sich der persönliche Rat in der Dimension des Bewußtseins und `Wissens´ zeigt, dann stellt sich vor allem die Frage, auf welcher Bewußtseinsebene seine `Produktion´ stattfindet und in welcher `Sprache´ der Rat zu uns spricht. In diesem Zusammenhang ist der persönliche Rat in den meisten Fällen ein manifestes Wissen, oder das, was L. J. Pongratz (1967: 180) „präsentes Wissen von oder um etwas" nennt und die Wissens-inhalte des Rates können als eine relativ übersetzungsfreie operative Größe verstanden werden, weil hier die Quelle des Rates strukturell dem Pol des Bewußtseins zugeordnet ist. `Feldtheoretisch´ gesehen, ist das Bewußtsein (ebd.: 121f.) jedoch ein „aktual-dynamisches Geschehen" und „die Vorgänge und Zustände des Bewußtseins haben keinen festen Positionsindex innerhalb" eines gegliederten und strukturierten Feldes.[116]

Nun ist aber in Erwägung zu ziehen, daß die Stimme und Sprache des per-sönlichen Rates, die des `Unbewußten´ des Ratsuchenden oder die des Ratge-bers sein kann, in welcher ein `latentes´ Wissen zum Ausdruck kommt. Hierbei ist insbesondere an den Traum zu denken, der in der Literatur unzählige Male als ein `wahrer´ persönlicher Ratgeber genannt wird und verbürgt ist: „Bess'rer Rat kömmt über Nacht" (G. E. Lessing, Emilia Galotti, zit. n. Mackensen 1973: 78).[117]

---

[116] Vgl. in Pongratz' >Problemgeschichte der Psychologie< (1967: 85 -254) weiteres zur begriffsgeschichtlichen Klärung und seiner Schlußfolgerung, daß das Verhält-nis von Bewußtsein und Unbewußten primär feldtheoretisch „als ein Kontinuum" des Psychischen rsp. des Physisch-Materiellen zu verstehen ist und somit das Unbewußte als eine getrennte „zweite Realität" (ebd.: 246) obsolet wird, jedoch aber mit der Akzeptanz der „Kontinuitätshypothese" das Unbewußte seinen „kon-struktiven beziehungsweise rekonstruktiven Charakter (nicht) verliert" (ebd.: 248).

[117] So wie man das Unbewußte nach Pongratz (ebd.: 194ff.) einteilen kann in „das kognitive und voliative, das ontogenetische und phylogenetische", so kennen die religiösen Schriften den `göttlichen´ Rat im Traum als Weissagung und die tiefen-psychologische Literatur, den `profanen´ Rat, worauf z. B. Freud in seiner Traum-deutung rekurriert und dabei die Abhängigkeit des Traumes vom Leben des Träu-mers und seiner unerfüllten Wünsche entfaltet. „Ich zitiere nach Radestock (S. 139): Als Xerxes vor seinem Zuge gegen Griechenland von diesem seinen Ent-schluß durch guten Rat abgelenkt, durch Träume aber immer wieder angefeuert wurde, sagte schon der alte rationelle Traumdeuter der Perser, Artabanos, treffend zu ihm, daß die Traumbilder meist das enthielten, was der Mensch schon im Wa-chen denke." (Freud 1977: 18)

Weiterhin kann, ob man es gutheißen mag oder nicht, ein durch Drogen veränderter Bewußtseinszustand hin und wieder ein guter Ratgeber sein. So ist denn in Diderots >Jacques der Fatalist und sein Herr< zu lesen (ebd.: 139): „Sie tranken schnell hintereinander einige Gläser, um sich der Weisheit der Flasche zu versichern."

Bei gewichtigen ratbedürftigen Situationen ist nun denkbar, daß durch ein `mit sich selbst zu Rate gehen´ als ein meditativer Akt, „ich sag's mal in Anführungsstrichle `höheren Selbst´" (I.4: Z.15), sich Bewußtseinsebenen durchdringen und es zu einer Einsicht oder Klärung kommen kann.

Darüber hinaus sind im Zusammenhang mit den unbewußten und bewußten Quellen des Rates zwischenmenschliche Begegnungen, Örtlichkeiten, Landschaften, artifizielle Objekte und Räume, oder Tätigkeiten in Betracht zu ziehen, die die geistige Verfassung von Ratsuchenden und Ratgebern beeinflussen, die die Akteure libidinös binden können, die Stimmungen auslösen, die die Ideenproduktion anregen und somit ratbedürftige Sachverhältnisse und persönliche Zusammenhänge neu sehen lassen, oder aber vorhandene Ressourcen unterdrücken.

Vergegenwärtigt man sich einmal beispielhaft, daß die Küche immer auch einen Raum des `unbewußt Oralen´ symbolisiert, dann ist damit zugleich eine Deutung gegeben, weshalb es hier häufig zu durchaus kreativen Gesprächen kommt und die Küche einen Raum darstellt, wo persönlicher Rat sich `ereignet´ oder gefunden wird.[118] All die oben angerissenen Aspekte zeigen, daß eine `Ökologie´ und soziologische `Topologie´ des bewußten und unbewußten persönlichen Rates noch aussteht.

### 5.3.2.2 Formen der Mitteilung

*A) Rat als `sicheres´ Wissen*
Hierbei haben wir es mit zwei Untertypen zu tun. Der `appellative´ und der `explizite´ Rat. Beide werden gemeinhin mit einem Ratschlag gleichgesetzt oder zumindest mit dem Rat in Verbindung gebracht. Der appellative Rat, der Folge eines erbetenen Rates sein kann oder manchmal ungebeten daherkommt, kann: warnend, mahnend, abratend (im Sinne von Schutz oder Drohung) oder aufmunternd sein.

Der explizite Rat, der gleichfalls verhaltensregulierend und handlungsanleitend sein kann, geht in seiner Performanz über den appellativen Rat hinaus. Der Ratgeber gibt durch einen expliziten Rat zu verstehen, er verfüge über das nötige *Verfügungswissen* bzw. *Orientierungswissen,* um die zur Sprache gebrachte oder sich abzeichnende ratbedürftige Situation zu klären. Der `wis-

---

[118] Vgl. die Ausführungen von K. Leuner (1989: 85) zur symbolischen Bedeutung der einzelnen Räume im Haus im *katathymen Bilderleben.*

sende´ Ratgeber drückt durch einen expliziten Rat mehr oder weniger deutlich aus, worauf es für den Ratsuchenden scheinbar ankommt, worauf er zu achten hat. Er gibt durch seine Rede eine weiterführende Information oder eine konkrete Handlungsanleitung oder formuliert ein Ziel und begründet manchmal noch seinen Rat.

Man kann deshalb sagen, sowohl der appellative als auch der explizite Rat vermitteln ein ´Wissen´, welches steuernd wirken soll, und sie bilden somit einen Rattyp, der bei den Befragten zugleich am umstrittensten ist. Er ist umstritten, soviel sei jetzt schon gesagt:

1. Weil ihm nicht selten etwas ´gewaltsames´ zugeschrieben wird – „Ratschläge sind auch Schläge" (I.4 und I.5). Gerade in seiner appellativen Ausprägung, geht es nicht um Leib und Leben, wird in einem „Mach' es!" oder „Mach' es nicht!" ein ´Totschlagen´ von Argumenten gesehen.

2. Kann der persönliche Vertrauensprozeß nach F. Petermann (1996:120) durch „zu viele oder zu wenige Ratschläge" gestört werden, denn sie „wirken oft desorientierend auf den Partner, da er solche schwer kalkulierbaren Verhaltensweisen schlecht einordnen kann."

3. Insbesondere in einer asymmetrischen Kommunikation kann ein appellativer Rat zu einem Instrument sozialer Kontrolle werden.[119]

*B) Rat als gedanklicher Anstoß*

Hier ist ein Typ von Rat gemeint, der keine konkreten Antworten/Handlungsanleitungen gibt, sondern der durch einen gedanklichen Anstoß etwas ins ´Rollen´ bringt, sei es durch eine Idee, eine Infragestellung einer schon getroffenen Entscheidung, eine Relativierung. Es ist ein Rat, der nicht suggeriert es gibt eindeutige Antworten. Seine Bedeutung besteht darin, daß der Anstoß für den Ratsuchenden die Chance beinhaltet, seine Situation zu reflektieren, sie mit den Augen des Anderen neu zu sehen, oder daß die Anstöße als Bestandteil eines Ratgesprächs (Gedanken, Ideen und ihre Auseinandersetzung damit) zum Anlaß für eine weiterführende Verständigung zwischen Ratsuchenden und Ratgeber werden. Anstöße, die zu kognitiven, konativen und/oder affektiven Veränderungen führen können. So sagt denn auch der Seelsorger im Interview 6 (Z.260ff.):

„Also, ein Rat wär für mich dergestalt, daß er versucht wahrzunehmen, was die Leute betrübt oder beschäftigt und ihnen entweder Anstöße gibt, worüber sie nachdenken können oder was sie machen können, oder ihnen Möglichkeiten gibt emotional mit ihrer Situation umzugehen. Das halte ich für eine sehr große Bedeutung des Rates."

---

[119] Vgl. Fischer u. Wiswede (1997: 295).

Im Interview 10 wird auf die Frage, was man von einem guten Rat erwartet bzw. was er bewirken soll, gleichfalls der Denkanstoß in den Mittelpunkt der Überlegung gestellt, weil er die Möglichkeit bietet, ein festgefahrenes Gedankenspiel aufzubrechen, ohne sich, wie es gleichfalls im Interview 8 angesprochen wird, festlegen zu müssen. „Und vielleicht ist ein Teil davon was oder vielleicht ist auch gar nichts davon was, aber ich glaub' schon, die Auseinandersetzung mit dem Rat ist wertvoll um selber weiterzukommen." Und es ist an den Sonderfall zu denken: „Der Andere denkt vielleicht bloß, er hat mal geschwind einen Tip gegeben, ... für mich selbst war es vielleicht ein ganz `toller´ Rat: „Das ist es!" (I.10).

### 5.3.2.3 Formen der Vermittlung

*A) Direkte Vermittlung*
Wenn ein Ratsuchender ohne Umschweife ein Gespräch mit folgenden Worten eröffnet: „Ich habe da folgendes Problem... Was rätst du mir?", oder wenn ein Ratgeber einen ungebetenen Ratschlag mit Blick auf eine für ihn offensichtliche Ratsituation gibt, dann läßt sich die Ratsuche und Ratgeben als gewollter und ausschließlicher Interaktionskontext verstehen. Ob nun der Ratgeber einen unmittelbaren appellativen Ratschlag gibt, oder ob er nach einem mehr oder weniger ausführlichen Ratgespräch einen expliziten Rat oder einen Denkanstoß gibt, ist hier nicht der zentrale Punkt.

*B) Varianten indirekter Vermittlung*
1. Ratsuche und Ratgeben, die sich aus einem anderen Gesprächskontext entwickeln lassen.
X. erzählt Z. über seine letzte Urlaubsreise und erwähnt dabei nebenbei wie er mit einem Mitreisenden ins Gespräch kam und wie ihm dieser von seiner Arbeit erzählte und der schlechten Stimmung im Arbeitsteam und er froh sei, gerade jetzt diese Reise machen zu können. So kann nun, weil Z. schon länger mit einem intriganten Kollegen im Clinch steht und für sich auf der Suche nach einer Konfliktlösung ist, durch das Stichwort Arbeit und schlechte Stimmung, die bisherige Konversation eine Wendung nehmen, wenn Z. versucht das Gespräch schrittweise oder unmittelbar in ein ausschließliches Ratgespräch münden zu lassen und X. sich darauf einläßt.

2. Rat, der in einem anderen Gesprächs- oder Interaktionskontext `beiläufig´ gesucht oder gegeben wird.
Für den Seelsorger im Interview 9 (Z.349ff.) sind diejenigen *Ratschläge* am „besten, ... die en passant passieren." Und er erzählt, wie er sich von seinem Jogging-Kameraden (Bankkaufmann) nebenbei beim Laufen zu Fragen der Finanzierung des Kindergartens Rat geholt hat.

„Und auch der Spaziergang ist 'ne gute Weise sich Rat einzuholen, da ist man nicht eingeengt sozusagen auf die Konfrontation, geht sich sozusagen aus dem Weg, es ist ein Fluchtraum da, mhm, das Gefühl ich bin nicht eingesperrt und kann das nehmen was ich will und anderes lasse ich an mir vorbei."

Bei den oben genannten Interaktionen wird, formal gesehen, noch ein Ratbedarf gegenüber einer bestimmten anderen Person signalisiert und es findet noch eine Fokussierung auf ein Ratgespräch und einen Rat statt, im Gegensatz zur nächsten Variante.

3. Rat, der zufällig und unbemerkt in einem Gesprächs- oder Interaktionskontext `gefunden´ wird.

Manchmal kann in irgendeinem Gespräch, bei einer gemeinsamen Tätigkeit, ein geäußertes Wort, ein Gedanke, gleichsam zur Quelle eines Rates oder die Qualität eines persönlichen Rates bekommen. „M: ... also so was ist tatsächlich schon vorgekommen, daß da irgendwas erwähnt wurde, und ja, das wär vielleicht auch etwas für dich und ich bin noch gar nicht auf die Idee gekommen vorher (*I:* Mhm). Das kommt schon mal vor, aber das ist eher selten" (I.11: Z.145ff.).[120] Bei einem Gespräch, wo ein Rat zufällig `blitzschlagartig´ erkannt oder gefunden wird, kann es durchaus sein, daß der `Stichwortgeber´ dieses als solches nicht bemerkt und der `Ratbenefiziar´ es nicht zu erkennen gibt, da die Beteiligten von vornherein keinen Anlaß sahen, explizit (erkennbar oder intentional) die Rolle eines Ratsuchenden oder eines Ratgebers einzunehmen. Bei dieser Variante des Rates versteht es sich fast von selbst, daß austauschtheoretisch gesehen, insbesondere für die `Ratbenefiziare´, das `Kosten-Nutzen-Verhältnis´ besonders günstig ist.

4. Der Ratsuchende als unbeabsichtigter Ratgeber des Beraters.

Bei der indirekten Vermittlung eines persönlichen Rates ist auch an die professionellen Beratungsgespräche zu denken, wo ein Berater durch die lebensgeschichtlichen Schilderungen, Gedanken, Phantasien und Praktiken eines Ratsuchenden für sich selber unbemerkt vom Ratsuchenden Rat finden kann. Es handelt sich in der professionellen Beratung von ihrem Verständnis her um

---

[120] Seitens der sozialen Netzwerkforschung gibt es in Begrenzung auf ausgewählte Gesprächsthemen und -kontexte, dazu vergleichbare Aussagen. So „taucht" nach A. Lenz (1987: 212f.) besonders bei Fragen der Erziehung „eine wichtige Unterstützungsfunktion auf, die man als *indirekte* oder *unbemerkte Hilfe* bezeichnen kann (vgl. Gmür et al:1985). Gemeint ist damit ein Austausch mit anderen Personen über Kinder und Erziehung, der auf eine relativ unverbindliche Weise abläuft und Anregungen, Ratschläge und Informationen vermittelt. Dieses wird einmal als Erweiterung der Erziehungskompetenz betrachtet und andererseits ermöglicht es einen Vergleich und eine entsprechende Bewertung von kindlichen Verhaltensweisen und Reaktionen. So gelingt es, viele Schwierigkeiten als normal und alltäglich zu interpretieren."

einen Vorgang, der verdeckt bleiben muß, weil hier nicht wie in der Alltagsberatung, ein Rollentausch immer möglich ist und somit die Möglichkeit besteht, daß der Ratsuchende im Verlauf eines Gesprächs zu einem expliziten
Ratgeber werden kann.

## 5.4 Zum Für und Wider von Ratschlägen oder von Rat der in einfachen Antworten besteht

### 5.4.1 Psychologische und gesellschaftlich bedingte Grenzen

Die Ausgangsfrage lautet: Sind Ratschläge angesichts eines gesellschaftlichen
Verlustes verallgemeinerungsfähiger Maßstäbe überhaupt vertretbar, und verletzen sie aus psychologischer Sicht nicht die Autonomie der Ratsuchenden?
Was den ungebetenen Rat betrifft, so gibt es bei den von uns Befragten den
gemeinsamen Tenor, daß er von vornherein unerwünscht ist, und falls er gegeben wird, dann wird er von Ratsuchenden nicht beachtet (vgl. I.1) und es gibt
Hinweise, daß dann von Seiten des Ratadressaten mit einem *Reaktanzverhal-
ten* zu rechnen ist. Dagegen wird ein persönlicher Rat am ehesten dann akzeptiert und als förderlich erlebt, wenn es sich eigentlich um einen Tip handelt, der
die nötigen Informationen liefert um `à jour´ zu sein, oder wenn bei einer sach-
lichen Problemstellung, eine als kompetent eingeschätzte Person auf eine Ratbitte hin, einen wegweisenden, durchaus auch mal kritisch-konstruktiven oder
inspirierenden Rat gibt – man denke hier z.B. an die vielen Danksagungen für
Ratschläge in Vorworten der Fachliteratur.[121] Im übrigen kann der persönliche
Rat, der in einfachen oder fertigen Lösungen besteht, aus der Sicht einiger Be-
fragter, schnell den Charakter von „Schlägen" (I.4), von unberechtigter Kritik
(I.1 und 5), von „Überheblichkeit" erhalten (I.6), oder sein Vorbehalt wird mit
einem „moralischen Zeigefinger" (I.7) assoziiert. Selbst ein Ratschlag durch
eine Person des Vertrauens oder ein Ratschlag der `ins Schwarze trifft´–
manchmal auch gerade deshalb –, erfährt oft schnell seine Grenzen und damit
eine geringe Wertschätzung. Besonders dann, wenn es angesichts privater
Lebensfragen um die sofortige Veränderung von persönlichen Verhaltensweisen geht, die meist durch affektive, wertbesetzte Haltungen mitbestimmt
sind und die gegenüber einem rational-argumentativen Ratgeben meist unzu-
gänglich sind (vgl. I.6 und 11).

---

[121]  Ein prominentes soziologisches Beispiel findet sich in Norbert Elias Vorwort >Über
den Prozeß der Zivilisation<, Bd. 1 ((1969) 1980: LXXXI ), wenn er schreibt: „Prof.
K. Mannheim, London, danke ich für die Hilfe und den Rat, mit denen er mir zur
Seite stand."

M: ... was so die Persönlichkeit, also persönliche Einstellungen betrifft. Es gibt so Aufgaben, die vor einem stehen wie Berge, und man kann die nicht überwinden und jeder sagt: „Mensch jetzt mach' doch das !" „Ganz einfach, du mußt doch nur so und so !" Aber man hat so ein `aber´ dagegen ... man bringt's einfach nicht (I.11: Z.174ff.).

Es scheint in diesem Kontext insgesamt ein unausweichliches Ratdilemma zu geben, denn ein Rat der auf eine sofortige Veränderung zielt, gibt der Entfaltung des `Könnens´ zur Verhaltensänderung wenig zeitlichen Spielraum, und der Rat der sich auf einen späteren Zeitpunkt bezieht und ein Vorfeld der Annäherung einbezieht, führt dazu, daß die `guten´ Vorsätze des Ratsuchenden zukünftig etwas ändern zu wollen, gerne aufgeschoben werden und durch fortbestehende `Versuchungen´ die Gefahr besteht, Schiffbruch zu erleiden.

Bei einer durch eine ratbedürftige Situation ausgelösten rational-emotiven Ambivalenz, welche das heftige Verlangen nach einem Rat hervorrufen kann, ist zu bedenken, daß selbst ein gewünschter dezidierter persönlicher Ratschlag, der zweckdienlich eine vom Ratsuchenden schon innerlich getroffene emotionale oder rationale Entscheidung bekräftigt, problematisch werden kann. Etwas was im Interview 4 (Z. 47ff.) durch die Beraterin am Beispiel Trennung vom Ehepartner ansatzweise deutlich wird.

„Die Frau weiß vielleicht selber, ich sollte mich trennen und die ganze Umwelt rät ihr, trenn' dich von diesem Scheusal, dann entwickelt sich psychologisch interessanterweise in der Regel genau das Gegenteil, ... je mehr die Seite „Trenn dich!", verstärkt wird von außen, desto stärker ist die andere Seite der Ambivalenz: „Ich muß bei ihm bleiben." Das heißt, daß Umfeld bestärkt eigentlich diese Frau in ihrem gut gemeinten Rat wegzugehen, eher die Seite, die die Frau eigentlich bei ihrem Partner hält. Und so gibt es sehr viele Beispiele und das halte ich deshalb nicht für sehr glücklich."

Individual- und tiefenpsycholgisch gesehen, hatte schon Jean de la Bruyère (1645-1696) in seinen >Caractères< noch einen anderen gewichtigen Grund genannt, weshalb selbst die besten und wohlmeinendsten Ratschläge mit einer Reserve bedacht werden. Sie „enthalten etwas, weswegen sie uns mißfallen: sie sind nicht unserem Geist entsprungen. Das genügt, um sie zunächst aus Dünkel und Ärger zu verwerfen und dann nur aus Not oder nach reiflicher Überlegung zu befolgen." (1968: 69) Der Leitgedanke, möglichst keinen persönlichen Rat in der professionellen Beratung zu geben, weil sonst die Autonomie des Subjekts verletzt wird, fällt hier zusammen mit einer Zurückhaltung einer persönlichen Ratsuche im Privaten, um eine narzißtische Kränkung zu vermeiden.

Es ist jedoch nicht alleine das `Mehr-´ oder `Besser- Wissen´ des Ratgebers, daß das Selbstverhältnis des Ratsuchenden mit einer narzißtischen Kränkung belastet, sondern ob eine Kränkung und damit der Verlust einer Ratoffenheit entsteht, hängt sehr stark davon ab, `wer´ sagt `was´, `wie´ in `welcher´ Situation. Darin ist für uns die Verbindung zu sehen, weshalb manche Ratschläge, die der Sache nach durchaus richtig sind, nie das Gehör des Ratsuchenden finden, oder erst zu einem späteren Zeitpunkt eingehend ohne Ressentiment bedacht werden bzw. dann umgesetzt werden, wenn sie für die Person vorteilhaft sind. „Ja, das passiert schon nicht selten. Im Vorgang merk' ich, das lehn' ich jetzt ab, aber ich weiß sehr wohl, daß das in 'ner Schublade bei mir liegt und möglicherweise am selben Tag bei mir klar ist, o.k., jetzt trenn' ich die Situation, die mich überfallen hat sozusagen, und sag' o.k. aber was ist dran? O.k., das ist dran! Das kann ich so annehmen oder so nicht. Das ist natürlich richtig (-) grad' im beruflichen Bereich, Kollegenschaft" (I.5). Und man wird hinzufügen müssen, besonders im Eltern-Kind-Verhältnis.

Neben der möglichen psychischen Verletzung des `Selbst´ durch einen Ratschlag, bzw. einer gewissen Resistenz oder einem Reaktanzverhalten gegenüber innovativen und verhaltensändernden Ratschlägen, bei ausgeprägten verfestigten Einstellungen, Vorurteilen und habitualisierten Verhaltensweisen, besteht *soziologisch* gesehen, besonders in den Interviews 4, 6 und 7, eine generelle Fragwürdigkeit fertiger Lösungen auf der Grundlage nicht vergleichbarer Lebenszusammenhänge von Ratsuchenden und Ratgeber oder einer positionalen autoritären Ratgebung.

Aus soziologischer Perspektive läßt sich zunächst vergegenwärtigen, sowohl Ratsuchende und Ratgebende konstruieren, im Sinne von Bourdieu (1988: 116), die „soziale Welt mit Hilfe von kognitiven Strukturen ... die ... das Produkt der Inkorporierung der Strukturen der Gruppen sind, denen sie angehören." Dadurch wird zum einem verdeutlicht, daß Ratschläge in ihren Spielräumen, in ihrer Reichweite und Anerkennung sozial gebunden sind, und sie können nicht ohne weiteres eine Veränderung der lebenspraktischen Wirklichkeitswahrnehmung und -produktion bewirken. Zudem kann geschlossen werden, es besteht ein Zusammenhang zwischen beruflichem Selbstverständnis und der Sicht der Wirklichkeit und den Zuschreibungen von Bedeutungen des persönlichen Rates und seinem Stellenwert im täglichen Handeln.

In den Interviews 6 und 7 (Seelsorger/In) gibt es exemplarische Hinweise auf zwei parallele Vorgänge, die zu einer Ausgrenzung des persönlichen Rates führen. Einmal wird auf gesellschaftlicher Ebene ein ganzheitliches lebenspraktisches Alltagswissen zur Klärung aller möglichen ratbedürftigen Situationen in Frage gestellt und zu einem „System des Nicht-Wissens" (Lachenmann 1994: 303) erklärt. Und in einer gegenseitigen Bedingung dazu, zeichnet sich als ein zweites Element das ab, was Lachenmann die „Kompartementalisierung des Expertenwissens" (ebd.) nennt.[122] Seelsorge als `klas-

---

[122] Lachenmann (ebd.) nennt „auf der anderen Seite ... die Politik [die, Einf. H.B.] nicht zu einer ganzheitlichen Steuerung in der Lage (ist)."

sischer´ Professionstyp der `Großkirchen´ und wichtiges Glied eines konfes-
sionell legitimierten religiösen Sinnsystems, welches ehemals einen ganzheitlichen lebensweltlichen Wissensrat beanspruchte und vertrat, erklärt sich
nun selbst für bestimmte lebensweltliche Fragen nicht zuständig.

„Ich sehe mich selber weitgehend inkompetent was soziale Probleme wie Ehe-
probleme und so weiter angeht, dazu bin ich *nicht ausgebildet*. Wo ich mich
zunehmend aber berührt sehe ist, daß Menschen mit massiven gesundheitlichen Sorgen, dann doch auch mit dem Phänomen Krankheit religiöse Phänomene verbinden und dann einen religiösen Rat, die Frage nach Gott damit
verbinden und wo's mir dann auch deutlich wird, daß es für dieses organische
Leiden eine Therapeutengruppe gibt, die Ärzte, die das Phänomen aber technisch angehen und eigentlich nicht mit Ratschlägen" (I. 6: Z.242ff.).[123]

In dieser Haltung drückt sich unter Professionalisierungsaspekten zugleich
die Position aus, daß Seelsorge in einem Verteilungsprozeß von Zuständig-
keiten nicht den Anspruch auf eine ganzheitliche lebenspraktische Sinnvorgabe
erheben sollte, will sie nicht selbst im System der Beratung ihrer *Deprofes-
sionalisierung* Vorschub leisten.[124] Die „Kompartementalisierung" hat für
Lachenmann jedoch die Kehrseite, daß dem Einzelnen zunehmend „das Vertrauen in das eigene Wissen ... verloren (geht)" (ebd.: 293). Der Verlust an
Geltung seelsorgerlichen Handelns für ein ganzheitliches lebensweltliches
Sinngefüge wie er in den Interviews zum Ausdruck kommt, ist, um mit Bourdieu
(1992: 232ff) zu sprechen: „Folge der veränderten Grenzen zwischen dem
religiösen Feld und den anderen Feldern." Und als Reaktion darauf entwickelte
sich für ihn der Typus des „neuen Geistlichen", der, wenn es um die Heilung
der Seele geht, „laizisierter" Berater, Therapeut, Sozialarbeiter etc. wird.[125]

Einhergehend mit dem Einbruch des kirchlich institutionalisierten „religiösen
Feldes", ist, für Bourdieu (1998: 199), ein Verlust an „symbolischer Macht" verbunden. Und neben dem Verlust eines seelsorgerlichen Ratmonopols für
Fragen seelischer und spiritueller Heilsgüter, welches immer auch Anleitung
und Garant für eine traditionelle Lebensführung war, besteht für die Seel-

---

[123] Vgl. ähnlich in Interview 7: „Also, das denk' ich muß man da auch noch einmal
unterscheiden zwischen den Beratungsstellen, wobei es für mich ganz wichtig ist,
die Grenze zu sehen, wo ich nicht mehr zuständig bin oder auch nicht Fachfrau,
und also daß man wirklich sagt, wir haben ein großes Angebot ... in der (Stadt)."

[124] Vgl. dazu Schaeffer (1990: 53ff).

[125] Dies ist eine Beobachtung und ein Zugeständnis an die reale Alltagspraxis, die
sich mit H. J. Heimbrocks (1996: 326f.) Feststellungen deckt, daß bereits im 19.
Jahrhundert, das „von christlichen Kirchen und Theologien reklamierte Monopol
in Sachen Heilung ... zerfallen (ist)" und das heutzutage eine große Zahl von
„Kirchenmitgliedern ... sich zu alternativen Therapie- und Heilungsinstanzen begeben, von denen kompetentere Antworten und effektivere Ratschläge erwartet
werden."

sorger/innen wie für alle anderen potentiellen Ratgeber die Frage: Was soll man privat raten, angesichts vielfältiger, komplexer und individuell divergierender Lebensverhältnisse mit hoher Struktur- und Handlungskontingenz, bei einem gleichzeitigen Verlust von Traditionswissen bzw. bei seiner begrenzten Reichweite? Für den Seelsorger im Interview 6 (Z.97ff. u. 155ff.) kann heutzutage durch den Wegfall eines „sehr deutlich geprägten" und weitgehend allgemein geteilten, aber nicht „parteilosen" Welt-, Lebens- und Menschenverständnisses oder auch Gesellschaftsverständnisses, Ratgeben nicht mehr wie früher so ohne weiteres in „einer einfachen und klaren Antwort" bestehen oder wünschenswert sein.

„Dieses Eindeutige auch selber zu wissen was relevant ist, das zerbröselt, oder es ist nicht mehr gegeben. Ich find's nicht nur schlecht, weil ich denke, daß es sehr viel mehr Leute gibt, die ihr Leben ständig kritisch reflektieren, daß sie nicht mit dieser Deutlichkeit sagen können: „Und so geht's!", sondern daß sie nur sagen können: „Probier was!" oder „Du mußt was verändern!", das wäre ja auch ein Rat ... und daß es jetzt die Frage ist, wo bekommst du Anstöße, in welche Richtung es gehen kann. Also das wär so ein *Rat heute*, der aber die Leute in einer gewissen Unsicherheit läßt, aber ihnen auch bessere Möglichkeiten gibt" (ebd.: Z.102ff.).

Zudem zeichnet sich für den Seelsorger im Interview 6 angesichts eines eindeutigen Rates noch eine weitere Fragwürdigkeit ab, nämlich dann, wenn sich Ratgeber mit den Ratsuchenden in ihrer ratbedürftigen Situation identifizieren und gleichsam als `Betroffene´ sprechen, bzw. das Problem „mit ihrer eigenen Situation vergleichen und dann Antworten suchen aus der eigenen Lebenserfahrung im *Vergleich* zur Lebenserfahrung des anderen, aber sich nicht auf eine weiter zurückliegende oder darüberliegende oder distanzierte Ebene beziehen können" (ebd. Z.31ff.).[126]

In der Zwischenbilanz erfährt der persönliche Rat bei den meisten von uns befragten Professionellen eine kritische Einschätzung, nicht nur weil es aufgrund komplexer und offener gesellschaftlicher Verhältnisse schwierig ist, schlüssige Antworten zu geben, oder weil sich eingeschliffene Denkmuster und

---

[126] Im Interview 7 wird einmal die Distanz des Ratgebers betont, die als „Chance" bei den Pfarrern verstanden wird, die aber nicht mit der Autorität zusammenfällt, um Rat geben oder helfen zu können. „Wenn es wirklich um diesen Rat in einer Notsituation geht, dann braucht der Mensch nicht eine Autorität, und dann kann es sogar sein, daß nicht einmal die Freunde helfen können, weil die vielleicht zu viel Nähe haben." Zum anderen wird der begleitende Aspekt des Ratgebers mit dem Vertrautsein einer ähnlichen Situation in Verbindung gebracht. „Also ich glaub' in der Krise und im Problemfall geht's nicht in erster Linie nicht um jemanden der aus einer Erfahrung, aus einer großen theoretischen Erfahrung mir antworten kann; vielleicht ist er sogar jemand, der in einer *ähnlichen Situation* stecken muß manchmal, der mir helfen kann."

Verhaltensweisen nicht durch einen einfachen Ratschlag ändern lassen, oder weil ein Ratsuchender „oft (nicht) die Kraft oder die Möglichkeit ... hat" (I.6: Z.25) ihn umzusetzen, sondern sie leitet sich gleichfalls aus dem Gedanken einer konkurrierenden Professionalisierung ab, die dem Alltagswissen fast zwangsläufig nur geringe Chancen einräumt.

Dies schließt nicht grundsätzlich aus, daß Professionelle im Privaten Rat geben. Jedoch wenn sie Rat geben, dann zumeist auf der Folie ihrer habitualisierten Berufsrolle. Etwas was deutlich wird, wenn der Berater im Interview 5 äußert, er habe im Laufe der Jahre gelernt auch im Privaten nicht gleich mit Ratschlägen zu kommen, sondern versteht persönlichen „Rat im Sinne von ... zurückzuspiegeln" (I.5; vgl. a. I.6: Z.159f.).[127] Und wenn derselbe Berater im Interview erzählt, wie er bei einem Glas Bier von einem Vereinskameraden um Rat gefragt wird, und diesen, der vor der Entscheidung steht, Bandscheibenoperation mit vielleicht irreversiblen Folgen oder weiterhin Schmerzen die mit Tabletten eingedämmt werden müssen, einerseits bestärkt, „der schon von ihm benannten Idee nachzugehen ... um so den Kopf frei zu kriegen", und sich zum anderen mit dem Ratsuchenden auf den Weg macht, indem er einmal den Hinweis gibt, wenn der Arzt den Schmerz lindert, ist das ursächliche Problem noch nicht gelöst und zudem gleichzeitig Akzente setzt, wie der Ratsuchende zu einer neuen Sicht seiner gesundheitlichen Situation gelangen kann – `Einstellungsmodulation` – , dann überschreitet er ein für im Alltag häufig anzutreffendes `zweiwertiges` Ratgeben.

Insgesamt sieht der hier befragte Berater im habitualisierten professionellen Selbst- und Handlungsverständnis auch Vorteile im Umgang mit Ratsituationen anderer im Privaten. „Und ich denke eher inzwischen, daß da nicht mehr ein so großer Unterschied ist, hier sitzt ein Klient, da ist es ein Bekannter, ein Nachbar. Ich denke, daß ich beim Nachbarn inzwischen ähnlich umgehe damit. Wobei ich nicht denke, daß er damit nicht schlechter beraten ist" (I.5). Andererseits wird erkannt, daß die professionelle Haltung, die im Privatleben Raum greift, für das Zwischenmenschliche im intimen Kreis eine Gefahr darstellen kann, denn „zu Hause, bei meiner Tochter, bei meiner Frau (muß ich) aufpassen, daß ich nicht der Berater bin." Wer stets seine professionelle Brille auf hat läuft Gefahr, seine Spontaneität und alltagsweltliche naive Kommunikation bei ratbedürftigen Situationen zu verlieren, die einen Eigenwert im Rathandeln darstellen.

---

[127] Vgl. hierzu ähnliche Position im Interview 4 (Z.76ff.): „weil jemanden einen Rat geben heißt, ich maß mir im Prinzip an zu wissen, was für den anderen gut ist ... Ich weiß vielleicht was für mich gut ist, oft weiß ich's auch nicht. Aber was für den anderen gut ist, daß weiß ich nicht. Was ich machen kann, ist, mit jemand anderes die Situation durchspielen."

Wenn also heutzutage angesichts sozialer Relativismen, persönlicher Rat in der Form einer einfachen Antwort bei konfligierenden lebenspraktischen Fragen und Situationen (z.B. in der Partnerschaft, Erziehungsfragen, Berufswahl) zunehmend selbst problematisch wird und er immer seltner etwas allgemein Verbindliches formulieren kann, also, wenn er keine faktische Eindeutigkeit für zukünftiges Handeln aufzuzeigen vermag, dann spricht im privaten `Rathandeln´ vieles dafür, den persönlichen Rat nicht als ein kasuistisches Wissen für Problemlösungen zu verstehen, sondern ihn, eingedenk der jeweiligen sozialen Beziehungskonstellationen, als ein narratives Rathandeln zu verstehen, in dem personen- und themenzentriert Möglichkeiten besprochen werden, wie ratsuchende Personen „mit dem Phänomen umgehen können", anstatt „ihnen zu sagen was, sie tun müssen" (I.6: Z. 271f.).

Zum anderen ist mit B. Nedelmann (1997: 151ff.) davon auszugehen, daß es auf der Interaktionsebene immer noch viele Lebensbereiche im Alltag gibt, in denen „Eindeutigkeit als Handlungskriterium institutionalisiert" ist, bzw. sie sind so geregelt, daß sie entstehen kann, was für uns durchaus die Ableitung zuläßt, daß der persönliche Rat in Form einer Verhaltensdirektive durchaus gewünscht und erteilt wird. Jedoch nicht immer läßt sich diese Eindeutigkeit in Interaktionen herstellen, was nach Nedelmann z.B. manchmal in der Arzt-Patient-Beziehung durch die nicht gleichzeitig zu vereinbarenden Forderungen von Empathie und Sachlichkeit gegeben sein kann und dann in der Form von „Normambivalenz" (ebd.: 154) zum Ausdruck kommt.[128] Ein Tatbestand, der auch in der professionellen Beratung gegeben sein kann und mit dem sich, aus unserer Sicht, insbesondere eine *non-direktive Beratung* auseinanderzusetzen hat.

## 5.4.2 *Persönlicher Rat kann keine persönlichen Erfahrungen ersetzen. Jedoch man kann weder alle Erfahrungen selber machen noch alle Lösungen selber finden*

Wenn die Ratbedürftigkeit in vielen Bereichen des Lebens steigt (I.4: Z.37ff.) und wenn in der Gegenwartsgesellschaft aus Gründen der Arbeitsteilung nach Luckmann/Berger (1980: 82) „rollenspezifisches Wissen schneller zunehmen wird als allgemein verbindliches", dann besteht die Aufgabe in ratbedürftigen Situationen für Herrn `Jedermann´ oft zunächst darin, herauszufinden an wen er sich mit welchen Fragen und Problemen wenden kann, so daß ein `Rat´ (Information) nicht selten in dem Hinweis besteht, wer für welche Fragestellung der `richtige´ Ansprechpartner ist. Andererseits sollten Ratsuchende im Alltag,

---

[128] Demgegenüber zeigt sich für Nedelmann (ebd.157f.) bei der Geselligkeit und der Koketterie, daß hier der Aufschub von Eindeutigkeit gewünscht und Bestandteil der Interaktionsdynamik ist, also „Interaktionsambivalenz" bewußt erzeugt wird.

wenn sie die Wahl des Ratgebers nicht willkürlich treffen oder durch andere entscheiden lassen wollen, sondern als ein Teilelement ihrer Autonomie oder eines dezisionistischen Lebensstils begreifen, über ein Mindestmaß an Vorwissen, Kontaktfähigkeit, Selbstmanagement und Selbstvertrauen verfügen.

„PC ist ein schönes Beispiel. Es bringt herzlich wenig, wenn ich einen PC-Freak sozusagen um Rat frage, weil ich denke, der kennt sich besonders gut aus, weil dann komme ich mit einer `Maschine´ heim und ich will vielleicht nur meine Briefe tippen. ... Das heißt, ich muß ganz gezielt, wenn ich mich von jemand technisch beraten lasse, mir klar werden, was will ich, bevor ich überhaupt frage und dann muß ich mir die Leute ganz gezielt aussuchen" (I.4: Z.243ff.).

Bei der Wahl des Ratgebers kann es wichtig sein, daß der Ratgeber dem Ratsuchenden in seiner ratbedürftigen Situation ein Erfahrungswissen voraus hat. Jedoch es geht um die weiterführende Frage: Kann ein Rat z.B. unliebsame Erfahrungen dem Ratsuchenden ersparen? Die Sentenz von André Gide: „L' expérience instruit plus sagement que le conseil" (zit. n. Dictionnaire LE ROBERT 1978: 370), hat wohl – so kann man annehmen – in der Gegenwartsgesellschaft, in der Erfahrungen aus zweiter Hand gesammelt werden, immer noch oder gerade deshalb wiederum seine Berechtigung. Die Befragten wissen sehr wohl, Erfahrungen oder Warnungen, die durch einen Rat vermittelt werden – sofern sie der Sache nach der jeweils individuellen Situation und Lebensgeschichte gerecht werden – entbinden einen nicht „durch manche Sachen selber durchzugehen" (I.7 und I.2[129]).

Andererseits, erfahrungsgesättigter Rat kann durch den einen oder anderen Hinweis manch Unbedachtes ansprechen und vorwegnehmen, kann die Anzahl und den Umfang gedanklicher Probehandlungen oder realer `trail and error´ Handlungen reduzieren. Der Ratsuchende kann, so die Meinung im Interview 9 durchaus „von den Erfahrungen anderer profitieren. Das gerät etwas in den Hintergrund gegenwärtig". So wie überhaupt „`Rat-holen-können´ etwas Reifungsförderliches (ist)" (ebd.: Z.217), weil durch einen Rat ein Reflexionsimpuls gesetzt wird, der einen persönlich weiterbringen kann.

---

[129] *I:* Ich denke jetzt an eine erfahrene Person, die sagt Ihnen: „Aufgrund meiner Erfahrung ist es am besten, wenn man es so macht." Sie könnten nun im Prinzip Zeit sparen, weil Sie ja die Erfahrung dieser Person nicht mehr machen brauchen. *B:* Grundsätzlich richtig, ich glaube aber (*B. u I.* lachen), man muß die Erfahrung selber machen. Das sagt man oft und das ist eigentlich auch so. Man muß sie wirklich in bestimmten Dingen selber machen. Da kann man sich nicht nur darauf verlassen, derjenige hat es ja schon gemacht. Man muß bei manchen Sachen selber auf die Nase fallen oder so. Die kann einem dann keiner abnehmen (I.2).

Wird persönlicher Rat dagegen gezielt unter rein pragmatischen Aspekten gesucht und gegeben – insbesondere in Form von persönlichen Lebenserfahrungen oder tradierten Lebensregeln –, dann ist unverkennbar, er zielt inhaltlich nicht primär auf Selbsterkenntnis und Reflexion, sondern drängt eher auf ein unmittelbares entlastendes Handeln im Kontext lebensweltlicher Regeln. Das `operative´ Ziel kann dann lauten: der persönliche Rat soll eine *Erfahrungs-* und *Handlungsökonomie* bewirken, die einhergeht mit geringen persönlichen `Kosten´ und einer Verkürzung von Handlungsketten, die schnelle, einfache und bewährte wirksame `Problemlösungen´ begünstigen.

Im Interview 10 bringt der Befragte deutlich zum Ausdruck, wie der Beweis und die Durchsetzung seiner Eignung für eine von ihm präferierte Umschulung, ohne `taktische´ Verhaltensratschläge und dem Zuspruch vertrauter Personen nicht möglich gewesen wäre. Der Interviewte hat einmal „abends telefonisch ... am Wochenende quasi in Aufbauarbeit mit dem mir bekannten Kreis ... innerlich fast einen Akku aufgeladen ... viel Rat geholt ... „Wie soll ich mich verhalten?" „Welche Taktik soll ich nehmen?" ... allerdings muß es auch ´ne Taktik sein, die zu meiner Person paßt. D.h. (-) ich brauchte Leute, die mich auch kannten und die mir dann entsprechend einen Rat gaben." Jedoch das `Blatt´ hat sich für den Befragten während einer mehrwöchigen Eignungsprüfung vor allem durch einen `einfachen´ Ratschlag seiner Frau positiv gewendet. Der Hintergrund für ein mögliches Scheitern bestand darin, daß die maßgebende Ärztin beim Auswahlverfahren von Anfang an Vorbehalte gegenüber seiner Eignung hatte und es deshalb immer wieder zu Diskussionen bezüglich einer objektiven Beurteilung kam. Der konkrete und alles entscheidende Ratschlag seiner Frau bestand einfach darin, sich wegen seiner ungerechten Beurteilung an den Chef der Medizinischen Abteilung zu wenden. „Von meiner Seite aus wäre ich auch nicht so einfach darauf gekommen, den Chef der Medizinischen Abteilung darum anzusprechen."

Bei allen Vorbehalten, die gegenüber einem expliziten Rat/Ratschlag genannt werden, so zeigt dieser Fall: wenn ein Ratsuchender unter einer psychischen Belastung und einem zeitlichen Problemlösungsdruck steht, dann erhöht sich der Wunsch nach einem persönlichen Rat und die Empfänglichkeit des Ratsuchenden für einen prägnanten Rat, der einen Weg vorgibt, oder einen impulssetzenden Rat, um zumindest das handlungshemmende Moment der Selbstreflexion aufzubrechen und damit ein `sich-im-Kreise-drehen´ zu unterbrechen.

Dennoch es ist – wie schon an anderer Stelle angesprochen wurde – zu beachten, ein Ratschlag wird schnell problematisch und erfährt seine Grenzen, wenn auf der Inhaltsebene die sachlichen Aspekte in den Hintergrund treten oder sich einer unmittelbaren empirischen Nachprüfbarkeit entziehen, oder wenn sich ratbedürftige Situationen in ihren Teilaspekten einer rationalen Argumentation verschließen, weil sie wenig sachliche Aspekte aufweisen oder weil sie stark durch affektive und psychodynamische Aspekte mitbestimmt werden.[130]

Und trotzdem, die positive Wertschätzung eines Ratschlags findet in folgender zugespitzter **Hypothese** ihren Ausdruck: *Je offensichtlicher sich die existentielle Betroffenheit eines Ratsuchenden zeigt und je größer der zeitliche Entscheidungsdruck für eine Klärung der ratbedürftigen Situation ist – weil es um Wohl oder Wehe geht –, desto eher wird ein konkreter `einfacher´ Rat für eine Lösung gesucht, findet Gehör, wird aber nicht unbedingt realisiert.*

Ob sich ein Ratsuchender letztlich für oder gegen den erhaltenen Ratschlag entscheidet, wie stark er sich davon beeinflussen läßt, hängt entscheidend damit zusammen, ob ihm der Ratschlag aus seiner Sicht einen Vorteil bietet. Etwas was im ersten Interview (Z.327f.) deutlich zum Ausdruck kommt. „Und diesen Rat werde ich befolgen (A. u. I. lachen). Es hilft mir wirklich weiter. Es ist für meine Zukunft sehr wichtig und so etwas befolg' ich dann."

Der Ratsuchende wird stets in der Auseinandersetzung mit dem ihm gegebenen Rat und seiner Umsetzung seine ganz eigenen Erfahrungen machen, wobei er jedoch schon von vornherein versuchen kann, die aktuellen `Kosten´ für die `Produktion´ des Rates und seine `Folgekosten´ durch die Wahl geeigneter Ratgeber (Wissenskompetenz, Erfahrung, Abstand zur Situation, geringe oder keine weitreichenden Verpflichtungen, etc.) zu minimieren. Gelingt es dem Ratsuchenden gegenüber dem Ratgeber und seinem Rat, seine personale Autonomie zu wahren oder sogar Zuwächse zu verzeichnen, dann erfährt der persönliche Rat sehr wohl eine Wertschätzung. Daraus resultiert nun die Frage: Wie ist dies in unserer Gesellschaft möglich, in der oft schon die Bitte um einen Rat sehr schnell als ein Signal für einen Verlust von `Selbstkontrolle´, für eine Hilfebedürftigkeit, für fehlende Eigenressourcen gewertet werden? Wie steht es dann um die Autonomie des Ratsuchenden?

---

[130] Dies findet seine Entsprechung in einer Studie zur *Complianc*e-Forschung von P. Deimann und U. Kastner-Koller (1992), die in einer Wiener Erziehungsberatungsstelle der Frage nachgehen: >Was machen Klienten mit Ratschlägen?<. Sie sehen einen „Zusammenhang zwischen der Art des Problems und dem Ausmaß der Compliance ... Gerade bei Problemen, zu deren Lösung die Beratung im Sinne von Entscheidungsförderung (vgl. SPREY,1968) verschiedene Handlungsmöglichkeiten und deren Realisierbarkeit aufzeigt, ist die Compliance der Patienten besonders gut. Bei Problemen im emotionalen und sozialen Bereich, bei denen die bewußte und kritische Reflexion der Sachverhalte im Vordergrund steht, zeigten die untersuchten Familien eine niedrigere Compliance. Es kann angenommen werden, daß in diesen Fällen das Beratungsgespräch in erster Linie der Entwicklung eines Problembewußtseins diente, und Veränderungsvorschläge somit in den Hintergrund geraten mußten" (ebd.: 51)."

### 5.4.3 Ein `expliziter´ Ratschlag verletzt nicht unbedingt das gesellschaftlich vorgegebene Ideal personaler Autonomie

Im Interview 1 (Z.47ff.; 266ff.) wird auf Grund der eigenen persönlichen Erfahrungen in der Schule und an der Universität auf ein weit verbreitetes Gesellschaftsbild hingewiesen, welches die `Ellenbogengesellschaft´, die Unabhängigkeit und Selbstverantwortlichkeit des Einzelnen stark betont und somit ein um Rat bitten erschwert.

„Das denke ich, daß liegt wirklich an unserer Gesellschaft (betont). Ich habe es an der Schule erlebt, ich habe es an der Uni erlebt. Jeder macht seinen Weg für sich. Und wenn jeder wirklich seinen Weg für sich alleine macht, dann nimmt man keinen Rat an, weil einen Rat annehmen heißt, man zieht eine Person dazu. Und das will man ja vermeiden."

Und die weiteren Gedanken darüber, was für die einzelnen in einem konkreten Ratfall die eigentlichen Beweggründe sind, jemand möglichst nicht um Rat zu fragen, verweisen auf die prägende Allianz von Unabhängigkeit und dem Glauben an die eigene Leistungsbereitschaft und -fähigkeit, bzw. auf die gesellschaftlich bestehende Forderung derselben.

„Also, ich denke man *möchte unabhängig sein.* Und wenn man jemanden um Rat fragt oder wenn einem jemand Rat erteilt, dann weiß man ja nicht, hätte man es auch ohne Rat geschafft."

Jedoch wie kommt nun ein Individuum, wenn es einen Rat in Anspruch nimmt, der Erwartung nach eigenständigem Denken und Handeln, sprich seiner Autonomie und Individualität nach, ohne in Widerspruch zu den gesetzten Ansprüchen zu geraten, möglichst alles selber machen zu sollen? Ratsuchende haben, vorausgesetzt sie sind in der ratbedürftigen Situation nicht durch Affekte so stark blockiert, daß sie `weder ein noch aus wissen´, die Möglichkeit, ihr Denken und Handeln sich selbst und anderen gegenüber, im Sinne des Autonomiegedankens, durch folgende Punkte zu rechtfertigen und dadurch eine kognitive Dissonanz erst gar nicht aufkommen zu lassen:

1. Persönliche *Ratsuche als ein exploratives* Verhalten ist angesichts ratbedürftiger Situationen eine naheliegende Möglichkeit zur *Informationsgewinnung,* um sich eine Meinung zu bilden. Und der erhaltene Rat/-schlag kann auf der Grundlage eines sozialen Vergleichs zu einer `Referenzgröße´ für eine gedankliche Selbstkontrolle und -evaluation werden.[131] Wurde schon zuvor eine ei-

---

[131] Vgl. D. Frey´s et al. (1993) Diskussion der sozialpsychologischen *Theorie sozialer Vergleichsprozesse.* Sie zeigt, daß Vergleichsprozesse nicht wie Festinger ursprünglich annahm, sich auf Meinungen und Fähigkeiten beschränken. „Es ist anzunehmen, daß nahezu jeder Zustand und jede Eigenschaft eines Individuums zur Vergleichsdimension werden kann. Für Emotionen zeigte dies Schachter (1959, Schachter & Singer,1962) ... Insbesondere die Motive nach kognitiver Strukturiert-

gene Idee oder Entscheidung entwickelt, so wird sie in Konfrontation mit dem Ratgedanken des Anderen möglicherweise bestätigt, ist vorteilhafter, oder aber der Ratsuchende kommt zu der Einsicht, sie ist schlechter, dann weiß der Rathandelnde an welcher Stelle nachgebessert werden muß. Hierin ist auch eine Wurzel dafür zu sehen, daß die Bitte um einen Rat einen strategischen Anteil haben kann. Soziale Vergleiche, die ein Implement des persönlichen Rathandelns sind, dienen dem Ratsuchenden aber auch dem Ratgeber „zur Selbstverankerung in der Wirklichkeit" (Fischer u. Wiswede 1997: 139) bzw. stellen für ratsuchende Personen so etwas wie einen „Realitätstest" (J. Haisch/D. Frey 1978: 82) dar. Zudem gibt eine ratsuchende Person auf dieser Folie nach außen hin kund, sie ist um sich selbst besorgt, also etwas, was von gesellschaftlichen Institutionen zu einem großen Teil erwartet wird.

2. Die *Bewertung* des Ratschlags und die Entscheidung für oder gegen ihn, ist und bleibt gerade in einer Gesellschaft in der „(zu jedem Zeitpunkt meiner Biographie) ... die Entscheidungsfähigkeit mehr denn je gefragt (ist)" (I.4: Z.228f.), die Aufgabe des Ratsuchenden. Dies schließt eine gewisse Ratfähigkeit der ratsuchenden Person ein, die sich nach F. Ricken (1983: 19) in einer „praktischen Urteilskraft" ausdrückt. „Will man einem Menschen, der sich selbstständig kein praktisches Urteil bilden kann, durch einen Rat helfen, so setzt auch das wiederum die Urteilskraft voraus, die ihn befähigt, einen guten von einem schlechten Rat zu unterscheiden. `Wem nicht zu raten ist, dem ist nicht zu helfen´."

3. Nicht nur die Entscheidungsautonomie als Ausdruck innerer Freiheit, sondern auch das `Wie´ der Umsetzung eines erhaltenen Rates bleibt meistens in den Händen des Ratsuchenden. In diesem Zusammenhang ist in unserer Gegenwartsgesellschaft auch die Trennung von Rat und Tat zu sehen. „Weil es ist dann oft so, daß ich die Situation alleine bewältigen möchte, aber ich vielleicht nur mal die Meinung hören möchte und nicht gleich: „Ich könnte dir helfen!" Das will ich oft schon gar nicht! Dann frag' ich schon so jemanden gar nicht" (I.1: Z.250ff.).

Auch im Interview 2 wird ganz nüchtern überlegt, `wer´ – `wann´ – `warum´ die geeigneten Erbringer der jeweiligen Leistung sind. „Ich glaub' sehr wohl, daß man das unterscheidet oder sich vorher überlegt, was hab' ich zu erwarten natürlich. Hab' ich da auch Hilfe zu erwarten oder nur einen Rat."

Eine Erklärung für die Trennung von `Rat und Tat´, sowie von Rat und Hilfe ist unseres Erachtens darin zu sehen, daß die Bitte um einen Rat als Gedankenanstoß, als Information zur eigenen Meinungs- und Entscheidungsbildung noch nicht als eigentliche `Hilfe´ interpretiert wird, da es sich bei Be-

---

heit und nach Schutz bzw. Erhöhung des Selbstwertes erwiesen sich als bedeutsame Determinanten für die Auswahlstrategien im Vergleichsprozeß." (ebd.: 109f.)

ratungen im Alltag a) gesellschaftlich gesehen nicht um eine etikettierende „tätige Fürsorge"[132] handelt; b) die aus einem Rat erwachsende Tat, die in der Umwelt ein sichtbares datensetzendes Zeichen darstellt und somit intersubjektiv den eigentlichen Beweis einer Gestaltungskraft verkörpert, wird vom Ratsuchenden selten an Außenstehende delegiert; und c) bedeutet eine tätige Hilfe gewähren, im Gegensatz zum Ratgeben, in der Regel ein umfassenderes praktisches Involviertsein.

4. Selbst wenn ein (erbetener) persönlicher Rat inhaltlich nicht geteilt wird, oder aus der Sicht des Ratgebers scheinbar ins Leere geht, so kann dieser Rat für den Ratgebenden möglicherweise zur Abgrenzung herausfordern, kann die inhaltliche Auseinandersetzung mit der eigenen Situation intensivieren und verstärkt zur Eigenproduktion neuer Ideen anregen. Insofern kann manchmal dadurch die Autonomie des Subjekts eher gestärkt, denn geschwächt werden.

5. Aus Ratgebersicht wird, noch aus einer ganz anderen Beobachtung heraus, die Autonomie des Subjekts in vielen Fällen - wenngleich kritisch gesehen – ganz einfach deshalb nicht verletzt, weil wie man schon bei Freiherr von Knigge (Gesammelte Schriften (1804-1806), zit. nach v. Lipperheide 1934: 703) nachlesen kann: „Die Menschen, wenn sie dich um Ratfragen, sind gewöhnlich schon entschlossen, zu tun, was ihnen gefällt". Etwas was sich auch für unsere Zeit feststellen läßt, wenn im Interview 4 (Z.96ff.) von Leuten gesprochen wird, „die wirklich ständig und wegen allem um Rat fragen, aber wenn man ganz genau hinguckt, dann machen sie trotzdem was sie wollen (lacht). Also insofern denk' ich, ist die Gefahr wenn jemand Ratschläge erteilt, also auch ungebetene, nicht besonders hoch. Die Gefahr liegt eher darin, denk' ich, daß der andere noch mehr bestärkt wird in dieser unsicheren Haltung."

6. Wenn eine Ratoffenheit gegenüber einer bestimmten Person besteht, dann weiß der Ratsuchende manchmal schon im voraus oder bemerkt im Verlauf des Gesprächs, daß der Ratgeber aufgrund bestimmter eigener Positionen sowie persönlicher Erfahrungen etc., die ratbedürftige Situation auf eine bestimmte Art und Weise sieht. Da aber der Ratgeber durch Ideen, Hinweise, Informationen den Ratsuchenden nachdenklich stimmen kann, den Entscheidungsraum für Alternativen erweitern oder eingrenzen kann, und weil psychodynamische Übertragungsprozesse ablaufen, ist der Ratsuchende doch nicht ganz unbeeinflußt in seinem weiteren Denken und Handeln. Wir haben es demnach mit einer vermeintlichen Autonomie zu tun, wenn im Interview 2 der Gesprächspartner äußert:

*B:* Aber grundsätzlich versuche ich schon offen zu sein, zumindest wenn ich mir selber den Rat ja hol', wenn ich freiwillig auf jemand zugeh' und von dem

---

[132] Vgl. A. Honer (1987: 54) der zufolge „Helfen bedeutet, dem `typischen´ subjektiv gemeinten Sinne des Helfers nach, tätige Fürsorge für einen als hilfsbedürftig etikettierten anderen."

einen Rat erfrag' und erfahren möchte, dann (–) denk' ich, nimmt man es auch ein bißchen an, möcht's ja auch.

*I:* Die Entscheidung bleibt bei Ihnen?

*B:* Die Entscheidung bleibt bei mir (-) ob sie dann frei ist, weiß man nicht genau; natürlich, man wurde beeinflußt. Somit ist sie vielleicht gar nicht so frei (lacht leise).


## 5.5 Minimalbedingungen und Kriterien für ein gelingendes Rathandeln oder für einen `guten´ Rat

Wird persönlicher Rat als Spruchweisheit bei Fragen der individuellen Lebensgestaltung formuliert, dann können diese sprachlich (symbolischen) institutionalisierten Sinnvorgaben sehr schnell als Worthülsen entlarvt werden. Andererseits haben Luckmann/Keppler (1992) in ihrer Untersuchung zu >Lebensweisheiten im Gespräch< anhand von 30 Familientischgesprächen verdeutlicht, daß „Weisheit verstanden als Erfahrungswissen über das `gute Leben´" (ebd.: 218) unter bestimmten Bedingungen nicht obsolet ist. Wird persönliches Lebenserfahrungswissen bei lebenspraktischen Themen durch einen belehrenden, ermahnenden und überredenden „autoritative(n) Gestus" (ebd.: 213) ins Gespräch gebracht, so wird dieser Anspruch meist mit der Erfahrung der anderen Gesprächsteilnehmer konfrontiert und nicht ohne weiteres akzeptiert.

„Um als praktischer Ratschlag wirksam zu werden, muß das Wissen derjenigen, die meine Lebenserfahrung gesammelt zu haben, so in das Auf und Ab, das Geben und Nehmen des Gesprächs eingearbeitet werden, daß es von den anderen in das jeweils eigene Verständnis einschlägiger Lebenssituationen eingefügt werden kann" (ebd.: 214).[133]

Damit wurde schon etwas Grundlegendes zu einer gelingenden Vermittlung und einer möglichen Akzeptanz des Rates angesprochen. Wir wollen aber noch ausführlicher der Frage nachgehen, ob es hinsichtlich `echter´ ratbedürftiger Situationen noch weitere signifikante invariante Voraussetzungen und Kriterien – im deskriptiven und nicht im normativen Sinne – gibt, die zum Gelingen eines Rathandelns beitragen und uns von einem `guten´ Rat sprechen lassen.

Unter Bezug auf unser Interviewmaterial sowie weiterer Quellen, lassen sich die folgenden förderlichen aber auch grenzsetzenden *Kriterien* nennen:

A) Die Beziehungsaufnahme findet statt, weil die designierte ratgebende Person von der ratsuchenden Person als *vertrauenswürdig* eingeschätzt wird. Sei es aufgrund eines emotionalen Bandes oder weil sie über zurückliegende

---

[133] Diese Schlußfolgerung ist bei Luckmann/Keppler(1992: 203) mit unter Bezug auf A. Mac Intyres (1985) Auffassung von der „Erzählgebundenheit des menschlichen Handelns" zu sehen.

oder aktuelle vertrauensfördernde *Selbstdarstellungsleistungen* (s. N. Luhmann 1989) rsp. *Impression-Management-Techniken* (H. D. Mummendey 1995) verfügt.[134]

B) Die ratgebende Person hat ein `echtes´ *Interesse* an der anderen Person und ihrer Situation und ist von Anfang an im Beratungsprozeß aufgrund personaler Qualitäten ein aufmerksamer `Begleiter´ und vermittelt ein Gefühl von emotionaler Unterstützung.[135] So belegt R. Tausch (1996) anhand einiger Untersuchungen zu >Verhaltens-Merkmale von hilfreichen Personen in Alltagsgesprächen< – die vom Hamburger Psychologischen Institut III durchgeführt wurden –, daß bei diesen genauso wie in der professionellen *nondirektiven Beratung* nach Carl Rogers, die ratsuchenden Personen die ratgebenden Personen im Gespräch dann positiv wahrnehmen, wenn diese Personen über Eigenschaften, Fähigkeiten verfügen und Verhaltensweisen zeigen, wie sie als `non-direktive´ Therapeutenvariablen formuliert und postuliert werden. Demnach ist interaktionistisches Rathandeln in Alltagsgesprächen in seiner Subjektorientiertheit an Grundvoraussetzungen wie: Akzeptanz (sich ernst genommen fühlen), Vertrauen (I.7), Diskretion, Empathie, niedrige Selbstbezogenheit – was sich z.B. im Zuhören können äußert (vgl. I.6) –, Aufrichtigkeit, Glaubwürdigkeit u.ä. gebunden. Insbesondere die Bedeutung des Zuhörens wird nicht nur in unseren Interviews immer wieder thematisiert, sondern auch in Nestmanns (1984) Untersuchung zu >Taxifahrern als Alltagsberater<. Für diese ist in ihrem Beruf `aktives Zuhören´ eine wichtige persönliche Qualität, wollen doch viele ihrer Fahrgäste meist erst einmal etwas erzählen und „keine Ratschläge hören" (ebd.: 52).

C) Ratsuchender und Ratgeber sind in der Lage ein diskretes *gemeinsames Wissen* über die ratbedürftige Situation und die jeweils andere Person mit ihren für die Alltagsberatung relevanten Kompetenzen, Werten, Einstellungen und Interessen herzustellen.[136] Was das gemeinsame Wissen anbelangt, so ist auf

---

[134] Interessant ist in diesem Zusammenhang der Hinweis von G. K. Mainberger (1996: Sp. 998), daß das „Glaubwürdige... sich als Begriff erschöpft (hat) und der Begriff des Vertrauens (...) an seine Stelle getreten (ist)."

[135] Vgl. hierzu A. Lenz (1987: 213f.), der in seiner Untersuchung zum Umgang und zur Bewältigung von familiären Problemen auf dem Lande folgende Erkenntnis herausgearbeitet hat: Je spürbarer in nichtverwandtschaftlichen Beziehungen „die emotionale Unterstützung empfunden wird, desto besser können auch direkte Ratschläge und Anregungen angenommen werden, da hier im Unterschied zu Verwandten weniger Verpflichtung und Druck besteht, sich danach zu richten."

[136] Kluck (1984: 21) verweist gleichfalls auf das Erfordernis eines gemeinsamen Wissens „über Werte und Normen in der Gesellschaft, über die Sitten und Gebräuche und die Erfahrung des Beraters mit ähnlichen Problemen", denn sonst wird der Dialog nicht gelingen und ein erforderlicher Rat in einer professionellen Beratung wenig taugen.

privater Ebene im Gegensatz zur professionellen Beratung davon auszugehen, daß auch der Ratgeber hin und wieder erzählt wie er in einer vergleichbaren Situation selbst gehandelt hat oder durch Erzählung Dritter die ratbedürftige Situation sieht. Ja es kann sogar ausdrücklich diese Erwartung seitens des Ratgebers bestehen.

„Während wenn ich von meiner Freundin einen Rat möchte, dann finde ich es auch angenehm, wenn die sagt, ob sie selber schon einmal so eine Situation hatte, daß sie sich dann selbst mehr äußert" (I.3).

D) Die ratgebende Person kann die ratbedürftige *Situation* in ihrem sozialen Kontext und in Verbindung damit die ratbedürftige Person in ihrem geistigen und praktischen Vermögen richtig einschätzen. Was die Einschätzung der Situation in Verbindung mit der Person betrifft, so gibt es in K. R. Eisslers psychoanalytischer Goethestudie (1987: 673f.) einen Hinweis auf den Zusammenhang von psychodynamischen Entwicklungsprozessen und der Art des Ratgebens. Goethe versuchte in seiner frühen Weimarer Zeit stets zu helfen, wenn er darum gebeten wurde, schaffte aber dadurch oft mehr Schaden als wirkliche Hilfe. Eissler zeigt anhand zweier Briefe Goethes an G. Bürger, der ihn um einen konkreten Rat wegen einer Anstellung bat, sowie zweier Briefe an Charlotte von Stein (12.4.1782 und 13.5.1782), wie sich die gereifte Persönlichkeit Goethes auch im Ratgeben ausdrückt. Ratschläge richten sich nun auf die ratsuchende Persönlichkeit aus und dem, was sie zu `leisten´ vermag. „Der Rat, den Goethe gab, war nicht auf dessen objektiven Stellenwert berechnet, nicht auf Korrektheit oder einen anderen Wert gegründet, sondern auf die Besonderheit der Persönlichkeit, an die sich der Ratschlag richtete."
*Soziologisch* betrachtet kann ein persönlicher Rat, der in einer relativ stabilen und einfach strukturierten Lebenswelt gültig und praktikabel ist, nicht ohne weiteres in eine komplexe, differenzierte und dynamische übertragen werden. Folgt man Karl Mannheims Ausführungen in seiner >Diagnose unserer Zeit. Gedanken eines Soziologen< (1951:91f.), dann besteht die Aufgabe des Ratgebers darin, mittels „sozialer Bewußtheit" die Handlungs- und Denkstrukturen möglicherweise unterschiedlicher „Beziehungssysteme" zu erkennen und eine richtige Diagnose der Situation zu erstellen.[137]

---

[137] K. Mannheim (ebd.) beschreibt eingehend, wie ein alter Bauer, der in seinem Dorf als Autorität in Sachen Rat gilt, Rat auf der Grundlage eines sedimentierten traditionalen Alltagswissens einer ihm vertrauten `geschlossenen´ Welt und seiner persönlichen Urteilskraft gibt. Dabei ist er sich *nicht bewußt*, daß „die von ihm angewendeten Regeln ... bloß in der eng umgrenzten sozialen Welt gelten, in der er zufällig lebt. Derselbe Bauer mag aber seiner Lage bewußt werden, wenn er, plötzlich vom Dorfe in die Stadt versetzt, feststellte, daß seine Weisheit und sein Wissen der neuen Lage nicht gewachsen sind. ... Sein Überleben in der neuen Umgebung wird von nun an hauptsächlich von seiner Fähigkeit abhängen, sich

Was die Umsetzbarkeit eines persönlichen Rates betrifft, so kann dieser aus sozialstrukturellen oder kulturellen Gründen für die Angehörigen bestimmter sozialer Gruppen oder für bestimmte Mitglieder derselben durch Sittenregeln und/oder durch Rechtsnormen erschwert bzw. verhindert werden. Dazu gibt es z.B. in W. Lepenies' >Melancholie und Gesellschaft< ((1969)1972: 70) folgenden aufschlußreichen Hinweis: „Dem Adel hilft kein Rat zur Arbeit, weil er – z.T. direkt durch Rechtsnormen, Gewerbeverbote etc. verhindert – gar nicht arbeiten kann und darf."

*Mit Blick auf den Ratgeber ist festzuhalten*: Erst wenn es ihm gelingt ein gegenseitiges Vertrauen und ein gemeinsames Wissen herzustellen, was wiederum die Wahrscheinlichkeit erhöht das zu erkennen, worin eigentlich die Ratbedürftigkeit des Ratsuchenden besteht und was die ratsuchende Person zu leisten vermag, erst dann eröffnet sich für den Ratgeber in der Regel die Möglichkeit, einen `guten´ Rat zu geben. Es sollte ein Rat sein, der für die ratsuchende Person zum richtigen Zeitpunkt kommt, der einen auf die ratsuchende Person bezogenen, gangbaren oder umsetzbaren Weg aufzeigt und der zu einer Verbesserung der ratbedürftigen Situation (Nutzen) beitragen kann. Denn „letztlich überleg' ich mir beim Rat ja trotz allem, ob ich ihn umsetzen kann oder nicht. ... Es kommen manchmal Ratschläge vom Psychologen, mit denen ich einfach nichts anfangen kann, die ich einfach nicht umsetzen kann ... . Das war auch lange Zeit so im Beruflichen, wegen der Umschulung ... das hat dann noch zwei Jahre gedauert bis ich selber gespürt hab', also bis ich für mich ja sagen konnte, jawohl ich muß hier was tun" (I. 10).

Wir haben es hier nicht nur aus Sicht der professionellen psychologischen Beratung mit einem bedenklichen Vorgang zu tun, sondern dies wäre auch ein treffendes Beispiel für ein nicht gelingendes Ratgespräch im Alltag. Man kann „niemand", wie der Berater im Interview 5, der beruflich mit Straffälligen zu tun hat, sagt, „in 'ne Gasse jagen, in die er nicht paßt". Und man kann auch nicht über die Köpfe der Ratsuchenden hinweg erfolgreich Rat geben. Eine Erkenntnis, die gleichfalls im Bereich der angewandten Sozialforschung ihre Gültigkeit hat, da „auch objektiv gut abgesicherte Informationen, Ratschläge oder Interventionen relativ folgenlos bleiben, wenn man sie einfach weiterzugeben versucht, ohne die subjektiven Perspektiven jener zu berücksichtigen, die letztlich das wissenschaftliche Wissen in Handeln umsetzen sollen" (G. L. Huber u. H. Mandl 1994: 8).

---

deren neuen Forderungen anzupassen und dies wieder von seiner Bewußtheit. In seinem Fall wird die Bewußtheit darin bestehen, daß er die Existenz zweier nebeneinander bestehenden Welten zur Kenntnis nimmt ...,die jede ihre besondere Art des Denkens und Handelns haben."

Zum anderen sei hier ergänzend angemerkt, daß ein `guter´ Rat nicht unbedingt der an den jeweiligen Umständen angepaßte sein wird und sein kann, sondern durchaus für den Ratsuchenden oder sein soziales Umfeld, ein provozierender oder unbequemer Rat sein kann.[138]

Geht es jedoch im konkreten Einzelfall darum zu bestimmen, was nun aus der Sicht des Ratsuchenden und der des Ratgebers ein gelungenes Rathandeln ausmacht und was ein `guter´ Rat ist, dann genügt es nicht, alleine auf die oben genannten Aussagen zu rekurrieren. Man wird den `guten´ Rat, den wir hier weder normativ noch moralisch verstehen, für die einzelnen Akteure stets auf der Grundlage ihres Wertehorizontes, ihrer persönlichen Überzeugungen, Interessen, Motive etc., stets neu beschreiben, analysieren und interpretieren müssen.

## 5.6 Der persönliche Rat ist eine besondere Form der sozialen Anerkennung

### 5.6.1 Kommunikationsdefizite und Ratbedürfnisse in privaten Beziehungen

Es ist sicherlich eine Verkürzung von einer Unzulänglichkeit des persönlichen Rates zu sprechen, nur weil es auf eine Vielzahl von ratbedürftigen Situationen keine eindeutigen Antworten gibt, so wie es eine Überzeichnung wäre, eine angemessene Beratung und Selbstfindung des Ratsuchenden, alleine einer professionellen Beratung zuzuschreiben, deren Beratungsexperten per definitionem nur über eine „limitierte Autorität" (Sofsky/Paris 1994: 30) verfügen. Wenn von Schwächen oder Grenzen beim persönlichen Rat zu Recht die Rede ist, dann, weil in unserer Gegenwartsgesellschaft enge soziale Beziehungen auf Unabhängigkeit ausgelegt sind und durch die „Perfektion" vielfältiger Rollen mit einer „Fassaden-Kommunikation" (K. Gergen 1996: 323) zu rechnen ist. So wird insbesondere im Interview 6 (Z.153f., 426f.) darauf hingewiesen, daß in manchen menschlichen Beziehungen zwar viel geredet, aber oft nicht über das gesprochen wird, was die Menschen eigentlich bewegt. Unter anderem auch deshalb, weil man keine Zeit hat, oder weil es am nötigen Vertrauen fehlt um eine Schwäche einzugestehen (I.7). Tatbestände, die mit in dem begründet sein können, daß man nach K. Gergen (1996: 382) nicht mehr „... zwischen

---

[138] Siehe hierzu M. Foucault's ((1982) 1985a: 43) kritische Äußerung gegenüber einem Philosophentypus, der in der Beratungsrolle „als Existenz-Ratgeber ... zu allem und nichts, zum Leben des Einzelnen, zum familiären Verhalten ... den Umständen angepaßte Ratschläge erteilen wird."

Beziehung und individueller Autonomie (wählt), sondern zwischen unterschiedlichen Formen der Interdependenz".

Wenn in der Gegenwartsgesellschaft viele Menschen eine distanzierte und zugleich vertrauliche Beziehung auf Zeit suchen, in der all das angesprochen werden kann, was sonst im Alltagsleben zu kurz kommt, dann ist hierin mit ein Beweggrund zu sehen, weshalb Menschen eine professionelle Beratung aufsuchen. Selbst viele Freunde und Bekannte zu haben, heißt noch lange nicht, daß diese ein Ohr für die Belange des anderen haben, oder der Ratsuchende das nötige Vertrauen hat, sich ihnen mit seinen Schwächen zu offenbaren. Trotz einer Zunahme von Kontakt- und Kommunikationsmöglichkeiten, scheint es im persönlichen Umfeld von manchen Ratsuchenden Kommunikationsdefizite zu geben, die zur Folge haben, daß ein Ratgespräch nicht gewagt und praktiziert wird. Die Ratsuche in Zeitschriften ist für den Seelsorger im Interview 6 (421ff.) ein Phänomen, welches verdeutlicht, daß im persönlichen Umfeld ein *Kommunikationsdefizit*, ein Mangel an Gesprächspartnern besteht oder etwas im Beziehungsgefüge falsch läuft, denn hier handelt es sich seiner Meinung nach oft um Probleme, die meistens nicht so schwerwiegend sind, daß sie nicht im privaten Bereich besprochen oder geklärt werden könnten.

„Und ich hab' das Gefühl, unsere Gesellschaft mit ihren stark ausgeprägten Möglichkeiten, sich mit vielen Themen zu beschäftigen und zu kommunizieren, die über alles mögliche kommuniziert ... weiß nicht zu kommunizieren, über die wirklichen Betrübnisse eines Menschen" (I.6: 429ff.).

Überlegungen zur Veränderung sozialer Beziehungen bestehen für uns nicht nur in der Frage nach den gesellschaftlichen Ursachen ihrer Veränderung, sondern, was verändert sich in Beziehungen, wenn in ihnen kein Platz mehr ist für ein Wechselspiel von Ratsuche und Ratgeben? Ist dies ein Indikator für die Veränderung in sozialen Beziehungen oder gar Auflösung, weil zum Beispiel das Vertrauen der Mitmenschen untereinander, als ein zentraler konstitutiver Faktor des persönlichen Rates, in Frage steht? Im Interview 5 wird zwar keine konkrete Antwort darauf gegeben, aber es findet eine gedankliche Annäherung an das Problem statt:

„Und wenn ich mal die einfache Formel `Rat geben, Rat annehmen´ überlege, könnte ich mir schon vorstellen, daß dahinter steht: Wer nicht um Rat fragen kann, weil er sich nicht die Blöße geben will, ich muß fragen, ich weiß das nicht, und wer andererseits keine Ratfrage mehr hören und dann versucht darauf einzugehen, wie dessen Motiv lautet ..., wenn dieses Zusammenspiel gestört ist, nicht mehr funktioniert, nicht häufig genug läuft, nicht häufig genug sich in den Köpfen abspielt, na gut, vielleicht ist doch was dran, oder so (-) es ist gar nicht so dumm was du gesagt hast, vielleicht ist er gar nicht so blöd wie ich dachte. (-) Wenn dies alles nicht läuft, dann denk' ich, ist es schwierig ... ."

Wenn es nun angesichts komplexer und komplizierter Lebensverhältnisse, wegen fehlender verbindlicher Maßstäbe und nicht selten wegen vergleichbarer Lebenssituationen schwerer wird, eindeutige Antworten auf Ratfragen zu geben, dann stellt sich die Frage, inwieweit der persönliche Rat als eine soziale Wechselwirkungsform nicht verstärkt als eine *soziale Praktik* zur Befriedigung von Kommunikationsbedürfnissen, zur Gewinnung sozialer Anerkennung oder zur Gestaltung und Herstellung von sozialen Beziehungen dient und dadurch indirekt zum Selbstverständnis von Ratsuchenden und Ratgebern beitragen kann?

## 5.6.2 Die Wahl der Ratgeber ist bei Fragen der Lebensgestaltung zunächst eine Frage des Vertrauens und wird durch Nähe- und Distanzverhältnisse mitbestimmt

Sprechen in unserer Untersuchung einige der Befragten in Verbindung mit ihrem Gesellschaftsbild vom Vertrauensverlust im Zwischenmenschlichen, dann sind diese „Behauptungen und Klagen" nach Bellebaum (1984: 80) nicht neu und bedürfen eigentlich einer eingehenderen Überprüfung. Etwas was wir hier nicht leisten wollen, sondern es ist für uns ausreichend festzuhalten, daß Vertrauen eine notwendige Voraussetzung im Prozeß von Alltagsberatungen und mitentscheidend für die Akzeptanz eines Ratschlags ist. Denn, so Luhmann (1989: 41), „die Vertrauensfrage schwebt über jeder Interaktion und die Selbstdarstellung ist das Medium ihrer Entscheidung." Wobei für ihn in den komplexen und differenzierten Gegenwartswartsgesellschaften die „primär emotionalen ... Vertrauensgrundlagen" gegenüber der Selbstdarstellung[139] in den Hintergrund treten und „personales Vertrauen" nur ein „begrenztes" (ebd.: 23; vgl. a. 93) sein kann. Vertraut sich auf der Grundlage von Luhmanns „funktionale(r) Theorie des Vertrauens" (ebd.: 67) ein Ratsuchender einem Ratgebenden an, der Förderer oder Verunsicherer beim Erleben, Erfassen und Verstehen „komplexer Daseinsbedingungen" (ebd.: 18) sein kann, dann überzieht er „willentlich" (ebd.: 33) die ihm zur Verfügung stehenden Informationen. Die „Vertrauensbereitschaft" des Ratsuchenden besteht in einer „riskanten Vorleistung" (ebd.: 23)[140], um den Prozeß der Vertrauensbildung überhaupt in

---

[139] Vgl. ebd. (90ff.) die Genese von „Selbstdarstellungssicherheit" und deren flexible Anwendung; sowie H. D. Mummendey (1995) zu dem sozialpsychologischen Konzept und den Techniken des *Impression-Managements*.

[140] Nach Luhmann (1989: 47) läßt sich „diese eigentümliche Vorleistung mit normativen Konsequenzen mit einem alten Begriff als eine *supererogatorische Leistung* bezeichnen ... [welche, H. B.] *Entstehungsbedingungen in Erhaltungsbedingungen umformt.*"

Gang zu bringen, jedoch mit der Gefahr, durch den potentiellen Ratgeber enttäuscht zu werden.

„Für den Vertrauenden ist seine Verwundbarkeit das Instrument, mit dem er eine Vertrauensbeziehung in Gang bringt. Erst aus seinem eigenen Vertrauen ergibt sich für ihn die Möglichkeit, als eine Norm zu formulieren, daß sein Vertrauen nicht enttäuscht werde, und den anderen dadurch in seinen Bann zu ziehen" (ebd.: 46).

Andererseits, ist es einem Ratgeber gelungen durch Selbstdarstellungsleistungen „einen gewissen Kredit" (ebd.: 31) beim Ratsuchenden zu erreichen, dann „(wächst) das Handlungspotential in dem Maße, als das Vertrauen ... in die eigene Selbstdarstellung und in die Fremdinterpretation der eigenen Selbstdarstellung (wächst). Mit diesem Vertrauen werden neuartige Verhaltensweisen möglich: Scherze, unvertraute Initiativen, Schroffheiten ...Wahl heikler Themen usw., durch deren Bewährung sich Vertrauenskapital ansammeln läßt" (ebd.: 42).

Vertrauen ist wie es bei Luhmann treffend heißt, „letztlich immer unbegründbar" (ebd.: 26), aber wir können hinzufügen: A) Es ist für einen Ratsuchenden angesichts persönlicher Lebenszusammenhänge und -fragen *nicht* immer naiv *voraussetzungslos* und *grenzenlos*. Angesichts vielfältiger zweckrationaler oder taktisch-strategischer Interessen und egoistischer emotionaler Motive, die den Prozeß und das Ergebnis von Alltagsberatungen mitbestimmen können, wird persönliches Vertrauen erst dann eine grundlegende und übergreifende Bedeutung gewinnen können, wenn ein Ratsuchender mit Blick auf einen potentiellen Ratgeber damit eine Zukunftsoffenheit verbindet. Nicht zuletzt deshalb wird ein Ratsuchender wenn es möglich ist, schon vorab versuchen zu klären, wem kann er in seinem Fall eine Schwäche zeigen oder ein Geheimnis preisgeben, und wer wird dies vertraulich behandeln?

*L:* ... Ich mag das natürlich nicht, wenn der Lack abblättert, daß es dann überall heißt: „Ja klar, der hat ja selber solche Probleme da !", und so weiter und sofort. Ich möcht' ja auch einen guten Eindruck sozusagen machen und da kommt natürlich das mit der Sympathie und Antipathie ... und ... bei Antipathie, da werd' ich keine Schwäche preisgeben (*I:* Mhm). Ich muß also schon jemand an und für sich kennen, oder so zumindest über den anderen ein bißle was wissen, um dann wirklich was von mir Preis zu geben (I.10).

B) Vertrauen ist in einer aktuellen ´Alltagsberatung´ *nicht folgenlos*. Denn erscheint ein Ratgeber einem Ratsuchenden als vertrauens- oder glaubwürdig, dann erhöht sich beim Ratsuchenden die innere Bereitschaft zuzuhören, sich durch argumentativen Rat überzeugen, aber auch überreden zu lassen. Deshalb heißt es auch bei Luhmann (ebd.: 47): „Wie durch Geschenke kann man auch durch Vertrauenserweise fesseln."

Die Bereitschaft personales Vertrauen einem Ratgeber entgegenzubringen, erstreckt sich nicht nur darauf, ob man eine Schwäche zeigen kann, sondern es ist zugleich die Frage danach, wem traue ich einen konstruktiven inhaltlichen Beitrag zu. Dadurch findet einmal eine Überschreitung eines naiven Vertrauens statt, die sich in der Frage nach der fachlichen Kompetenz eines Ratgebers oder, umfassender gesagt, in seiner persönlichen Autorität manifestiert. Zum anderen steht hinter der Wahl eine Erwartung, ein Interesse in der ratbedürftigen Situation weiterzukommen. „Von den Leuten, wo ich nichts erwarte, klar, die frag' ich natürlich nicht!" (I.2).

Vieles spricht im Großen und Ganzen dafür, daß wertbezogene und emotionale Bindungen oder eine räumlich-zeitliche Nähe eine Vertrauensbereitschaft und -bildung in Grenzen begünstigen. Demnach scheinen Beziehungen großer Nähe dafür prädistiniert zu sein, das nötige personale Vertrauen für Alltagsberatungen vorweg zu garantieren. Jedoch kann – wie wir soziologisch seit G. Simmel wissen – zu große persönliche und soziale Nähe und Vertrautheit gerade bei einem `intimen´ Thema von Nachteil in Alltagsberatungen sein, so daß wohl nicht selten bewußt ein Fremder als ratgebende Person gewählt wird, oder jemand, der nicht unmittelbar zur eigenen Bezugsgruppe gehört. Dies wird im Interview 11 besonders deutlich, wenn die Gesprächspartnerin erklärt, warum ein junger Mann mit einem Beziehungsproblem gerade eine geschlechtsdifferente und intergenerative Wahl trifft. Ihrer Meinung nach geht er dabei von der Annahme aus, daß eine Frau sich besser in die Situation einer anderen Frau hineindenken bzw. einfühlen kann und es für ihn unverfänglicher ist, mit ihr über eigene Schwächen zu sprechen, als wenn er es gegenüber seinen Freunden täte.[141]

Noch unverfänglicher und folgenloser ist ein alltägliches Rathandeln, wenn die Konstellation die des sich Nichtkennens und die einer einmaligen Begegnung ist. Eine Konstellation von Fremden hat, wie im Interview 2 deutlich wird, durchaus für beide Seiten seine Vorteile.

---

[141] *I:* Also Ihre Lebenserfahrung wird zum Anlaß genommen, um an Sie heranzutreten?
*M:* Lebenserfahrung und speziell was so Beziehungsprobleme betrifft, daß ich 'ne Frau bin. (*I:* Ja). Die Männer haben ja meistens mit Frauen Probleme.
*I:* Sie erwarten, daß Sie sich besser reindenken können?
*M:* Genau! ... und dann ist's natürlich so ... wenn ein junger Mann z.B. seinen Freund fragt, der so im gleichen Alter ist ..., das ist dann auch so ein bißchen ein Eingeständnis von Schwäche und mir gegenüber kann er eher die Schwäche eingestehen als gegenüber seinen gleichaltrigen Freunden.
*I:* Nun, ich kann mir vorstellen, daß der Freund vielleicht selber noch ein bißchen was von sich preisgeben muß, was er dem Freund gegenüber gar nicht möchte.
*M:* Ja ganz genau (betont), ganz genau, ja klar! Da fällt man ein bißchen aus der Männerrolle (ebd.: Z. 94ff.).

„Dagegen ein Fremder, der äußert sich völlig frei, weil er keinen Bezug zu dem Ratsuchenden hat, oder zu dem Umfeld von dem Ratsuchenden ... so wie wir den Rat der Frau gegeben haben, der jungen. Wir haben zwar den Rat gegeben, aber was für Konsequenzen er letztendlich hat, das wissen wir nicht, das erleben wir nicht, das erfahren wir nicht mehr."

Daß Personen sich dennoch nicht von vornherein auf derartige Konstellationen vorbehaltlos einlassen, wird in dem eben genannten Interview gleichfalls deutlich. „Vom Gefühl her würde ich spontan sagen, es würde mich eher stören, jemand, der mich nicht kennt, der fast fremd für mich ist, der mir dann einen Rat gibt."

Andererseits ist *festzuhalten*: Personales Vertrauen als Voraussetzung für ein Rathandeln ist nicht unbedingt an eine vertraute Person gebunden. Angesichts vielfältiger möglicher Beziehungskonstellationen und Intentionen ist Vertrauen insgesamt gesehen nur eine notwendige aber keine hinreichende Bedingung dafür, daß eine Begegnung unter der Wechselwirkungsform des persönlichen Rates gelingt und ein persönlicher Rat gegeben wird.


### 5.6.3 Kann persönlicher Rat in der Alltagswelt von jedermann gegeben werden? Die Frage nach einem neuen Autoritätsverständnis

Wenn ratbedürftige Personen keine professionellen Berater in Anspruch nehmen, dann stellt sich die Frage, welche Personen der Alltagswelt werden dann gewählt. Im Gegensatz zur professionellen Beratung ist zunächst einmal davon auszugehen, daß ein persönlicher Rat als eine sprachliche Ausdrucksform der Alltagswelt von jedermann gegeben werden kann. So ist schon in J. H. Zedlers Universal-Lexikon von 1741 (1961: 966) zu lesen: „Der Rath kan einen von einem Obern, oder geringern, oder seinesgleichen gegeben werden..." Setzt man dieser Auffassung jedoch eine Aussage wie folgende dagegen: „Jedermann im Ort wußte, was von P. und seinen Ratschlägen zu halten war", dann wird offenkundig, es kommt unter Qualitätsaspekten nicht jede Person als Ratgeber in Frage. Diese Position erhält noch eine Zuspitzung, wenn Foucault in seiner Abhandlung zur *Parrhesia* ((1983)1996: bes.148f.) auf von Galen (130-200 n. Chr.) hinweist, für den ein aufrichtiger Rat am ehesten durch eine unabhängige, statusungleiche Person gegeben werden kann.

Kulturhistorisch-soziologische Analysen kennen sehr wohl die Figur des exponierten Ratgebers, die vor der Professionalisierung der Beratung häufig mit „Achtungstiteln und -formen" (Willems 1997: 103) von Personen einherging. Personen, die einmal aufgrund ihrer anerkannten Position im Alltag und zum anderen aufgrund eines nicht isolierten umfassenden Sonder- oder Spezialwissens zur Bewältigung vielfältiger Problemlagen im Alltag beitragen konnten. Sie genossen Autorität in Sachen Rat aufgrund eines anerkannten exklusiven

Wissens, oder weil sich ihr Rat nicht nur bei einer Person bewährt hatte, sondern sich auch bei anderen Personen „immer wieder als gut " (Stegmaier 1993: 20) erwies, oder weil es sich um gesellschaftlich etablierte bzw. legitimierte generative oder positionale/institutionelle Autoritäten handelte. Jedoch verloren und verlieren, wie wir schon im Kapitel 3 zur Expansion professioneller psychosozialer Beratung dargestellt haben, ehemals hochgeschätzte lebensweltliche Ratgeber, wie z.b. der/die `Alte´ (`Weise´), Priester, Erzieher, (Privat-) Lehrer, Lehrmeister, Hebammen etc., durch gesellschaftliche Rationalisierungsprozesse (Verwissenschaftlichung) und Expertenwissenssysteme, die in weiten Bereichen die Geltung von Alltagswissen in Frage stellen, an Terrain. Dadurch sind sie nicht mehr in einem umfassenden Sinne Ratgeber für alle Lebenslagen und in dieser Funktion im alltäglichen Denk- und Handlungssystem verankert.

Bei den von uns Befragten zeigt sich, die lebensweltlich verankerte positionale und generative Autorität steht bei der Ratsuche und dem Ratgeben besonders auf dem Prüfstand. Bei allen berechtigten oder unberechtigten Vorbehalten, Mißverständnissen, Assoziationen, die der Begriff Autorität bei den Befragten hervorruft – sei es in der Gleichsetzung von Autorität mit `autoritärer´ Ratgebung, sei es die Betonung eines hierarchischen Verhältnisses (I.6: Z.395f.; I.7), oder da ist einer, der weiß „was für den Anderen gut ist" (I.4: 77ff.), da wird „moralisiert" (I.7), oder die lebensgeschichtliche Feststellung im Interview 12, daß es mit den Ratschlägen von sogenannten Autoritäten im Rückblick nicht weit her war –, so zeichnet sich ab, der Begriff Autorität muß beim persönlichen Rat inhaltlich neu gefüllt werden. Der Seelsorger im Interview 6 (Z.120ff.) schildert eine Begegnung mit Jugendlichen, für die der „Pfarrer ... eine ganz komische Figur" ist und die nach seinem Verständnis die Grenze einer traditionalen `positionalen´ Autorität aufzeigt.

„Die kommen, wenn sie teilweise massive Schwierigkeiten hatten, teilweise zu mir, obwohl ich in ihrem Problem überhaupt nichts lösen kann, aber weil sie das Gefühl hatten, da ist jemand, der ihnen eben nicht sagt: „Daß darfst du nicht!", ...sondern da ist einer der sich Zeit nimmt."

Und was die Ratgebung zwischen den Generationen und damit die Anerkennung einer generativen Autorität betrifft, so wird, nach Auffassung der Beraterin im Interview 4, diesem sozialen Beziehungsverhältnis für *Alltagsberatungen* und Ratgeben nicht mehr so ohne weiteres von vornherein Bedeutung zugemessen. Die `Jüngeren´ wissen, die Älteren sind durch die Umbrüche von Lebensverhältnissen verunsichert und ihre Lebenswelt ist eine andere. Schon deshalb wird ihnen oft kein Rat zugetraut.

„Im Sinne von Rat, persönlicher Rat, ich würde mich nicht an sie wenden, genausowenig wie ich mich an andere Leute selber wende, aber zu hören, was sie zu sagen haben, das find' ich sehr interessant, weil ich denke, sie haben sehr viel zu sagen und man kann auch sehr viel daraus lernen" (I.4: Z.261ff.).

Andererseits scheuen sich heutzutage nicht selten ältere Menschen, Jüngeren einen Rat zu geben, weil sie sehr eindringlich die Diskrepanz zwischen ihren Lebensfeldern bzw. den Inhalten und dem Lebenshorizont der jüngeren Ratsuchenden sehen.

„Insofern denke ich schon, daß die Autorität, die sich auf Grund des Lebensalter ergeben hat, früher, oder diese Achtung, die man für sich in Anspruch nehmen konnte, dies ist eher einer großen *Verunsicherung* gewichen und ich denke, die Alten machen heute auch mehr ihr Ding. Sie haben auch letztlich ihre Konsequenzen aus diesen Bedingungen gezogen ...Was positiv ist, ist, daß *Autorität heute ausgefüllt werden muß* und nimmer mehr gegeben ist durch einen Status" (I. 4: Z.283ff.).

Die genannten Beispiele verweisen durchaus im Sinne von H. Popitz (1987) darauf, daß *persönliche Autorität* beim Ratgeben eine größere Bedeutung haben kann als positionale oder institutionelle Autorität. Insbesondere dann, wenn der Anspruch auf soziale Anerkennung und die Darstellung von Individualität nicht über gesellschaftlich standardisierte „Handlungsmuster, die mit sozialer Akzeptanz verbunden sind" (ebd.: 644), abgedeckt werden kann. Dies schließt aber nicht aus, daß sich „persönliche Autorität mit institutioneller Autorität verbinden (kann)" (ebd.: 636) oder sie überlagert, und ein Ratgeber vorweg über zu- oder anerkannte Erfahrungen, Wissen, Kompetenzen verfügen sollte, die dann als Vorleistungen und Bedingungen in das Prädikat `Autorität´ einfließen. So stellt denn der Seelsorger im Interview 9 (Z. 341ff.) an den Ratgeber „bestimmte Anforderungen ... . Es kann niemand sein, der sehr geschwätzig ist zum Beispiel und es muß jemand sein, dem ich eine bestimmte Kompetenz in dem Bereich zutraue."

Gleichfalls gehört zur Autorität eine Glaubwürdigkeit der Person, Reflexionsvermögen und ein echtes Interesse am anderen dazu, denn sonst kann man, wie im Interview 5 gesagt wird, „dem seinen Rat (...) in der Pfeife rauchen."

Wenn die Form des persönlichen Rates veränderte Autoritätsanforderungen stellt und wenn sich nach H. Popitz *persönliche Autorität* biographisch „... aus persönlichen Beziehungen (entwickelt), die relativ frei wählbar und relativ frei kündbar sind" (ebd.: 636), bzw. wenn sich in „Beziehungen zwischen Gleichen ... aus einem wechselseitigen Anerkennungs- und Anpassungsprozeß[142] eine *Autoritätsbeziehung auf Gegenseitigkeit*" bildet, dann kann dadurch am ehe-

---

[142] Die mit dem Autoritätsverständnis verbundene „Anpassungsbereitschaft" bildet nach Popitz (1987: 645) zunächst vermeintlich einen Widerspruch zum Anspruch auf eine Anerkennung als Individualität. Dieser kann zwar nach Popitz nicht aufgelöst werden, aber die o.g. „Gegenseitigkeit macht den Anpassungsdruck einer Autoritätsbeziehung für ein ausgeprägtes Individualitätsbewußtsein erträglich."

sten „ein Anspruch auf Anerkennung von Individualität heute gesellschaftlich konkret werden" (ebd.: 645).[143] Es stellt sich deshalb bei der persönlichen Ratsuche die Frage, ob diese nicht geradezu eine Öffnung und verstärkte Hinwendung zu Formen sozialer Beziehungen einfordert, wie sie die Partnerschaft und die Freundschaft darstellen? Beziehungsformen, in denen nach Popitz (ebd.) ein „wechselseitiges Verstehen-Wollen und Verstanden-Werden (...) zu einem Anspruch (wird), der den Sinn der Beziehung definiert."

Deshalb werden wir im nächsten Punkt auf den persönlichen Rat in Freundschaften eingehen. Aber es ist im Kontrast dazu immer auch an Beziehungsformen wie die der Bekanntschaft zu denken, wo in persönlicher Hinsicht die einzelnen in einer mehr oder weniger distanzierten, sachlichen oder flüchtigen Beziehung zueinander stehen. Eine Beziehung, die nach G. Simmel ((1908) 1968: 265) im gesellschaftlichen Sinne „der eigentliche Sitz der `Diskretion`" ist und ein gewisses Taktgefühl impliziert.[144] Es ist hierbei an die *Situations-* rsp. *Kontaktrolle* des Gastes oder an die des Fremden zu denken, durch die gleichfalls ein zeitgemäßer Anspruch auf Anerkennung von Individualität und einem persönlichen Rat in Alltagsberatung gegeben sein kann. F. Nestmann (1984 u. 1987) hat an passagären Beziehungen/Kontakten, wie sie z.B. mit Taxifahrern und sonstigen Dienstleistern möglich sind, gezeigt, daß, wenn es um einen Rat geht, sie durchaus in Anspruch genommen werden, da die oft einmaligen Kontakte einen hohen Grad der Unverbindlichkeit haben. Etwas, was den „offensichtlich stark auf Soforthilfe orientierten Bedürfnissen der Fahrgäste" (1984: 58) entgegenkommt und was im Interview 6 durchaus auch so gesehen wird, wenngleich diese Begegnungen nicht immer als ausreichend angesehen werden können.

*I:* Man nutzt sozusagen die Gunst der Stunde. ...
*F:* Gunst der Stunde und Druck des Tages (beide lachen). Wobei man unterscheiden muß, es gibt natürlich auch Situationen wo man's nicht darauf ankommen lassen kann, ob es jetzt gelingt oder scheitert, sondern wo man eher auf ein Gelingendes hin suchen muß. Da wird man sich möglicherweise auf den Weg machen (Z.331ff.).

---

[143] Für Popitz (ebd.: 644) gelingt eine gesellschaftlich nichtstandardisierte „Darstellung ... [und, Einf. H.B.] kritische Anerkennung von Individualität ... wohl in Beziehungen der sozialen Nähe, in Dualbeziehungen von Dauer und Intensität und in kleinen Gruppen."

[144] Nach Simmel (1968: 265) besteht in dieser besonderen gesellschaftlichen Beziehungsform nicht nur ein „Respekt vor dem Geheimnis des Andren, vor seinem direkten Willen, uns dies oder jenes zu verbergen, sondern schon darin, daß man sich von der Kenntnis alles dessen am Andren fernhält, was er nicht positiv offenbart."

## 5.7 `Differenzierte Freundschaft´ ein `Gewinn´ für den persönlichen Rat?

Für die Seelsorgerin im Interview 7, die generell eine reservierte Haltung gegenüber dem Rat einschließlich des freundschaftlichen Rates hat, „... muß (man) wirklich hinterfragen in welchen Bereichen, in welchen Problemsituationen ist es wirklich jemand aus dem Freundeskreis, den man um Hilfe bittet, der einem weiterhelfen kann? Ich denk', das ist vielleicht so was, was man im Zusammenhang mit so einer Arbeit erforschen kann". Wir sind im Zusammenhang mit den sich in der Befragung abzeichnenden Hinweisen zur Freundschaft sowie den schon genannten Hinweisen zur „persönlichen Autorität" und den von uns ausgewählten soziologischen Erkenntnissen zur Freundschaft, zu einer differenzierteren Fragestellung gekommen.

*Wenn* in der Gegenwartsgesellschaft in der Freundschaft eine mögliche, wenn nicht gar die Form der Wahl gesehen wird, um nach Beck-Gernsheim (1989:105) den „Fröste[n] der Freiheit" (zit. n. N. Ebers 1995: 43) menschlich begegnen zu können, oder wenn Foucault, nach W. Schmid (1992: 348), in der Freundschaft gleichfalls „die vielversprechendste Form der Beziehung zum Anderen" sieht, oder wenn Nötzoldt-Linden (1994: 138ff.) in ihrem Freundschaftskonzept – „als nicht-familiale Privatbeziehung" angesichts weitreichender gesellschaftlicher Individualisierungsprozesse und einer „Notwendigkeit zur Sozialität" (ebd.: 13 ) –, die in der Gegenwartsgesellschaft sich durchsetzende `differenzierte Freundschaft´[145] präferiert, die „einen Weg aus dem Dilemma zwischen Überforderung durch möglich gewordene Beziehungsvielfalt und drohender Isolation" (ebd.: 11) weisen kann, *dann* heißt für uns eine zentrale weiterführende Forschungsfrage: sind Freunde und vor allem Freunde der Kategorie einer `differenzierten Freundschaft´, die exponierten Ratgeber für den persönlichen Rat schlechthin, bzw. worin bestehen bei dieser Gruppe die Chancen und Grenzen?

Eine allgemeine Antwort dazu, die sich aus unserer Befragung trotz nur weniger Hinweise ergibt, läßt sich auf folgende *Formel* bringen: *Beim persönlichen Rat ist der Vorteil emotionaler Nähe in der Freundschaft zugleich seine Schwäche*, und diese Ambivalenz wird im Interview 1 (Z.286ff.) folgendermaßen zum

---

[145] Nötzoldt-Linden, welche die *differenzierte Freundschaften* als ein gesellschaftsdiagnostisches Instrument verwendet, charakterisiert diese in Anlehung an G. Simmel als „kürzerfristige, projektbezogene und dennoch am Individuum orientierte Gemeinschaften" (ebd.: 11). Und es wird für sie bei der Freundschaft mit all ihren Varianten, ihren vielfältigen Bestimmungsfaktoren und „in Absetzung von einer idealistischen Haltung ... danach zu fragen sein, wer mit wem aus welchen personalen und sozialen Gründen diese oder jene Form und Intensität von Freundschaft aufrechterhält" (ebd.: 220).

Ausdruck gebracht: „Also ich glaube, bei einer Freundschaft durch die enge Bindung, ist die Bereitschaft vielleicht größer, Rat anzunehmen oder Rat zu geben, aber ... trotzdem glaub' ich nicht (gedehnt), daß es die Idealform eben ist ... ."

Bittet ein Freund einen anderen um Rat, dann beinhaltet dies, den Freund aus einem Eigeninteresse heraus zu beanspruchen. Ob es dann zu einem Austausch von Wissen und Informationen kommt, sprich, ob nach Nötzoldt-Linden (1994: 148f.) das „Informationsmanagement" gelingt, hängt zum anderen mit davon ab, ob es den Interagierenden auf der Beziehungsebene gelingt, die für die Freundschaften typische `symmetrische´ Balance eines wechselseitigen „Aufeinanderorientiertsein und bewußte Respektieren der Handlungs- und Erlebnisweisen des anderen" (ebd.: 164) relativ machtfrei zu halten.

Konkret kann, wie G. Simmel (1908) 1968: 269) gezeigt hat, durch ein soziales emotionales Regulativ, wie z.B. das der Diskretion, der Scham, oder durch ein sich „Offenbaren oder sich Verschweigen", der Prozeß des *Informationsmanagements* gesteuert werden; und immer geht es in einer Interaktion beim Einsatz spezifischer individueller Verhaltensweisen, wie Simmel nach Nedelmann (1983: 184f.) gezeigt hat, um die handlungspraktische „Lösung eines Grenzziehungsproblems", oder mit anderen Worten, es geht stets um die Klärung „der `sozialen Begrenzung´" zwischen `Ego und Alter´ und damit auch um eine Klärung des eigenen `Selbst ´.

Werden andere Personen interaktiv eingebunden und beansprucht, dann geht es nicht nur um den inhaltlichen Austausch von Informationen, oder konkret darum, daß der Freund einen Rat gibt, sondern „beanspruchen" beinhaltet auf der freundschaftlichen Beziehungsebene nach Kruse (1980: 201, zit. nach Nötzoldt-Linden ebd.: 164) zugleich „Anerkennung fordern, weil sich anderen öffnen, die Erwartung impliziert, daß andere für mich offen sind, weil sich gegen andere abgrenzen, darauf angewiesen ist, daß andere diese Grenze respektieren, weil einen eigenen Bereich behaupten dazu zwingt, entweder die Bereiche anderer anzuerkennen oder sich mit deren Bereichsansprüchen auseinanderzusetzen.´"

Wir können davon ausgehen, daß die `differenzierte Freundschaft´ als ein Produkt der Gegenwartsgesellschaft gegenüber der `traditionellen Freundschaft´, aufgrund ihrer stärkeren Partialisierung, fürs erste mehr Eindeutigkeiten für eine emotionale Grenzziehung vorgibt.[146] Man kann jedoch nicht ausschließen, daß die individuelle Markierung und gegenseitige Respektierung von

---

[146] Noch eindeutiger ist die soziale Grenzziehung in einer professionellen Beratung, da der institutionelle Rahmen, das Arbeitsbündnis und das *Setting* der Beratung, Verhaltensvorgaben bewirken, die die Interaktionen unter den Primat eines `sachlichen Interesses´ stellen und Gefühle – wenngleich erwünscht – immer kontrolliert werden.

Grenzen nicht immer gelingt. Für sie gilt gleichfalls wie für jede andere Form von Freundschaft, daß sich schon alleine aus „einer numerischen Begrenzung ... besondere innere Spannungen und Prozeßhaftigkeiten" (Nedelmann 1983: 175) ergeben. Und sie löst auch nicht grundsätzlich das Problem, daß neben wohlwollenden Gefühlen auch Konkurrenz, Mißtrauen, Neid auf berufliches Fortkommen, Partnerschaften usw. vorhanden sind, sie also emotional aufgeladen sein kann. Außerdem ist, wie Nötzoldt-Linden schreibt, „gerade unter den nächsten Freunden die Chance zur Lüge im hohen Maße gegeben" (ebd.:149). Und wenn schon nicht die Lüge im Vordergrund steht, so zumindest häufig eine Tendenz zum Verbergen.

*G:* ... also es ist nicht unbedingt einfacher bei einer großen Nähe zu den Freunden, ... da gibt's ja auch wieder ganze Bereiche die dann versteckt werden, auch im Rahmen, oder gerade bei Beziehungen oder bei Freunden ... wo man nicht darüber redet, es wird kaschiert (I.7).

Wenn nun Freundschaft bei Nötzoldt-Linden (1994: 145) im Sinne Paine's (1974: 128) als eine `'institutionalized non-institution'" definiert wird, dann beinhaltet dies für sie im Gegensatz zu Ehebeziehungen, wo die Rollen einen komplementären Charakter haben und die internen Regeln institutionell abgesichert sind, daß das freiwillige Aufeinanderbezogensein in Freundschaften eher einer symmetrischen Ausrichtung folgt und daß Freundschaften intern „von außen wenig normiert und sanktioniert sind" (ebd.: 156). Dies hat nach Nötzoldt-Linden eine persönliche „interaktive Kontrolle" (ebd.: 156) zur Folge, die ein wichtiges Strukturmerkmal in Freundschaften darstellt. Paine's Definition läßt aber nicht unbedingt den Schluß zu, worauf Nestmann (1988: 49) unter Bezug auf Antonucci 1985) hinweist, nämlich, daß für Freunde, nicht wie für Familienmitglieder, „relativ strikte Erwartungsregeln (existieren). Freunde ... müssen nicht helfen ... es besteht keine Verpflichtung oder berechtigte Forderung." Sicherlich gibt es dafür keine juristische Basis, aber nach unserer Erkenntnis wird man in allen Freundschaften, die diesen Namen verdienen, interaktive Regeln der Kommunikation und Verpflichtungen vorfinden, die natürlich von Fall zu Fall sehr unterschiedlich ausgestaltet (ausgesprochen oder unausgesprochen) werden, umfangreich und verbindlich sind. Ein Indiz für hohe Verpflichtungsgrade in Freundschaften findet sich besonders in idealisierten Freundschaften, wobei gerade sie wegen der Nichterfüllbarkeit hoher moralischer gegenseitiger Erwartungen des Füreinandereinstehens schneller Gefahr laufen zu scheitern als `laue´ Freundschaftsbeziehungen. Außerdem bleibt in der von Nötzold-Linden getroffenen Gegenüberstellung von Freundschaft zu Ehe und Familie unberücksichtigt, daß die Vorstellungen und internen Regeln von Freundschaft durch medial vermittelte kollektive Freundschaftsbilder außengelenkt werden.

Was sich in der alltäglichen Kommunikation immer wieder zeigt, ist eine Unsicherheit, ob man Dritten gegenüber von Freundschaft oder von Bekanntschaft sprechen soll. Die Unschärfe beginnt schon bei der `Klassifizierung´ einer Freundschaft. „`We have friends, and we have `just´ friends; we have good friends, and we have best friends. Yet such is the elusiveness of the idea of `friend´ that not even the people involved can always say which is which (Rubin (1985:7)´ (Nötzoldt-Linden ebd.: 24)."[147] Daß es gerade durch die gesellschaftlich vermittelte und praktizierte `differenzierte Freundschaft´ verstärkt zu Bedeutungsverschiebungen und Unschärfen von Freundschaft kommt, ist naheliegend, impliziert diese Art geradezu, man sollte möglichst für jede Lebenssituation einen Freund haben, der einem mit Rat und Tat beisteht. Man muß sich jedoch bei diesem Optionsmodell passender Freundschaften vor Augen führen, es verbirgt und vernachlässigt reale und gewünschte Hierarchien in und qualitative Elemente von Freundschaften, die im Prädikat der `beste Freund´ zusammengefaßt werden.

Wenn dies alles so sein sollte, dann sind folgende Zusammenhänge zwischen persönlichem Rat und freundschaftlichen Beziehungen möglich:

1. Wenn die Grenzen zwischen Freundschaft und Bekanntschaft in ihrer Beurteilung manchmal unscharf werden, dann könnte im persönlichen Rathandeln, das ja auch für eine Beziehungsbewährung steht, ein schlechter Rat zum Maßstab dafür werden, ob es sich eher um eine Freundschaft oder eher um eine Bekanntschaft handelt. Für uns besteht ein Grund zur Annahme, daß in der Regel ein `schlechter Rat´ dann zum Abbruch einer Beziehung führt, wenn es sich im Grunde genommen um eine Bekanntschaft handelt, während ein nicht so guter Rat, sofern er nicht extreme Folgen hat, nicht so ohne weiteres zu einem Abbruch einer Freundschaft führt.

2. Gewährt eine Freundschaft beim Rathandeln nicht den gegenseitigen Anspruch auf Individualität, dann, so können wir schließen, liegt es nicht am Modell Freundschaft, sondern ist zunächst stets ein singulärer Hinweis für eine situativ nicht tragfähige freundschaftliche Beziehung.[148]

---

[147] Keinesfalls aufschlußreicher ist die von Nötzoldt-Linden (1994: 24) zitierte soziologische Untersuchung von C. S. Fischer (1982), da diese aus unserer Sicht mit einem widersprüchlichen `Labeling´ von Personengruppen operiert, heißt es doch da: „Erst wenn der Begriff `close´ verwendet wurde, galt dies als Hinweis auf eine persönliche, intime Beziehung, in der man Rat sucht und die materielle Hilfe mit einschließt. Häufig traf dies auf *Verwandte* [Hervorhebung H. B.] zu."

[148] Vgl. Popitz (1987: 645) zur Anerkennung und Darstellung von Individualität in Verbindung mit der Institution Ehe: „Wird der Anspruch enttäuscht, ist zunächst nicht die Institution, wohl aber die individuelle Beziehung, die durch die Institution vermittelt werden sollte, gescheitert."

3. Gehen wir davon aus, daß in der `differenzierten Freundschaft´ ebenfalls das Gültigkeit hat, was Wegener (1987) in seinem Konzept >Vom Nutzen entfernter Bekannter< nach Laumann (1966) das „Homophilieprinzip" nennt, und dieses „besagt, daß sozial starke Interaktionen in erster Linie mit Personen, die uns sehr ähnlich sind stattfinden." (ebd.: 282)[149] Es ist für uns in der `differenzierten Freundschaft´ geradezu die zeitlich implementierte befristete Konstellation des `Ähnlichen´, die einerseits Rathandeln begünstigt, andererseits wohl aus Konkurrenzgründen leicht zu Überempfindlichkeiten führt.

*A:* Ich denke gerade an eine ganz bestimmte Person, bei der ist es unheimlich schwierig. Wenn man der nämlich einen Rat gibt, hört die gleich immer ein Kritik raus, und dann ist es schwierig den Rat so zu geben, daß sie keine Kritik raushört.

*I:* Ist es eine Person, die Ihnen sehr nahe steht?

*A:* Ich studiere halt mit ihr und sie steht mir halt in dem Punkt nahe, weil sie mir *sehr ähnlich* ist. Und dadurch weiß ich oft wie sie fühlt und spürt (I.1: Z.150ff.).

In dieser Konstellation von Ähnlichkeit der Persönlichkeitsstruktur und Statusgleichheit (Studentinnen) in einer engeren und doch zugleich offenen sozialen Beziehung, sind Handlungsbedingungen für ein Rathandeln gegeben, die einerseits ein Konkurrenzverhalten begünstigen, andererseits sind sie in Analogie zu B. Wegeners Erklärungsmodell >Vom Nutzen entfernter Bekannter<, durch ihre relative Nähe „intrinsisch nutzbringend; sie sichern Intimität, ... gegenseitige Hilfsbereitschaft ..." (ebd.: 289), so daß bei aller Ambivalenz zu erwarten ist, daß Freunde der `differenzierten´ Variante Ansprechpartner bei der Ratsuche sind und sich auf ein Rathandeln einlassen. Enge Freunde jedoch können aus nutzentheoretischer Perspektive und auf der Grundlage des „Homophilieprinzips" – so wie beides zusammen bei Wegener gesehen und formuliert wird – auf unser Thema bezogen, der Tendenz nach einen Rat „im besten Fall innerhalb des Niveaus (vermitteln), auf dem man selber steht" (ebd.: 289). Deshalb wird in dem Kontext rationaler Akteure ein freundschaftlicher Rat von vornherein weniger gesucht und vorteilhaft sein, im Gegensatz zu einem Rat der von Personen gegeben wird, die über einen höheren sozialen Status und damit über zusätzliche Ressourcen verfügen.

---

[149] B. Wegener geht in seinem Aufsatz der Frage nach, weshalb oft Freunde oder enge Vertraute nicht so hilfreich sind wie man fürs erste annimmt, wenn es um instrumentelle Handlungen geht, die „auf den Erwerb bestimmter gesellschaftlich geschätzter Güter abzielen" (ebd.: 282) und exemplifiziert es an der beruflichen Stellensuche. Er verknüpft in seinem Erklärungsmodell a) „strukturelle Handlungsbedingungen" (ebd.:282f.) mit dem b) „aus der individuellen Entscheidungstheorie hervorgegangenen Nutzen-Erwartungsmodell" (ebd.: 288f.) rationaler Akteure. Wobei Wegener bei a) von dem Axiom ausgeht, „daß der Gesellschaftsaufbau vertikal und pyramidal gegliedert ist ... . Inhaber der oberen Plätze verfügen insbesondere über ein höheres Ausmaß an Einfluß, Macht, Information..." (ebd.: 282).

Hierin könnte mit eine Teilerklärung zu sehen sein, weshalb Ratsuchende nicht ihre Freunde fragen, die ähnliche sozialstrukturelle rsp. milieuspezifische Merkmale aufweisen. In diesem Zusammenhang wird dann auch im Interview 12, die aus Ratgebersicht genannte Grenze eines freundschaftlichen Rates deutlich, wenn da gesagt wird: „Was soll ich ihm/ihr schon sagen, weiß ich doch selber manchmal nicht mehr dazu." Aber wie wir wissen, geht es beim freundschaftlichen Rat, wenn es nicht um sachliche Zweckhandlungen geht, nicht nur um ein `Mehr-Wissen´ um Antworten geben zu können.

4. Die genannten Vorteile beim Ratgeben in einer Freundschaft: ähnliche Persönlichkeitsstruktur und Interessen, emotionale rsp. räumliche Nähe, lebensgeschichtliches Wissen über den anderen, all dies beinhaltet die Gefahr, daß der Ratgeber nicht die nötige Distanz zur Sache herstellen kann und sodann Eigeninteressen und Gefühle kollidieren und sich einseitig verstärken können, so daß ein `objektives´ oder `aufrichtiges´ Rat geben nicht immer gewährleistet ist. Denn „so als Freund jetzt kann man bestimmte Sachen zu dem anderen gar nicht sagen, man ist ein bißchen eingeengt, man möchte ihn nicht verletzten (I: Mhm), oder ist schon, bedingt dadurch, daß man sich kennt, voreingenommen und nicht ganz frei in seiner Entscheidung" (I.2).

Zudem haben Nadler, Fisher & Streufert (1976) nach Bierhoff (1993: 131) auf einen unliebsamen sozialpsychologischen Hilfeeffekt hingewiesen, denn „Hilfe, die von einem ähnlichen Partner kommt, scheint zu einer Beeinträchtigung der Selbstwertgefühle beigetragen zu haben (... bei hohem dispositionellen Selbstwert.) ... Ein analoges Phänomen ist die Auslösung negativer Gefühle der Hilfeempfänger durch Hilfe in zentralen Bereichen, die von einem Freund kommt (Nadler, Fisher & Ben-Itzhak, 1983)."

Wenn für uns `differenzierte Freundschaft´ den anderen in seiner Rollenvielfalt und Personalität nur partiell wahrnimmt und kommunikative Bezüge die Tendenz zu einem pragmatischen Kalkül aufweisen,[150] dann ergeben sich für uns auf den persönlichen Rat bezogen folgende weiteren Aspekte und Fragen:

A)`Differenzierte Freundschaft´ schafft eine Distanz auf der Gefühlsebene, die Parallelen zur professionellen Beratung aufweist, so daß eine völlige Vereinnahmung fehlt und ein fast grenzenloses Beistehen unter allen Umständen nicht gegeben und eingefordert werden kann. Denn bei allem Vertrauen, welches mit der Freundschaft verwoben sein kann, sie ist beim persönlichen Rat eben nicht, wie es im Interview 1 (Z.295ff.) heißt, „die Idealform". Man ist

---

[150] Folgt man hier K. Gergens (1996: 382) theoretischem Konzept der „Verlagerung der Wirklichkeit zur Bezogenheit", dann ergeben sich auch für enge soziale Beziehungen neue Dispositive, denn: „Wenn sich die persönliche Bindung als schwierig erweist, ist die Alternative nicht die der `Freiheit´ von der belastenden Verantwortung, denn man wählt nicht zwischen Beziehung und individueller Autonomie, sondern zwischen unterschiedlichen Formen der Interdependenz."

beim Rathandeln auch keineswegs „zu selbstlos" und steht dem anderen in „jeder Situation" bei. Ein Tatbestand der nicht bedauert wird, denn „ich sage es ist einfach menschlich, daß es nicht immer so ist und daß auch mal meine Freundin genervt sein kann, wenn ich schon wieder mit demselben Problem [komme, Einf. H.B] ... Dann ist es so, weil ich genauso reagiere." Wir können deshalb *schlußfolgern*: wird unter den o.g. Anzeichen ein Rat gegeben, dann kommt es für den Ratgeber zu einer Entlastung von Verantwortung und nach unserem Dafürhalten zu einer *gegenseitigen Entpflichtung von tätiger Hilfe*.

B) Wenn `differenzierte Freundschaft´ eine größere emotionale Distanz zwischen Ratsuchendem und Ratgeber ermöglicht, dann beinhaltet dies der Idee nach für den Ratgeber die Chance, sofern er nicht selbst unmittelbar mit der ratbedürftigen Situation in Verbindung steht, einen eher unparteiischen Perspektivenwechsel vorzunehmen und einen `objektiven´ Rat zu geben. Ob sich jedoch der Ratgeber stets neutral verhält und der Ratsuchende von dieser Erwartung ausgeht und deshalb eher bereit ist eine Schwäche zuzugeben, kann wegen der an anderer Stelle schon angesprochenen Motivlagen und Interessen der Akteure (Eigeninteressen, Neid, Konkurrenz etc.) bezweifelt werden, bzw. es besteht hier noch ein weiterer Forschungsbedarf.

C) Ist zu fragen, ob die `differenzierte Freundschaft´, weil sie dem gegenwärtig weit verbreiteten Bedürfnis nach fluktuierenden Nähe- und Distanzverhältnissen entgegenkommt, nicht geradezu ihrer weiteren Instrumentalisierung Vorschub leistet? Etwas was Nötzoldt-Linden verneint. Ihrer Ansicht nach leistet sie geradezu eine doppelte „Kompensationsfunktion" (vgl. 82ff. u. 213). „Auf der Handlungsebene wirkt sie vernetzend, integrierend, stabilisierend und ausgleichend. Gleichzeitig transzendiert sie auf der Symbolebene existierende Werte und Unzulänglichkeiten der Gesellschaft." (ebd.: 83). Nötzoldt-Linden weiß aber auch, daß bei aller emphatischen Überhöhung der `differenzierten Freundschaft´, ihr „Beitrag zur `sozialen Integration´ von Individuen (ebd.: 213)" ein begrenzter ist und dennoch, auf was soll man sonst setzen? Nötzoldt-Linden bringt die mit diesem Freundschaftsmodell vorhandene `Gefahr´ und Widersprüchlichkeit selber zur Sprache, ohne sie auflösen zu können. „Weil differenzierte Freundschaft bindet ohne zu fesseln, neuen Perspektiven aufgeschlossen ist und Handlungs-, Wissens-, Sinnzusammenhänge aktiv experimentierend ausloten kann, stellt sie gerade heute einen Modus der autonomen Lebensbewältigung dar, der den anderen nicht instrumentalisiert, sondern wertschätzend mit einbezieht" (ebd.: 14). Auf der anderen Seite sieht sie die Freundschaft heutzutage in Gefahr, durch „eine Tendenz zur Vereinzelung, zum Konkurrenzdenken, zu Rationalität, einer neuen Sachlichkeit und Funktionalisierung ... . So wird etwa Treue heute, angesichts erforderlicher Flexibilität und Mobilität, sicher zum Problem. `Blindes´ Vertrauen wird zugunsten eher rationaler Transparenz und Einsicht abnehmen" (ebd.: 217). Jedoch was heißt dies für den persönlichen Rat, wenn diese Form der Freundschaft letztendlich nur funktionale Kompensationsfunktionen übernimmt, wenn freundschaftliche Beziehungen einen zweckdienlichen Charakter bekommen? Wie sieht es dann mit der Aufrichtigkeit eines Rates aus?

In K. J. Gergens (1996: 345) Analyse des `dekonstruierten´ Subjekts in der Postmoderne findet sich für unserer Thema folgender, keineswegs `quietistischer´, aber durchaus anregender Hinweis zum Weiterdenken:

„Unter den postmodernen Einflüssen wird die Aushöhlung der Aufrichtigkeit auf die Spitze getrieben. ...Wenn man vielfach bevölkert ist und unzählige Stimmen der Kultur und der Geschichte in sich birgt, gibt es keinen Ausdruck der für das Wahre steht. Und für den postmodernen Menschen *reflektieren* oder *zeichnen* Wörter nicht Geisteszustände. ...[Sie sind, Einf. H.B.] integrale Bestandteile eines laufenden Austausches. ... Man mag beteuern: "Ich bin aufrichtig", aber ein solcher Ausdruck ist nicht so sehr eine geistige Verfassung als ein Zustand der Bezogenheit" (K.J. Gergen 1996: 345).[151]

Kann unter dieser Prämisse die Freundschaft und der in ihr vermittelte Rat überhaupt noch einen Gegenentwurf zu den subjektiv erlebten Krisen der Gegenwartsgesellschaft bilden? Kann es hier im Sinne Foucaults (1985;1988) zu einem freundschaftlichen *Wahrsprechen* kommen? Wir können hier keine Antwort geben, sondern nur vermuten, daß eine Freundschaft, deren Elexier ein `Wahrsprechen´ ist, wohl eine signifikante Differenz in der kommunikativen Vermittlung des persönlichen Rates zu den weitverbreiteten zweckdienlichen `differenzierten´ Freundschaftsbeziehungen aufweisen wird.

---

[151] Was für Gergen (1996: 345) auch immer die „speziellen Arten" sein mögen, „in denen Aufrichtigkeit als lebendige Wirklichkeit unterminiert wird ... . Jede hat ihren Ursprung in den Technologien der sozialen Sättigung." Vgl. hierzu auch Luhmanns (1995: 50f.) Postulat einer Nicht-Kommunizierbarkeit von „Identität, Authentizität, ... Orginalität im Sinne von Einzigartigkeit und Unvergleichbarkeit", die als „Differenzbegriffe" problematisch werden, da sie für die Gesellschaft „...Kontrastformen (sind), in denen sie *ihre Hoffnungslosigkeit, ihre Auswegslosigkeit, ihre Realität vor sich selber verbirgt.*" Dadurch „(gerät) die Unterscheidbarkeit von Aufrichtigkeit und Verstellung ... selber ins Wanken."

## 5.8 Persönlicher Rat und sein Beitrag zur Gestaltung und Klärung von sozialen Beziehungen

### 5.8.1 Ratsuche und Ratgeben in passagèren Kontakten und die mögliche Stiftung von Beziehungen

Wer kennt sie nicht durch eigene Erfahrung oder hat zumindest davon gehört bzw. darüber gelesen, die Reisebekanntschaft, in der Intimitäten ausgetauscht werden. Zufällige, flüchtige anonyme Begegnungen, Kontakte mit *Fremden* in öffentlichen Verkehrsmitteln, in Gaststätten etc., die ein Höchstmaß an unverbindlicher Offenheit und Freistellung von Verpflichtungen gegenüber dem Anderen gewähren können. Kontakte, die die Freiheit bieten, auf gut Glück ein Gespräch führen zu können und die die Möglichkeit beinhalten, nach belieben das Gespräch abzubrechen. Wo es angesichts der Gunst der Stunde „dann plötzlich überschäumt aus einem. ... da ist ein nettes Gesicht das plötzlich lächelt, da kann man anfangen zu erzählen ... von den Enkeln, die so schwierig sind, oder was weiß ich" (I.6: Z.320/338ff.). Schon G. Simmel (1968: 502) hat auf die vertraulichen Gespräche von Reisebekanntschaft hingewiesen, so wie überhaupt der `Fremde´[152], bei aller Reserve, die man fürs erste gegen ihn haben kann, ein Intimus auf Zeit und Katalysator für Problemlösungen sein kann.

In unseren Interviews spiegelt sich notabene die positive Bedeutung des Fremden als Ratgeber wider. So z.B., wenn der Gesprächspartner im 2. Interview die Meinung vertritt, man könne sich gegenüber einem Fremden oft viel freier äußern als gegenüber einem Freund, denn da „(ist) man ein bißchen eingeengt, man möchte ihn nicht verletzen". Oder wenn derselbe an einer anderen Stelle zunächst betont, einem zufällig Fremden würde er sich eher nicht anvertrauen, dann aber von einem Gespräch berichtet, wo er selbst in der Rolle eines Fremden zusammen mit seinem Freund, aus seiner Sicht, zu einem wichtigen Ratgeber für eine ihnen unbekannte Frau mit einem Partnerproblem werden konnte.

Es sinkt in zufälligen Kontakten mit Fremden scheinbar nicht nur die Hemmschwelle sich zu offenbaren, sondern es ist gleichfalls damit zu rechnen, daß aufgrund einer erhöhten gesellschaftlichen Mobilität, sich zunehmend mehr Möglichkeiten bieten, in diesen zufälligen Konstellationen direkt oder indirekt Rat zu suchen und Rat zu geben. „ Speziell war's so, ich saß in der S-Bahn und hatte ein Aufgabenblatt vor mir und da sagte plötzlich die Frau neben mir: „Das ist viel zu schwer!", sie kennt das. Ich guck sie an. „Sie studieren doch

---

[152] So ist denn bei G. Simmel (1968:502) zu lesen: „man offenbart sich dem Nächsten und dem Fremdesten, während die dazwischenstehenden Schichten den eigentlichen Ort der Reserve bilden."

bestimmt [Fach]?!" Sag' ich „ja". Dann hat sie gesagt: „Sehen Sie, vor zwanzig
Jahren habe ich das auch schon gemacht." So sind wir ins Gespräch gekommen." Und in diesem Gespräch wurde unter anderem auf einen besonderen Examensabschluß hingewiesen, von dem die Studentin noch nichts
wußte. „Und sie hat mir den Rat gegeben, ich sollte doch einmal an der
Referendariatsstelle nachfragen. ...Und diesen Rat werde ich befolgen (*A.* und
*I.* lachen)" (I.1: Z. 318ff.).

Nestmann (1987) sieht in passagèren Beziehungen gleichfalls ein großes
Potential für *Alltagsberatungen.* Wobei er jedoch besonders an die „natürlichen
alltäglichen Helfer aus kontaktintensiven Berufen" (ebd.: 279) denkt. Der *Vorteil*
dieses Personenkreises besteht für ihn, im Gegensatz zur professionellen Hilfe,
– die mit pekuniären Kosten, mit terminierter Zeit verbunden ist – und im
Gegensatz zu „engen und dichten Bezügen" (Ehepartner, Freunde, Eltern, Verwandte) mit ihren Sanktionen und `Stigmatisierungsgefahren´ bei Verletzung
von Gruppennormen oder ihrer erhöhten unausweichlichen sozialen Kontrolle,
lebensweltlich praktisch gesehen in einer „geringere(n) Abgehobenheit ...[und,
H.B.] der grösseren Distanz von primärer Enge." (ebd.: 291f.)[153] Neben den
Vorteilen alltagspraktischer Beratungen durch Dienstleister, steht auf der Kehrseite der Medaille: „Gefahr von Pragmatismus, Heuchelei und nur scheinbarer
Zuwendung, wo eigene Geschäftsinteressen, konkurrierende Serviceanfor-
derungen etc. die Hilfeprozesse überformen" (ebd.: 292).

Grundsätzlich kann nicht ausgeschlossen werden, daß direktes oder indirek-
tes Ratsuchen und Ratgeben als ein Vorgang in zufälligen Kontakten, auf privater Ebene – wenngleich wohl weniger bei dem von Nestmann genannten
Personenkreis – zum Auslöser für weiterführende Gespräche werden können,
die über einen einmaligen zwischenmenschlichen Kontakt hinausgehen. So ist
denn auch  in L. v. Wieses (1959: 74) >Beziehungssoziologie< zu lesen: „Im

---

[153] Was die Vorteile alltagspraktischer Beratungen durch Dienstleister im Unterschied
zu professionellen Helfern oder Helfern in engen sozialen Beziehungen betrifft, so
lassen sich Nestmanns (ebd. 291f.) weitere Ausführungen zu bestehenden Differenzen wie folgt zusammenfassen:
- Auszuhandelnde Hilfebeziehungen „statt Pflichtgefühl als Hilfsursache/motiva-
tion und Schuldgefühl als Folge von Hilfeerhalt ..."
- Eine „tendenzielle Folgenlosigkeit der Problemansprache ..."
- Der Hilfesuchende hat Einfluß auf „den Grad der Intensität gemeinsamer Problembewältigung ... und kann nach der Entscheidung zur Hilfesuche auch noch
entscheiden, ob eine spezifische Unterstützung z.B. Rat, Hinweise, Interpreta-
tionshilfe etc. angenommen und befolgt wird oder nicht."
- „Die Offenheit der Konstellation und der niedrige Verpflichtungscharakter erhöht
die Möglichkeit zur Spontaneität und zu ungeschützter Offenheit im Problem-
zugang für die Betroffenen."

Kontakte liegen noch beide Möglichkeiten, der Weg des Zueinander und der des Auseinander, verborgen."

Ob nun ein `guter´ Rat in einer zufälligen Alltagsbegegnung schon ausreicht für die Weiterführung eines Kontaktes hin zu einer Beziehung, kann hier nicht abschließend beantwortet werden, es gibt zumindest im Interview 1 (Z. 332ff.) einen Hinweis, daß dies unter bestimmten Bedingungen nicht unmöglich erscheint. Der persönliche Rat kann immer nur einen Impuls setzen, alles weitere bedarf neben dem Tatbestand, daß Raum, Zeit, Alter und Status der Personen nicht eine unüberwindliche Grenze darstellen, zusätzlich einer inneren Gestimmtheit für die Aufnahme einer `Beziehungsarbeit´, oder um es mit Simmel ((1908) 1968: 552) zu sagen: „Es gehört zu den feinsten Aufgaben der Lebenskunst, die Werte und Zartheiten, die sich zwischen Persönlichkeiten in einer gewissen Distanz bzw. Seltenheit des Zusammen entwickeln, in ein Nahverhältnis hinüberzuretten."

### 5.8.2 Ratsuche und Ratgeben als ein Zeichen für ein Interesse am Erhalt einer bestehenden Beziehung

Der Personenkreis, der unter dem Begriff der *Primärbeziehungen* zusammengefaßt wird, muß, da die Alltagsstruktur nach J. Bergmann (1994: 215) bei A. Schütz (1972: 75) keine „kontinuierliche primäre Face-to-Face-Beziehung" zuläßt, für die Aufrechterhaltung und Lebendigkeit ihrer Beziehungen einiges tun.[154] Dafür eignen sich nach J. Bergmann (ebd.: 216f.) besonders „kommunikative Formen des sozialen Gedächtnisses", wie zum Beispiel die „kommunikative Großform der Klatsch" bis hin zur „kommunikative(n) Kleinform der Übermittlung von Grußbotschaften."[155] Wir sehen nun in der Bitte um einen Rat einen annähernd vergleichbaren sozialen Tatbestand gegeben. So wie Telefonanrufe demonstrieren können, daß man an den Anderen denkt – indem man z.B. nach dem Befinden des Anderen fragt –, und die nach Bergmann (ebd.) im Sinne Goffman's „`Aufrechterhaltungsrituale(.)´" sozialer Beziehungen darstellen, so leistet die persönliche Bitte um einen Rat für uns Vergleichbares, wenngleich der Vorgang auf einem umgekehrten Vorzeichen beruht, da zunächst

---

[154] Auch wenn eine Unterbrechung stets gegeben ist, so verfügen die *Primärbeziehungen* über den Vorteil, daß sie nach A. Schütz (1972: 75), so Bergmann (1994: 215): „`institutionalisierte Situationen (sind), die es ermöglichen, die unterbrochene Wir-Beziehung wieder herzustellen, und sie dort wieder aufzunehmen, wo sie das letzte Mal abgebrochen wurde.´"

[155] „Bezüglich des Alltagswissens stellt der Klatsch ein SdNW [System des Nicht-Wissens, Einf. H. B.] dar, da, wie Jörg Bergmann (1987) gezeigt hat, die sozialen Regeln des nicht-weiter-Sagens, des von-nichts-etwas-Wissens u.s.w. symbolisch aufrechterhalten werden." (G. Lachenmann 1994: 291)

derjenige, der das Gespräch initiiert, von einem bestimmten Anderen etwas will. Nun kann aber sowohl die Vortäuschung einer Ratsuche (um z.B. ins Gespräch zu kommen, um eine Meinung zu hören) als auch eine ˋechteˊ Ratbitte (wegen einer realen ratbedürftigen Situation) in einer bestehenden Beziehung einen Aufforderungscharakter haben, der nicht von dem Gedanken getragen wird: „Ich denke nicht an dich, weil du ein guter Ratgeber bist", sondern weil das Motiv im Vordergrund steht, sich selbst in Erinnerung zu bringen, frei nach dem Motto: „Du sollst an mich denken und dich mit mir beschäftigen". Das ˋsich in Erinnerung bringenˊ durch eine Bitte um einen Rat, kann aus Sicht des Ratsuchenden zugleich eine Vergewisserung darüber sein, anerkennt mich der Andere noch, wenn es mir nicht so gut geht, „daß ich spür', der schätzt mich noch wert, der traut mir noch eine Entwicklung zu" (I.8). Ein Vorgang, der durchaus zu einem Prüfstein für die Tragfähigkeit einer bestehenden Beziehung werden kann. Der Ratgeber wiederum hat die Möglichkeit durch sein Ratgeben zu demonstrieren, daß er ein Interesse am Ratsuchenden hat, daß ihm die Beziehung wichtig ist und er kann durch einen ˋgutenˊ Rat für sich selbst die Chance erhöhen, positiv im Gedächtnis des Ratsuchenden zu bleiben. Dieses ˋsichˊ oder ˋetwas in Erinnerung zu bringenˊ durch eine Bitte um einen Rat oder durch das Geben eines Rates, kann durchaus als eine Ausdrucksmöglichkeit zum Beziehungserhalt in engen sozialen Beziehungen verstanden werden.

### 5.8.3 Von der Modifikation bis zur Beziehungsauflösung

Entspricht der Ratgeber im Rathandeln und im Ratgeben den Erwartungen des Ratsuchenden und kann der Ratgeber auch für sich selber sagen, da habe ich mich nicht in etwas hineinziehen lassen, oder dies war kein Gefälligkeitsrat für den Ratsuchenden, dann spricht vieles dafür, daß dadurch eine schon bestehende Beziehung erneut eine gegenseitige positive soziale Anerkennung erfährt und gefestigt wird. Nun ist aber vorstellbar, daß ein bestehendes Beziehungsverhältnis durch die Wechselwirkungsform des persönlichen Rates eine negative Veränderung erfährt, die unter Umständen bis zu einer Beziehungsauflösung reichen kann. Sehen wir uns dazu einige *Varianten* an, so wie sie in den Interviews zur Sprache kommen:
1) Offensichtlich gehört der schon an anderer Stelle genannte ˋungebetene Ratˊ dazu. Dieser führt selbst dann, wenn er der Sache nach richtig sein mag, mit einer großen Wahrscheinlichkeit zu einer eher negativen Neueinschätzung einer bislang positiv gefärbten bestehenden Beziehung.
2) Wenn ein Ratgeber eine schon bestehende Position beim Ratsuchenden nicht bestätigen möchte, weil er z.B. die Situation ganz anders sieht, oder weil

er ein unbequemer Ratgeber ist, der gerne die `Wahrheit´ zur Sprache bringt und/oder non-konforme unkonventionelle Ansichten äußert, die dem bisherigen `bequemen´ Weg des Ratsuchenden zuwiderlaufen und er sich ändern müßte, wozu er aber im Augenblick noch nicht bereit ist, dann kippt der Ratsuchende vielleicht die bestehende Beziehung, um sich nicht weiteren unangenehmen Fragen stellen zu müssen.

3) Der Ratsuchende anerkennt und befolgt nicht den Rat des Ratgebenden, der vielleicht sogar noch zusätzlich konkrete Hilfe leistet, mit der Folge, daß der Ratgeber sich nun aus Enttäuschung zurückzieht und die Beziehung vorerst `auf Eis legt´.

4) Der Ratgeber gibt einen `schlechten´ Rat, weil er z.B. die ratbedürftige Situation, die ratbedürftige Person und die damit beteiligten Personen, sowie das gesamte Umfeld oder die Folgen nicht richtig eingeschätzt hat. „Es kommt z.B. vor, daß irgend jemand also zu einer Beziehung sagt: „Hör mal zu, so wie das bei euch aussieht, ihr müßt euch trennen!" Und die gehen dann nachher wieder zusammen, dann ist man erledigt, also für dieses Paar ist man erledigt, das ist klar" (I.11: Z.192ff.). Dieses Beispiel darf jedoch nicht zu der Verallgemeinerung verleiten, ein `schlechter´ Rat führe stets zum Abbruch einer Beziehung. So wird im Interview 8 geäußert, es liege zunächst nahe, „daß die Beziehung dann etwas unterkühlt oder abgekühlt wird, (-) aber man könnte sich noch einmal zusammensetzen." Und im Interview 2 wird berücksichtigt, aufgrund welcher Randbedingungen und `inneren´ Haltung des Ratgebers es bei einem guten Bekannten zu einem schlechten Rat kam.[156] Deshalb ist es für uns wichtig, bei Variante 4) folgendes mit zu bedenken:

a) Hat der Ratgeber den `schlechten´ Rat mit all dem ihm zur Verfügung stehenden Wissen nach bestem Gewissen gegeben und konnte deshalb kaum etwas anderes sagen?

b) Hat er ihn fahrlässig gegeben? Und in diesem Zusammenhang ist dann weiterhin zu fragen: Welche Folgen hat der Rat für den Ratsuchenden letztlich, falls er ihn befolgt?

---

[156] *I:* Angenommen, Sie würden ihm einen schlechten Rat geben. ...Würde sich in Ihrer Beziehung etwas ändern?
*B:* Je nachdem, wenn es wirklich ein schlechter Rat war, dann könnt' es schon passieren, denk' ich. Wenn's negative Folgen hat, dann ist derjenige sicherlich mal negativ auf mich zu sprechen, aber es kommt darauf an. Ich denk' so allgemein kann man das nicht sagen. Wenn ich meinen Rat jetzt so für mich abgeben habe, nicht aus Boshaftigkeit, sondern wirklich davon überzeugt war, diesen Rat zu geben, dann kann mir der andere nicht unbedingt böse sein (*I:* Mhm). Aber wenn es schwerwiegend ist, ändert's sich vielleicht dann, ja. Wenn man meint, es war so ein fahrlässiger Rat, also so einfach `ins Blaue´ rausgeschossen, und er hat sich dann danach gerichtet und hat dann irgendwelche negativen Konsequenzen erfahren, könnte ich mir schon vorstellen, daß das dann einen Bruch tut.

c) In welchem Beziehungsverhältnis stehen Ratsuchender und Ratgebender zueinander?

d) Um was für eine ratbedürftige Situation handelt es sich?

5) Wenn sich herausstellt, daß der Ratgeber trotz besseren Wissens `unaufrichtig´ Rat gegeben hat und somit einen `Verrat´ am Ratsuchenden begeht, dann ist der Schritt zu einer Beziehungsauflösung seitens des Ratsuchenden schnell getan.

6) Selbst ein `guter´ Rat kann zu einer Belastung in Beziehungen werden, denn: „Wenn jetzt der Rat gut war, ist das Naheliegende vielleicht, daß die Beziehung sich festigt oder sich verbessert, aber vielleicht ist es durchaus 'ne einseitige Sache, daß also der Ratgeber in Zukunft sich nicht mehr zurückhalten kann. Wenn er einmal um Rat angefragt wurde, dann denkt er sich, ich muß es bei dem oder der machen, (-) und dann wird die Beziehung wieder schlechter" (I.8).

Wir konnten aufgrund der begrenzten Datenlage nur annähernd die Beeinflussung von sozialen Beziehungen unter der Form des persönlichen Rates ansprechen. Wir sind jedoch dennoch der Auffassung, hier auf einen bedeutsamen Aspekt aufmerksam gemacht zu haben, der es wert ist, in einer weiterführenden Arbeit erneut aufgegriffen zu werden. Die Aufgabe könnte darin bestehen, die hier schon angesprochenen `Variationen´ genauer zu untersuchen, weitere herauszufinden und in Erfahrung zu bringen, ob bestimmte persönliche Ratarten signifikant in Abhängigkeit von geschlechts-, generationen-, milieuspezifischen Merkmalen auftreten und auf welche Weise sie soziale Beziehungen beeinflussen, bzw. ob vergleichbare Ratschläge zu vergleichbaren ratbedürftigen Situationen bei unterschiedlichen Graden sozialer Beziehungen, eine unterschiedliche Wirkung auf eine bestehende soziale Beziehung haben.

# 6. Zusammenfassende Diskussion und weiterführende Gedanken

Wir können bislang mit Blick auf den persönlichen Rat als einer genuinen Form des Alltagslebens festhalten: es gibt für einen persönlichen Rat nicht `die´ ratbedürftige Situation, es gibt nicht `den´ Ratsuchenden und `den´ Ratgeber und es gibt nicht `den´ persönlichen Rat schlechthin, sondern persönlicher Rat als eine gesellschaftlich sich wandelnde soziale Ausdrucksform zeichnet sich gerade in der alltäglichen Praxis durch seine Vielgestaltigkeit aus und entzieht sich einer eindeutigen Definition. Dabei kann seine Unschärfe für die Interagierenden zugleich seine Stärke sein. Und dennoch, die Vielfalt und Unschärfe des Rates ist keine beliebige, sondern hat in seiner individualistischen Konstruktion und Vermittlung eine soziale Bindungs- und Verweisstruktur. Um darüber mehr Klarheit zu gewinnen, lautete in unserer Studie deshalb eine zentrale übergeordnete Frage: worin bestehen gesellschaftlich bedingt die grundlegenden verbindenden `Klammern´, die dem persönlichen Rat im Alltagsleben nach wie vor eine Attraktivität geben, die seine Stärke, aber auch seine Grenzen mitbestimmen? Eine Frage, die immer auch auf dem abgrenzenden Hintergrund der professionellen Beratung reflektiert und analysiert wurde, ohne jedoch in der professionellen Beratung von vornherein eine uneingeschränkte Referenzgröße zu sehen.

Was das Verhältnis von professioneller Beratung und persönlichem Rat betrifft, so lassen die qualitativen Daten unserer Untersuchung keineswegs den verallgemeinernden Schluß zu, persönlicher Rat sei weniger `wertvoll´ als professionelle Beratung, wird seine positive Bedeutung doch in ganz anderen Handlungszusammenhängen gesehen und gewonnen. Wir haben bei der Form des persönlichen Rates, neben seiner Problemlösefunktion im Alltag, die vordergründig unstrittig gesehen, aber nicht von allen geteilt wird, darüber hinaus folgendes feststellen können: Persönlicher Rat ist in seiner Begrifflichkeit und in der Alltagspraxis ein vielschichtiges bzw. `überdeterminiertes´ soziales Phänomen, denn er bietet als eine nicht-institutionalisierte gesellschaftliche Wechselwirkungsform Ratsuchenden und Ratgebenden die Möglichkeit, Motive und Interessen zu aktualisieren und zu realisieren, die über eine rein rationale Problemlösung in einer ratbedürftigen Situation hinausgehen können, die aber nicht losgelöst von dem zu betrachten sind, was Bourdieu (1998) Habitus nennt. Es wäre jedoch ein falsches Habitusverständnis und ein Irrtum zu glauben, persönlicher Rat gewönne allein durch eine habituelle Gebundenheit der Akteure an ihre spezifischen Sozialräume und dem damit verbundenen gemeinsamen Sonderwissen und den intern geltenden Spielregeln, eine präformierte interaktive und inhaltliche Vermittlung, mit der Folge, hinlängliche partikulare Aussagen für soziale Gruppen zu erhalten. So kommt es insbesonders bei den von uns befragten BeraterInnen und SeelsorgerIn, in Abhängigkeit von den jeweiligen ratbedürftigen Situationen, trotz gleicher struktureller Zugehörigkeit und ähnlicher geistiger Verbundenheit zu *sozialen Feldern*, zu einer unterschiedlichen Praxis der Ratsuche und des Ratgebens, sowie zu `bezugsgruppeninternen´ unterschiedlichen Zuschreibungen von Bedeutungen und Wertschätzungen des Rates.

Des weiteren können wir in der Trennung von `Rat und Tat´ und in dem Wechselspiel von persönlicher Ratsuche und Ratgeben als einer Form der sozialen Anerkennung und Gestaltung von sozialen Beziehungen – einschließlich eines neuen Autoritätsverständnisses – durchaus Indikatoren für strukturelle Wandlungsprozesse auf der Ebene von sozialen Beziehungen sehen. Gleichfalls spricht einiges in unserer Studie dafür, den persönlichen Rat in der Gegenwartsgesellschaft zukünftig weniger unter dem Hilfebegriff zu subsumieren und zu diskutieren, sehr wohl aber verstärkt soziale und individuelle Kontrolle beim Rathandeln unter Individualisierungs- und Individualitätsaspekten mitzudenken. Dabei ist zu überlegen, ob persönlicher Rat nicht zu einem abgrenzenden Begriff gegenüber der sozialen Hilfe und zu einer Ausdrucksform vielfältiger individualistischer Interessen geworden ist, die aber nicht ausschließlich rational begründet werden können, mit der Konsequenz, die soziologische Analyse des persönlichen Rates nicht alleine auf der Basis von *sozialen Netzwerkanalysen* oder einer *Rational-choice-Theorie* durchzuführen.

Von den Teilergebnissen wie den eben genannten und anderen – die wir jetzt nicht noch einmal im Einzelnen anführen wollen –, die in ihrer Schlußfolgerung und Summe zu einem neuen persönlichen Ratverständnis führen, wollen wir abschließend auf der Grundlage von generierten Thesen bzw. offenen Fragen diejenigen andiskutieren, die besonders zum Widerspruch herausfordern oder die zusätzliche neue Perspektiven eröffnen, die aber in einer weiteren Arbeit noch einer weiterführenden soziologischen Analyse und Diskussion bedürfen.

***These 1:*** *Persönlicher Rat kommt der gesellschaftlichen Vorgabe einer individuellen Temporalisierung und Ökonomisierung von Erfahrungs- und Handlungsräumen in Grenzen entgegen.*

Unsere Untersuchung hat gezeigt, persönlicher Rat wird, wenn die ratbedürftigen Situationen in einem Zusammenhang mit einem sachlichen Problem stehen, wenn es also um ein technisches Handeln bzw. ein artifiziell bedingtes Handeln geht (Geld, Garten anlegen etc.), gerne nachgefragt und auch gegeben. Es scheint, daß ein Rat bei sachlichen Problemstellungen, der informativ ist oder ein konkretes Wissen zur Anleitung für zu habitualisierende Fähigkeiten und Fertigkeiten bietet und weniger auf zu reflektierende Erkenntnisse zielt, der mehr die praktische Urteilskraft des Ratsuchenden durch erfahrungsbezogene

Gedanken denn durch spekulative stärkt, daß solch ein Rat für den Ratsuchenden besonders gute Möglichkeiten bietet, ein aufwendiges `trial-and-error-Handeln´ zu reduzieren und die Qualität des Rates unmittelbar zu überprüfen. Weitgehend ungeklärt bleiben mußte noch, ob und wann Rathandelnde bei lebenspraktischen Fragen die Erfahrungs- und Handlungsökonomie in den Vordergrund stellen und wann ihr Rathandeln stärker von den Motiven der sozialen Anerkennung, des Kommunikationsbedürfnisses etc. geleitet wird, oder ob im Rat verstärkt ein nützliches Impuls- und Reflexionsmedium gesehen wird.

Betrachtet man nun das Verhältnis *professionelle Beratung* und *persönlicher Rat* unter den Gesichtspunkten einer Handlungsökonomie und -ökologie, so bietet die Alltagswelt per se viele raum-zeitliche Zugangsmöglichkeiten der Ratsuche und des Ratgebens – und seien sie auch bewußt arrangiert – um über ein `brennendes´ Problem dann zu sprechen, wenn es akut ist. Im Gegensatz dazu kommt psychosoziale Beratung, sieht man einmal von der Telefonseelsorge ab, oft erst dann zum Zuge, wenn es zu einer unerträglichen Zuspitzung der ratbedürftigen Situation gekommen ist, oder wenn sich das Problem vielleicht schon überholt hat. Selbst nach einem sofort eingeräumten Erstgespräch, wird nicht selten eine unmittelbare Fortsetzung von Gesprächen durch eine Warteliste gebremst, oder der Ratsuchende muß einige Anläufe unternehmen, bis er die seiner Situation und Person entsprechende Beratungsinstitution/Praxis findet.

Weil nun unsere Gesellschaft eine schnellebige und auf einen sichtbaren Erfolg ausgerichtete ist, kann eine Ratsuche angesichts `echter´ Ratsituationen kaum von vornherein auf eine innere Haltung aufgebaut sein, die lautet: „Kommt Zeit, kommt Rat". In den Fällen, in denen sich ein Ratsuchender eine Antwort, eine konkrete Lösung verspricht, weil ja Probleme auch da sind um gelöst zu werden, erhofft sich der Ratsuchende beim persönlichen Rat, durch unmittelbare Zugänge zu einem Ratgeber und expliziter Ratinhalte, nicht selten zuzüglich zu einer psychischen Entlastung, eine Zeit-, Erfahrungs- und Handlungsökonomie. Nestmanns (1984: 55) Ergebnisse in seiner Befragung von >Taxifahrer als alltägliche Helfer< zeigen vergleichbares auf. „Der Einmalkontakt spricht aber auch für die Wichtigkeit des schnellen Zugangs, der möglichen spontanen Entscheidung, Rat zu suchen, der direkten und unkomplizierten Erreichbarkeit in Krisensituationen sowie für den hohen Stellenwert des `Sich-nur-mal-aussprechen-Könnens/Wollens´, ohne Eingehen einer verbindlichen oder zwangsläufig dauerhaften Beratungsbeziehung." Demgegenüber gehorchen Beratungsinstitutionen, nach unserer Kenntnis, weniger dem Gesetz des `Tempos´ und des geringen persönlichen `Einsatzes´ der Ratsuchenden.

Es gibt noch einen anderen Indikator, warum persönlicher Rat als ein vielgestaltiges, sich inhaltlich stets veränderndes narratives Alltagsphänomen einem institutionalisierten System von Beratung möglicherweise überlegen sein kann. Er weist eine `fluxe´, nicht institutionalisierte Struktur auf, die es ihren Trägern (den Menschen in ihrem Lebensalltag) ermöglicht, an beliebigen Orten, schnell, überraschend und unkonventionell zu reagieren. Für uns kommt beim professionellen Beratungssystem in einem noch viel stärkeren Ausmaß als bei der Form des persönlichen Rates zum Ausdruck, was Hondrich (1983: 39) insgesamt für das Verhältnis von Bedürfnissen und Werten in sozialen Systemen konstatiert: „die Tatsache, daß soziale Systeme und die auf sie bezogenen Werte sich in einem anderen, langsameren Zeitrhythmus ändern als Menschen und die auf sie bezogenen Bedürfnisse, sorgt dafür, daß zwischen Bedürfnissen und Werten eine Spannung bleibt."

Man kann nun provokant die *zusätzliche These* formulieren: *Weil das System professionelle Beratung, den sich schnell wandelnden Bedürfnissen und Problemen des Alltags hinterherhinkt, wird aus der Not keine Antworten geben zu können, eine Programmtugend elaboriert, die da offiziell lautet: der Klient ist sein eigener `chairman´ und Problemlöser im Beratungsprozeß. Jedoch im Grunde ist er im `Beratungs-Diskurs´ ein Geführter innerhalb eines etablierten gesellschaftlichen Ordnungssystems.*

Kurzum, persönlicher Rat, insbesondere bei sachlichen Problemstellungen, steht einer Rationalisierung und Temporalisierung gesellschaftlichen Handelns nicht entgegen, vorausgesetzt er gibt durch die Praxis geläuterte und befriedigende Antworten, die zum individuellen Vorteil gereichen. Auf der anderen Seite zeigt sich: emotionale und psychodynamische Faktoren bremsen eine zu krude Transformation von Prinzipien einer „ökonomischen Ökonomie" (Bourdieu 1992: 117). Prinzipien, die zum Teil auch in Widerspruch stehen zu unserer *2. These:*

*Wenn in der Gegenwartsgesellschaft das Bewährte das Zukünftige nicht mehr bestimmt, dann gibt es auch die Chance, daß statt einfacher Antworten dialogische Alltagsberatungen stattfinden, die die Autonomie der interagierenden Subjekte stärker beachtet.*

In unserer Befragung zeichnet sich unverkennbar ab: es ist in unserer Gesellschaft zunehmend schwerer geworden, auf Fragen zur individuellen Lebensgestaltung oder auf Sinnfragen eindeutig und verbindlich zu antworten, aber es wird auch nicht immer erwartet. Und bei aller Reserve, die gegenüber einem `expliziten´ persönlichen Rat angesichts komplizierter gesellschaftlicher Verhältnisse gezeigt wurde, kann dennoch folgende *Hypothese* formuliert werden: *Wenn* es allgegenwärtig eine *Informalisierung* von Gefühlen gibt und das verstärkte Bedürfnis ratbedürftige Situationen zu artikulieren, was zusammenfällt mit einem Verlust eindeutiger und verallgemeinerungsfähiger Maßstäblichkeiten bei konfligierenden lebenspraktischen Fragen im Alltagsleben, weil das Bewährte das Zukünftige nicht mehr bestimmt, *dann* ist dies nicht nicht nur schlecht, weil dies die Chance fördert, den persönlichen Rat nicht auf einfache Antworten zu reduzieren, sondern daraus eine Orientierung hin zu `echten´ Ratgesprächen/Dialogen in Alltagsberatungen erwachsen kann. Und was den Wert von Gesprächen betrifft, so können diese nach Stierle (1984: 301) zu einer „Kontinuität wechselseitiger Zuwendung" führen.

Aus der oben genannten Hypothese leitet sich zugleich ein neues Verständnis von persönlichem Rat ab, welches die Autonomie der interagierenden Subjekte stärker beachtet und dem Fragmentarischen sein Eigenrecht gibt.[157] In diesem Kontext sieht denn Tretzel (1991: 176) auch die größte Schwäche der gängigen Ratgeberliteratur in Sachen Lebensfragen. Hier wird eine Vorstellung vom eigenen Selbst verkauft, welches als ein „immer glückliches, mit sich völlig im Einklang stehendes und trotz aller Widersprüche eindeutiges Selbstbild `am Horizont' thront." Dagegen die Bejahung des Fragmentarischen, der Narration vor der Abstraktion, der `Chose humaine', hängt auch mit einem neuen Verständnis und einer neuen Wertschätzung des Alltags, des Alltäglichen zusammen.

Alltag ist nicht nur Konvention und Kontiniutät. Es würde sich nach Maffesoli (1989) um eine Vereinfachung handeln, wenn man meinte, das Alltägliche wäre „synonyme de rétrécissement sur l`individuel ou de retour du narcissisme". Besonders dann nicht, wenn „les projets politiques ou économiques ne fassent plus recette" (ebd.: 142). Und derselbe weiter: „Dès lors il est nécessaire des se mettre à la recherche de la `centralité souterraine', de cette société au noir, de cette société civile..." (ebd.: 140). W. Schmid (1992) weist gleichfalls auf die Bedeutung des Alltäglichen, des Alltags, in Foucaults Entwurf zur *Lebenskunst* hin, als ein „Ort des Anderslebens" (ebd.: 24), des Widerständigen, oder verweist (ebd.: 22) auf das >Abenteuer gleich um die Ecke< von P. Bruckner und A. Finkielkraut, so daß Alltag als ein Ort verstanden werden kann, wo „das Ereignis des Anderen ... täglich aufs Neue hereinbricht und anbricht" (ebd.: 25).[158]

Wenn sich das Alltägliche nicht institutionell vereinnahmen läßt und seine Bewegungs- und Ausdrucksformen ein `Sowohl-als-auch', ein `Dazwischen', aber auch ein `Entweder-oder', Gleichgültigkeit v. Engagement, Anpassung v. Widerstand, ein `Sich-durchlavieren', `Sich-behaupten etc. kennzeichnet, dann

---

[157] Vgl. hierzu aus theologischer Sicht z. B. H. G. Heimsbrock (1996: 338): „Vielmehr enthält das Moment des Fragmentarischen, wie Henning Luther gezeigt hat, im "Verzicht auf erschlichene Ganzheit" gerade auch produktive Valenzen im Umgang mit den Brüchen und den Krisen des Lebens, die in seelsorgerlicher Arbeit unverzichtbar sind."

[158] „Interessant wird das Abenteuer des Alltags dort, wo Techniken der Existenz entwickelt werden: die Selbsterziehung zu steter Beweglichkeit, zu Mobilität und variabler Lebensweise; die Entschlossenheit, sich nicht auf vorgegebene Regeln einzulassen; die Gewitztheit, die Initiative immer dort zu ergreifen, wo es keiner erwartet; die Fähigkeit, lange auszuharren und doch schnell zu agieren, Spannungen zu ertragen und im rechten Moment die Fronten zu durchkreuzen. ... Nicht irgendwelcher Sinn oder Zweck steht im Vordergrund, sondern die existentielle Aktion" ( W. Schmid 1992: 22f.).

ist persönlicher Rat im Einzelfall jedesmal neu auf diesem Hintergrund zu sehen und einzuschätzen. Aber dies beinhaltet zugleich, man darf grundsätzlich nicht zuviel von den ratgebenden Akteuren im Alltag in Sachen persönlicher Rat erwarten, aber es kann genausowenig ausgeschlossen werden, daß sie in außergewöhnlichen Lebenssituationen, die außergewöhnliche Antworten oder manchmal ganz `einfache´ verlangen, durch ihren `Rat´ Möglichkeiten aufzeigen, wie es gelingen kann im Rahmen verbürgter Sicherheiten zu bleiben, oder wenn nötig und vorteilhaft, den Rahmen von Konventionen zu überschreiten. Letzteres schließt Sanktionen Dritter nicht aus, die der Ratsuchende jedoch abfedern kann, wenn der unkonventionelle Rat das Ergebnis einer gegenseitigen Verständigung mit einem Ratgeber ist.

So wie sich das Alltagsleben einmal vielgestaltig und ein anderes Mal eindimensional zeigt, so ist dieses Spektrum im persönlichen Rat immer schon implizit enthalten. Und noch eines sollte man im Zusammenhang von Alltag und persönlichem Rat nicht vergessen und in anderen Arbeiten genauer untersuchen, inwieweit nämlich dieses zur Sprache gebrachte Alltagswissen und Alltagshandeln der Ratsuchenden, in seiner kreativ-pragmatischen Ausprägung, in einem professionellen Beratungsprozeß für die Berater nicht selbst hin und wieder zu einem persönlichen Rat werden kann, ohne daß der Ratsuchende jemals etwas davon erfährt.

*These 3: `Soziale Vergleiche´ sind mit all ihren Vor- und Nachteilen untrennbar mit dem persönlichen Rat verbunden.*

Ratsuche und Ratgeben im Alltagsleben ermöglicht Begegnungen, erwächst aus Begegnungen. Und jedes in Beziehung treten begünstigt die Herstellung von `sozialen Vergleichen´, welche zum Teil auch bewußt gesucht werden. Wenn z.B. im Interview 3 gesagt wird: „Ich habe es ganz gerne, wenn sich der andere dazu äußert, wie er etwas selber macht", dann steht dahinter die Intention zu erfahren, wie geht jemand anderes mit einer ähnlichen Situation um und was habe ich als Ratsuchender noch gar nicht wahrgenommen oder noch nicht gemacht. Andererseits besteht der im Interview 6 (Z.48f.) geäußerte Einwand: „...wenn es darum geht, `meine Frau versteht mich nicht mehr´, was will man da raten! Will man da erzählen, wie man mit der eigenen Frau Dinge löst!" Man mag den `sozialen Vergleich´ beim persönlichen Rat schätzen oder nicht, er ist jedenfalls präsent und wird begleitet von unterschiedlichen Motiven, Bedürfnissen und Kalkülen und hat aus sozialpsychologischer Sicht vielfältige zweckdienliche Funktionen.[159]

---

[159] Sozialpsychologisch gesehen sind `soziale Vergleiche´ „zur Erklärung der Entstehung von *Emotionen* unerläßlich. In bedrohlichen Situationen dienen sie der *Unsicherheitsreduktion*. .... tragen ... zu *Konformität* bei und ... dienen der *Bewertung von Leistungen* sowie der Validierung von Einstellungen und Werten. [Sie

Die Form des persönlichen Rates als eine Interaktionsform des Alltagslebens, ermöglicht dem einzelnen Akteur angesichts einer ratbedürftigen Situation, in einem Ratgespräch festzustellen, wie er im Vergleich zum jeweils anderen die Realität wahrnimmt. Er kann in einem gedanklichen Abgleich überprüfen, ob er `richtig liegt´ – sofern er zuvor schon eine Idee entwickelt hat –
und welche Perspektiven und Entwürfe der andere entwickelt oder auch nicht
entwickelt, um eine Situation, eine Konstruktion von Wirklichkeit zu verändern.
Dabei findet nicht nur eine Selbstevaluation, sondern immer auch eine Fremd-
evaluation statt.

Vergleiche werden in einer Gesellschaft ambigue eingeschätzt, die die
Einzigartigkeit und die Selbstverwirklichung des Individuums betont, in der es
darum geht sich abzugrenzen, in der aber auch das Erfordernis besteht zu
sehen, in welchen Segmenten des gesellschaftlichen Lebens und im Privaten
gilt das, was wir das `cosi fan tutte-Prinzip´ nennen und wann ist das Andere,
das Besondere erwünscht und für die eigene Identitätsbildung notwendig. Zum
einen läßt sich sagen: `Soziale Vergleiche´ die mit dem persönlichen Rat ein-
hergehen, stehen dem Autonomie-Prinzip nicht im Wege, denn wer sich aus
einem ratbedürftigen Anlaß heraus mit jemanden `in Beziehung setzt´ oder
auch Rat gibt, vergewissert sich zugleich seiner selbst, stellt über Differenz
Identität her, verschafft sich Handlungsimpulse. Und weil Vergleiche beim Rathandeln und Ratgeben zur persönlichen Standortbestimmung (Selbstevaluation, Transparenz), zur Selbstvalidierung, zur Solidarität und zur Identitätsbildung beitragen können, können sie auch als etwas Förderliches und Er-
strebenswertes angesehen werden. Zum anderen können sie genausogut, als
ein kognitives `Strategem´, zu einem Instrument abwertenden sozialen Ver-
haltens werden, da sie Konkurrenz- und Neidgefühle wecken bzw. verstärken
oder zu einer sozialen Ab- und Ausgrenzung führen. Bei allem Für und Wider
ist zu bedenken: *wer die Nachteile eines direkten Vergleichs mit einem Gegenüber nicht haben will, ist in der professionellen Beratung davor ziemlich sicher,
kann aber andererseits nicht von den möglichen Vorteilen eines Vergleichs in
einem alltäglichen Rathandeln profitieren.*

Abschließend stellt sich uns angesichts einer falsch verstandenen Autonomie im Sinne von Selbststeigerung, noch die Frage: *Wird der persönliche Rat
nicht zunehmend zu einer Form der Abgrenzung gegenüber der sozialen Hilfe
und zu einer sozialen `Spielform´ individualistischer Interessen?*

Persönlicher Rat, der Teilgegenstand in sozialen Netzwerkanalysen ist,
weist gleichfalls die Leerstellen auf, die in der Kritik von B. Trezzini (1998) an
der *Netzwerkanalyse* insgesamt angesprochen werden. „Neben der tenden-

---

sind, H.B.]... auch für das *Selbstwertgefühl* und für die Beurteilung der *Fairneß* in
Aufteilungssituationen bedeutsam" (Bierhoff 1993: 32).

ziellen Vernachlässigung attributiver Informationen wird innerhalb der Netz-werkanalyse ferner die Rolle von Normen und Werten sowie von *individuellen Interessen* [Hervorh. H.B.] in der Regel unterschätzt." (ebd.: 537) Deshalb stellt sich für uns die Frage: Läßt sich das Phänomen `persönlicher Rat´ in einer weiterführenden spezifischen Analyse nicht besser mittels eines *Habitus-konzeptes* à la Bourdieu fassen? Ein Konzept, welches, wie Trezzini darauf hin-weist, „zwischen Struktur und Handlung" (ebd.: 531) vermittelt[160] und welches zudem nach H. Willems (1997: 96) in Rechnung stellt, daß Akteure darauf aus sind „Achtungs- bzw. Selbstachtungskapital zu (re-)generieren". Vorgänge, die, wie wir beim persönlichen Rat gesehen haben, eine zentrale Rolle spielen. Außerdem böte sich auf dieser Grundlage die Gelegenheit, im Verständnis von Willems, die Entwicklung eines persönlichen Ratkonzeptes voranzutreiben, welches die Möglichkeit der Arrondierung der Goffman´schen *Rahmenanalyse* für eine Interaktionsgrammatik des Rathandelns und das *Diskurs*konzept von Foucault berücksichtigt. Letzteres, sofern man die `Sozialgeschichte´ des per-sönlichen Rates im Blick hat.

Für Bourdieu (1992: 111f.) sind *Interessen* keineswegs eine „anthropolo-gische, natürliche Gegebenheit". Sie sind „je nach Zeit und Ort nahezu endlos variabel" und sie sind „Voraussetzung, damit ein Feld (....) funktioniert, insofern es `die Leute antreibt´, sie laufen, konkurrieren, kämpfen läßt, und [sie, H.B.] sind zugleich Produkt des funktionierenden Feldes." Interessen, welche das Nützliche, das Gewinnbringende, einschließlich strategischer Aspekte, sowie das Differenzenbildende, aber auch die „psychische Anteilnahme" (Fuchs 1976: Sp. 483) inkludieren, sind weitgehend sozialisierte Interessen, sieht man einmal von den Dispositionen ab, die selbst wiederum die Herausbildung von Interessen begünstigen.[161]

---

[160] Bourdieu betont nach Trezzini (1988: 532f.) das „`relationale(.) Denken´", welches beinhaltet „`jedes Element durch die Beziehungen zu charakterisieren, die es zu anderen Elementen innerhalb des Systems unterhält und aus denen sich sein Sinn und seine Funktion ergeben´(Bourdieu, [1980] 1993a,12;...)." Und es gibt nach Trezzini für Bourdieu keine einfache „Homologie zwischen der Verteilungs- und Beziehungsstruktur". Sein „Feld-Begriff ist vor allem auch im Hinblick auf die Attribute - vs. - Relationen -Thematik interessant, weil er nahe legt, dass es sich hier nicht um zwei unversöhnliche Sichtweisen handelt. Vielmehr ergibt sich eine soziale Position als differentielle Verteilung von Machtressourcen (wozu auch das soziale Kapital zu rechnen ist), und die so definierten Positionen stehen ihrerseits in einem objektivierbaren, feldspezifischen Beziehungsgeflecht. Dieser Positions-begriff ist nicht identisch mit jenem der Netzwerkanalyse, der Positionen primär als Ähnlichkeiten zwischen sozialen Einheiten hinsichtlich der Struktur ihrer Beziehun-gen."

[161] „Interesse ist dasjenige, was mir im wahrsten Sinne des Wortes wichtig ist, was bewirkt, daß es für mich – praktische – Unterschiede und Differenzen gibt (die für

Nun läßt sich in unserer Untersuchung mit Blick auf die *Seelsorge* etwas feststellen, was sich mit Bourdieus (1992) Feststellung zu einer veränderten Struktur des *religiösen Feldes* infolge von Grenzverschiebungen, Kompetenzabgaben zu Gunsten der psychosozialen und medizinischen Felder in Verbindung setzen läßt. Diese Veränderung hat Übergänge geschaffen und den *Typus* des „`neuen Geistlichen´" (ebd.: 232) hervorgebracht, der mittels neuer Freiheiten mit Ratsuchenden Gespräche auf eine vielfältigere Weise führen und anders als bisher persönlichen Rat geben kann.

SeelsorgerInnen sind jedoch als individuelle Akteure zusehends, wie andere Berufsgruppen und Privatpersonen auch, Zugehörige und entfernte Mitwisser unterschiedlichster *sozialer Kreise* geworden. Dies trägt zur Erklärung bei, weshalb die von uns befragten SeelsorgerIn ein divergentes interessengeleitetes Rathandeln und Ratgeben praktizieren und unterschiedliche Positionen bezüglich Bedeutung und Wertschätzung des persönlicher Rates einnehmen. Wenn sich bei den Seelsorgern die Konstruktion von Wirklichkeit nun aus der Schnittmenge der gelebten oder gedanklichen Zugehörigkeit zu unterschiedlichen `sozialen Kreisen´ und Wissensfeldern speist, dann folgt persönlicher Rat nicht immer unbedingt eindeutigen interessengeleiteten Prinzipien eines dominanten `Feldes´ und läßt sich keineswegs korrelativ nur dem `religiösen Feld´ zuordnen, aber deshalb ist persönlicher Rat nicht weniger interessenfrei.

*Der `persönliche Rat´ ist, so unsere **4. These**, entgegen sozialer Hilfe nicht primär deshalb im Alltagsleben präsent, weil er durch eine altruistische Maxime persönlich motiviert oder eine moralische Reziprozitätsnorm sozial verankert ist und deshalb mehr oder weniger erwartet werden kann, sondern weil ihn die Menschen im Alltag auf der Grundlage von Mitgliedschaften in durchaus konkurrierenden unterschiedlichen sozialen Feldern und demnach aus entsprechend unterschiedlichen Motiven und Interessen heraus suchen und geben.*

Ist damit etwas gewonnen, wenn der persönliche Rat nicht mehr ohne weiteres mit Hilfe gleichgesetzt werden kann oder ist gar etwas `verloren´, weil dann Rat als ein sozialer Vergesellschaftungswert weniger beachtet wird? Ist dadurch darüber hinaus eine weiterführende Abgrenzung zur psychosozialen professionellen Beratung gegeben, die sich als eine Institution der Hilfe zur Selbsthilfe der Klienten versteht?

Wenn Baumann (1993: 79) in einer Fußnote schreibt: „Tendenzen zur Institutionalisierung schließen allerdings nicht aus, daß informelle Arten der Beratung nur teilweise ersetzbar sind", dann findet diese Aussage in dieser All-

---

einen Außenstehenden nicht existent sind); Interesse ist ein Unterschiede setzendes Urteil, das nicht nur durch Erkenntnisinteressen gelenkt wird" (Bourdieu 1992: 225).

gemeinheit gleichfalls ihre Entsprechung in unserer Untersuchung. Wenn nun Nestmann (1987: bes. 279ff.) die Bedeutung „natürlicher alltäglicher Helfer aus kontaktintensiven Berufen" bei der Problembewältigung im Alltag betont und sich gegen Schulungen und Trainings durch Professionelle ausspricht um diese Hilfeformen zu optimieren, weil dies, Gottlieb & Schroter (1978) zitierend, einem „˙professionellen Kolonialismus˙" gleichkäme und verbunden sei mit der „Gefahr einer Zerstörung gerade spezifischer Qualitäten natürlicher Hilfe" (ebd.: 289), dann trifft dies im Kern die Gefahr von der Externalisierung lebenspraktischen Alltagswissens. Jedoch, bei aller berechtigten Kritik, zentriert Nestmann sein Verständnis von *Alltagsberatung* implizit auf Hilfe. Und genau hier beginnen auf Grund unserer Untersuchung unsere kritischen Überlegungen.

Hilfe ist gesellschaftlich gesehen ein Funktionsbegriff, der sich an seiner Leistungsfähigkeit insbesondere für kontingente Ereignisse und Zustände messen lassen muß und ist nicht zuletzt deshalb Bestandteil und Analyseobjekt sozialer Netzwerke. Und im Zusammenhang mit Funktionsleistungen ist dann wohl auch Honers (1987: 56) Verständnis von Helfen zu sehen. Ist doch für sie ˙Helfen˙ in Anlehnung an „Alfred Schütz und Thomas Luckmann (1984: 23-27) ein Modus von Arbeiten, ... also stets motiviert durch den Entwurf, eine *von mir* als problematisch definierte Situation eines anderen positiv zu verändern."

*Hilfe mit der Signatur*: Beseitigung von Defiziten und sei es auch via der vielzitierten Hilfe zur Selbsthilfe, sowie ihr Leistungscharakter und ihre soziale Verrechenbarkeit (Tausch/Kontrolle/Honorierung/Gewinn v. Verlust), einschließlich einer asymmetrischen dyadischen Interaktionsform, weil ein Akteur sich in einer ausweglosen Lage befindet – getreu einem alten Sprichwort: „Wer um Hilfe bittet hat keine andere Wahl" – und mit einem Ratgeber, der als ein ˙Leistungsträger˙ über die nötigen Ressourcen verfügt und ein Motiv hat, ein Defizit aus der Welt zu schaffen und der zugleich die Macht hat zu definieren, wem und wie er jemanden Hilfe zukommen läßt, *all dies* wäre, würde man den persönlichen Rat unter dem Hilfebegriff subsumieren, ein untrennbarer Bestandteil desselben.

Selbst wenn man wie W. Stegmaier (1993: 28) im Rat eine „Tugend", eine „Quelle des Ethischen" erblickt, weil es ihm „auf einen bestimmten anderen" (ebd.: 17) ankommt, so ist in Stegmaiers Überlegungen zu „einer Ethik vom anderen her" (ebd.: 18), der Rat untrennbar mit dem Hilfebegriff verbunden, heißt es doch bei ihm: „Der Rat ist eine Form der Hilfe" (ebd.: 19).[162]

Gerade der Rekurs auf den Hilfebegriff beim Rat kann für uns nicht ausschließen, daß der Andere ˙negativ˙ bestimmt wird, nämlich als eine Person, für die man sich aus einer sozial vermittelten inneren Verpflichtung heraus stark

---

[162] Eine wesentliche Bestimmung des Rates „als einer Quelle des Ethischen" besteht für Stegmaier (1993: 21) darin, daß der Rat „ein Verhältnis der Hilfe durch Einsicht (ist), die Überlegenheit voraussetzt".

machen muß oder sollte. Hilfe ist dann weniger eine Frage, ob der potentiell Ratgebende partnerschaftlich in einer symmetrischen Interaktion mitwirken will, sondern es ist eher die Frage, ob die moralische Haltung positionell von einer „Hilfemächtigkeit" (A. Scherr 1977: 462) gestützt oder gar abhängig ist. Ergänzend, und im Gegenzug zur moralisch-ethischen Seite der Hilfe, ist auf die rechtliche Seite des Rates hinzuweisen. So gibt es seitens des Ratsuchenden kein Anrecht auf einen persönlichen Rat. Der Ratgebende ist bei einem persönlichen Rat mit negativen Folgen für den Ratsuchenden juristisch betrachtet nach § 676 BGB (1987: 208) nicht schadensersatzpflichtig, sofern er nicht qua seiner Berufsrolle bei einem falschen Rat regreßpflichtig werden kann. Ein privater Ratgeber muß aber sehr wohl mit rechtlichen Sanktionen rechnen, wenn sein Rat auf eine gesetzlich unerlaubte Handlung zielt.

*Unsere Studie zeigt:* Persönlicher Rat und Rathandeln entspringt im Gegensatz zur Hilfe nicht einer Alltagsmoral gegenseitiger Verpflichtung[163] oder primär aus einer Dankbarkeit, sondern ist neben dem Vorzeichen einer gegenseitigen partnerschaftlichen Wertschätzung, unter dem Aspekt individueller Interessen und persönlichem Nutzen zu sehen. Dieser Gedanke wird durch folgende Erkenntnisse gestützt:

1. Bei der Form des persönlichen Rates sind die Autonomie der Subjekte elementarer Bestandteil derselben. So überlegt sich z.B. der Ratsuchende in der Regel, an wen er sich mit einer Bitte um Rat wendet und will die Entscheidung darüber behalten, welche Bedeutung und welchen Wert er einem gegebenen Rat beimißt.
2. Die gegenseitige soziale Anerkennung kann nicht grundsätzlich aus einer durchgängigen Asymmetrie erwachsen.
3. Die Akteure müssen jedesmal neu aushandeln, ob ihre Interaktion unter der Form des persönlichen Rates stattfinden soll, wie sich ihr Rathandeln gestaltet und was idealiter durch die Herstellung eines gemeinsamen Wissens inhaltlich erwartet und vermittelt werden kann.
4. Und was die Interessen betrifft, so können sie auf der Interpretationsfolie von Bourdieus (1988: 141f.) interessengeleitetem Akteur interpretiert werden, der die „Strukturen der Welt" auf der Grundlage des sozialen Feldes, in dem er `spielt´, im Kopf mental verinnerlicht und körperlich habitualisiert hat. Dies ist zugleich ein Hinweis darauf, warum die alltägliche Ausdrucksform des persönlichen Rates, bei aller individuellen Ausgestaltung der Interaktion und ihrer Inhalte, gebunden bleibt an die `Interessen´, die im „Prozeß der Differenzierung und Verselbständigung von sozialen Universen mit verschiedenen Grundgesetzen" (ebd.: 150) entstehen und aufgesprengt werden, so daß der Rat nicht unbedingt ein Thema der Hilfe ist.

---

[163] Vgl. A. Scherr (1977).

# Literaturverzeichnis

Accarino, Bruno *(1984):* Vertrauen und Versprechen. Kredit, Öffentlichkeit und individuelle Entscheidung bei Simmel. S. 116-145 in: Heinz-Jürgen Dahme u. Ottheim Rammstedt (Hg.)

*Achenbach, Berd B.* (1992): Die "Grundregel" philosophischer Praxis. S. 345-362 in:
Rolf Kühn u. Hilarion Petzold (Hg.)

*Allensbacher Berichte* (1994, Nr.17): "Viele klagen über Egoismus. Aber es gibt auch
viel Hilfsbereitschaft". Institut für Demoskopie. Allensbach

*Allensbacher Jahrbuch der Demoskopie* 1984 -1992, Bd. 9 (1993); hrsg. von Elisabeth
Noelle - Neumann u. Renate Köcher. München [u.a.]

*Baecker, Dirk* (1994): Soziale Hilfe als Funktionssystem der Gesellschaft. Zeitschrift für
Soziologie, 23 (2): 93-110

*Bahrdt, Hans Paul* (1996): Himmlische Planungsfehler. Essays zu Kultur und Gesellschaft; hrsg. von Ulfert Herlyn. München

*Balmer, Hans Peter* (1981): Philosophie der menschlichen Dinge. Die Europäische
Moralistik. Bern

*Baltes Paul B./ Smith, Jacqui* (1990): Weisheit und Weisheitsentwicklung: Prolego-
mena zu einer psychologischen Weisheitstheorie. Zeitschrift für Entwicklungspsychologie u. Pädagogische Psychologie, 22 (2): 95-135

*Baumann, Peter* (1993): Motivation und Macht. Zu einer verdeckten Form sozialer
Macht. Opladen

*Beck, Ulrich* (1986): Risikogesellschaft. Auf dem Weg in eine andere Moderne. Frankfurt a. M.

*Ders.* (1991): Die Frage nach der anderen Moderne. Deutsche Zeitschrift für Philosophie, 39 (12): 1297-1308

*Beck, Ulrich u. Bonß, Wolfgang* (Hg.) (1989): Weder Sozialtechnologie noch Aufklärung? Analysen zur Verwendung sozialwissenschaftlichen Wissens. Frankfurt
a. M.

*Beit-Hallahmi, Benjamin* (1991): Religion and identity: concepts, data, questions.
Social Sience Information, 30 (1): 81-95

*Bellebaum, Alfred* (1992): Schweigen und Verschweigen: Bedeutungen und Erschei-
nungsvielfalt einer Kommunikationsform. Opladen

*Berg, Christa* (1991): "Rat geben". Zeitschrift für Pädagogik, 37 (5): 709-734

*Berg, Melanie* (1992): Philosophische Praxen im deutschsprachigen Raum. Eine
kritische Bestandsaufnahme. (Reihe Philosophische Praxis, Bd. 4; hrsg. von G.
Witzany). Salzburg

*Berger, Peter. A.* (1996): Individualisierung. Statusunsicherheit und Erfahrungsvielfalt.
Opladen

Berger, Peter L./ Luckmann, Thomas ((1966) 1980): Die gesellschaftliche Konstruktion der Wirklichkeit. Eine Theorie der Wissenssoziologie. Mit einer Einl. zur dt. Ausg. von Helmuth Plessner. Übersetzt von Monika Plessner. Frankfurt a. M.

Bergmann, Jörg R. (1994): Kleine Lebenszeichen. Über Funktion und Aktualität von Grußbotschaften im Alltag. S. 192-225 in: Walter M. Sprondel (Hg.): Die Objektivität der Ordnungen und ihre kommunikative Konstruktion. Für Thomas Luckmann. Frankfurt a. M.

Bergold, Jarg/ Faltermaier, Toni [u.a.] (1987): Veränderter Alltag und klinische Psychologie. (Forum für Verhaltenstherapie und psychosoziale Praxis, Bd.12). Tübingen

BGB - Bürgerliches Gesetzbuch u. zughörige Gesetze. Textausgabe mit Verweisungen u. Sachverzeichnis. 100. völlig neu bearbeitete Aufl. nach dem Stand vom 1. Mai 1987. München

Bierhoff, Werner (1993): Sozialpsychologie: Ein Lehrbuch. 3. überarb. und erw. Aufl.- Stuttgart [u.a.]

Bittner, Rüdiger (1983): Moralisches Gebot oder Autonomie. (Reihe praktische Philosophie, Bd. 18). Freiburg [u.a.]

Böhler, D./ Gronke, H.(1994): "Diskurs". Sp. 764-819 in: Historisches Wörterbuch der Rhetorik, Bd. 2; hrsg. von Gert Ueding. Tübingen

Böhme, Gernot (1980/81): Wissenschaftliches und lebensweltliches Wissen am Beispiel der Verwissenschaftlichung der Geburtshilfe. S. 428-463 in: Nico Stehr u. Volker Meja (Hg.): Wissenssoziologie. Sonderheft 22 der Kölner Zeitschrift für Soziologie und Sozialpsychologie. Opladen

Bohnsack, Ralf (1997): Dokumentarische Methode. S.191-212 in: Ronald Hitzler u. Anne Honer (Hg.): Sozialwissenschaftliche Hermeneutik. Eine Einführung. Opladen

Bollnow, Otto Friedrich (1992): Über die Dankbarkeit. S. 37-62 in: Josef Seifert (Hg.)

Bourdieu, Pierre (1992): Rede und Antwort. Aus dem Französischen von Bernd Schwibs. Frankfurt a. M.

Ders. ((1982 franz.) 1992 dt.) Soziologen des Glaubens und der Glaube des Soziologen. S. 224-230 in: Ders. (1992)

Ders. ((1984 franz.) 1992 dt.): Das Interesse des Soziologen. S.111-118 in: Ders. (1992)

Ders. ((1985 franz.) 1992 dt.): Die Auflösung des Religiösen. S. 231-237 in: Ders. (1992)

Ders. ((1994 franz.) 1998 dt.): Praktische Vernunft. Zur Theorie des Handelns. Frankfurt a. M.

Bruyère, Jean de la (1968): Aphorismen. Aus dessen "Caractères" ausgewählt und übersetzt von Günter von Schuckmann. Göttingen

Buchheim, Th. (1992): "Rat"- I. Griechische Antike. Sp. 29-34 in: Historisches Wörterbuch der Philosophie, Bd. 8; hrsg. von J. Ritter u. K. Gründer. Basel

Dahme, Heinz-Jürgen/ Rammstedt, Ottheim (Hg.) (1984): Georg Simmel und die Moderne. Neue Interpretationen und Materialien. Frankfurt a. M.

*Deimann, Pia u. Kastner-Koller, Ursula* (1992): Was machen Klienten mit Rat-schlägen? Eine Studie zur Compliance in der Erziehungsberatung. Prax. Kinderpsychologie u. Kinderpsychatrie, 41: 46-52

*Deutsches Wörterbuch von Jakob Grimm u. Wilhelm Grimm.* Bearb. von u. unter der Leitung von Moriz Heyne, Leipzig 1893, Band 8, Sp. 156-173

*Dictionnaire* Alphabétique & Analogique de la Langue Française par Paul Robert. Paris 1978

*Diderot, Denis* (1972 dt.): Jacques der Fatalist und sein Herr. Übersetzung und Nachwort von Ernst Sander. Stuttgat (Reclam)

*Dietrich, Georg* (1983): Allgemeine Beratungspsychologie. Eine Einführung in die psychologische Theorie und Praxis der Beratung. Göttingen [u.a.]

*Ders.* (1987): Spezielle Beratungspsychologie. Göttingen [u.a.]

*Döring, Nicola* (1997): Selbsthilfe, Beratung und Therapie im Internet. S. 421-458 in: Bernd Batinic (Hg.): Internet für Psychologen. Göttingen [u.a.]

*Dörner, Dietrich* (1984): Die Regulation von Unbestimmtheit und die Dynamik von Loyalitätsbeziehungen. S.149-165 in: Normengeleitetes Verhalten in den So-zialwissenschaften, von Dietrich Dörner (Mitverf.) ... Hrsg. von Horst Todt. (Schriften des Vereins für Socialpolitik, Gesellschaft für Wirtschafts- und Sozialwissenschaften; N.F., Bd.141). Berlin

*Dorenberg-Kohmann, Barbara/ Moeser-Jantke, Florian/ Schall, Traugott* (1994): Bera-tungsführer. Die Beratungsstellen in Deutschland – ihre Leistungen, ihre Träger, ihre Anschriften, Bd 1; hrsg. von der Deutschen Arbeitsgemeinschaft für Jugend-und Eheberatung e.V. (DAJEB). München

*Dorenbusch, Ralf* (1993): Über das Spiel der Kräfte in der psychologischen Beratungs-praxis. S. 49-61 in: Werner Stegmeier u. Gebhard Fürst (Hg.)

*Dornseiff, Franz* (1970): Der deutsche Wortschatz nach Sachgruppen. 7. unver. Aufl.-Berlin [u.a.]

*Dorsch:* Psychologisches Wörterbuch (1994); hrsg. von Friedrich Dorsch/ Hartmut Häcker u. Kurt H. Stapf. 12. überarb. u. erw. Aufl.- Bern [u.a.]

*Duden* "Etymologie" (1989): Herkunftswörterbuch der deutschen Sprache. 2., völlig neu bearb. u. erw. Auflage von Günther Drosdowski (Der Duden; Bd.7). Mannheim [u.a.]

*Eberle, Thomas S.* (1984): Sinnkonstitution in Alltag und Wissenschaft. Ein Beitrag der Phänomenologie an die Methodologie der Sozialwissenschaften. (Veröffent-lichungen der Hochschule St. Gallen für Wirtschafts- u. Sozialwissenschaften, Bd. 5). Bern; Stuttgart

*Ebers, Nicola* (1995): "Individualisierung". Georg Simmel - Norbert Elias - Ulrich Beck. (Epistemata: Reihe Philosophie, Bd.169). Zugl. Hamburg, Univ., Diss., 1994. Würzburg

*Eissler, K. R.* (1987): Goethe: Eine psychoanalytische Studie 1775-1786, 1. Band. München

*Elias, Norbert* ((1969) 1980): Über den Prozeß der Zivilisation. Soziogenetische u. psychogenetische Untersuchungen, 1. Band: Einleitung und Vorwort VII - LXXXII. 7. Aufl.- Frankfurt a. M.

*Ders.* (1983): Engagement und Distanzierung. Arbeiten zur Wissenssoziologie I; hrsg. und übersetzt von Michael Schröter. Frankfurt a. M.

*Eßbach, Wolfgang* (1996a): Studium Soziologie. München (UTB für Wissenschaft: UNI-Taschenbücher 1928)

*Ders.* (1996b): Vernunft, Entwicklung, Leben. Schlüsselbegriffe der Moderne. S. 269-280 in: Frithjof Hager u. Hermann Schwengel (Hg.): Wer inszeniert das Leben? - Modelle zukünftiger Vergesellschaftung. Frankfurt a. Main

*Fellmann, Ferdinand* (1993): Lebensphilosophie. Elemente einer Theorie der Selbsterfahrung. Reinbeck bei Hamburg

*Fischer, Lorenz/ Wiswede, Günter* (1997): Grundlagen der Sozialpsychologie. München [u.a.]

*Flaubert, Gustav* (1977): Briefe. Herausgegeben und übersetzt von Helmut Scheffel. Zürich

*Foucault, Michel* (1996): Diskurs und Wahrheit. Die Problematisierung der Parrhesia. 6 Vorlesungen, gehalten im Herbst 1983 an der Universität Berkley/ Kalifornien. Hrsg. von Joseph Pearson. Aus dem Engl. übers. von Mira Köller. Berlin

*Ders.* (1993): Technologien des Selbst. S. 24-62 in: Luther H. Martin/ Huck Gutman u. Patrick H. Hutton (eds.): Technologien des Selbst. Frankfurt a. Main

*Ders.* (1988): Das Wahrsprechen des Anderen. S. 15-42 in ders.: Das Wahrsprechen des Anderen: 2 Vorlesungen von 1983/84. Hrsg. u. eingeleitet von Ulrike Reuter... Übers. von Ulrike Reuter zusammen mit Lothar Wolfstetter. (Materialis-Programm; MP 31: Kollektion: Philosophie, Ökonomie, Politik). Frankfurt a. M.

*Ders.* (1985): Freiheit und Selbstsorge: Interview 1984 u. Vorlesung 1982. Hrsg. von Helmut Becker... eingel. von Helmut Becker zusammen mit Lothar Wolfstetter, Erstausg.- (Materialis-Programm: 30: Kollektion: Philosophie, Ökonomie, Politik). Frankfurt a. M.

*Ders.* (1985a): Hermeneutik des Subjekts. Vorlesung am Collège de France (1982). Nachschrift und Übersetzung von Helmut Becker in Zusammenarbeit mit Lothar Wolfstetter. S. 32-60 in: Ders.1985

*Ders.* (1985b): Freiheit und Selbstsorge. Gespräch mit M. Foucault am 20. Januar 1984. S. 7-28 in: Ders. 1985

*Frankl, Victor E.* (1993): Theorie und Therapie der Neurosen: Einführung in Logotherapie und Existenzanalyse. 7. aktualisierte Aufl.- München [u.a.]

*Ders.* ((1987) 1992): Ärztliche Seelsorge. Grundlagen der Logotherapie und Existenzanalyse. 4., vom Autor durchgesehene, verbesserte u. erg. Aufl.- Frankfurt a. M.

*Freud, Sigmund* (( 1900) 1977): Die Traumdeutung. (Fischer TB der ungek. Ausg. von 1942). Frankfurt a. M.

Frey, Dieter [u.a.] (1993): Die Theorie sozialer Vergleichsprozesse. S. 81-122 in: Dieter Frey u. Martin Irle (Hg.): Theorien der Sozialpsychologie. 2. vollst. überarb. und erw. Aufl. - Göttingen [u.a.]

Fuchs, H. J. (1976) "Interesse". Sp. 479-485 in: Historisches Wörterbuch der Philosophie, Bd. 4; hrsg. von J. Ritter und K. Gründer. Basel

Gadamer, Hans-Georg (1992): Danken und Gedenken. S. 27-36 in: J.Seifert (Hg.)

Gamm, Gerhard (1994): Flucht aus der Kategorie: die Positivierung des Unbestimmten als Ausgang aus der Moderne. Frankfurt a. Main

Gehlen, Arnold (1972): Anthropologische Forschung. 9. Aufl.- Hamburg.

Gergen, Kenneth J. ((1991 engl.) 1996 dt.): Das übersättigte Selbst: Identitätsprobleme im heutigen Leben. Übers. aus dem Amerikanischen von Frauke May. Heidelberg

Gerhards, Jürgen (1988): Soziologie der Emotionen: Fragestellungen, Systematik und Perspektiven. Zugl. Kurzfassung von: Köln, Univ., Diss. 1987. Weinheim-München

Glaser, Barney G. and Strauss, Anselm L. ((1967) 1971): The Discovery of Grounded Theory. Strategies for Qualitative Research. Fourth printing, Chicago: Aldine

Goethe, Johann Wolfgang (1986): Sämtliche Werke nach Epochen seines Schaffens. Münchner Ausgabe; hrsg. von Karl Richter in Zusammenarbeit mit Herbert G. Göpfert [u.a.] , Bd. 19 : Johann Peter Eckermann, Gespräche mit Goethe in seinen letzten Jahren seines Lebens; hrsg. von Heinz Schlaffer. München

Goffman, Erving ((1971) 1974): Das Individuum im öffentlichen Austausch. Mikrostudien zur öffentlichen Ordnung. Aus dem Amerikanischen von R. u. R. Wiggershaus. Frankfurt a. M.

Grathoff, Richard (1978): Alltag und Lebenswelt als Gegenstand der phänomenologischen Sozialtheorie. S. 67-85 in: Kurt Hammerich u. Michael Klein (Hg): Materialien zur Soziologie des Alltags. Sonderheft 20 der Kölner Zeitschrift für Soziologie und Sozialpsychologie. Opladen

Habermas, Jürgen ((1981) 1988): Theorie des kommunikativen Handelns, 2. Bd.: Zur Kritik der funktionalistischen Vernunft. Frankfurt a. M.

Hahn, Alois (1987): Identität und Selbstthematisierung. S. 9-24 in: Alois Hahn und Volker Kapp (Hg.): Selbstthematisierung und Selbstzeugnis: Bekenntnis und Geständnis. Frankfurt a. M.

Hahn, Alois/ Willems, Herbert (1993): Schuld und Bekenntnis in Beichte und Therapie. S. 309-330 in: Jörg Bergmann/ Alois Hahn u. Thomas Luckmann (Hg.): Religion und Kultur. Sonderheft 33 der Kölner Zeitschrift für Soziologie u. Sozialpsychologie. Opladen

Hahn, Kornelia (1995): Soziale Kontrolle und Individualisierung. Zur Theorie moderner Ordnungsbildung. Zugl. Dissertation Universität Bonn. Opladen

Haisch, Jochen/ Frey, Dieter (1978): Die Theorie sozialer Vergleichsprozesse. S. 75-96 in: Dieter Frey u. Martin Irle (Hg.): Theorien der Sozialpsychologie, Bd.1: Kognitive Theorien. Bern [u.a.]

Heimbrock, Hans-Günter (1996): Heilung als Re-Konstruktion von Wirklichkeit. Kulturelle Aspekte eines Problems moderner Seelsorgelehre. Wege zum Menschen, 48: 325-338

Hermer, Matthias (Hg.) (1995): Die Gesellschaft der Patienten: gesellschaftliche Bedingungen und psychotherapeutische Praxis. (Forum für Verhaltenstherapie und Psychosoziale Praxis). Tübingen

Ders. (1995): Ueber den Verlust der Gesellschaft in der Psychotherapie. S. 15-47 in: Matthias Hermer (Hg.)

Hess, Hans Albrecht (1998): Experte, Laie, Dilettant: über Nutzen und Grenzen von Fachwissen. Opladen [u.a.]

Hess-Lüttich, E. W. B. (1996): "Gespräch". Sp 929-947 in: Historisches Wörterbuch der Rhetorik, Bd. 3; hrsg. von Gert Ueding. Tübingen

Hindelang, Götz (1977): Jemanden um Rat fragen. Zeitschrift für Germanistische Linguistik, 5.1, S. 34-44

Hitzler, Ronald (1994): Wissen und Wesen der Experten. Ein Annäherungsversuch - zur Einleitung. S.13-30 in: R. Hitzler/ A. Honer u. C. Maeder (Hg.)

Hitzler, Ronald/ Honer, Anne u. Maeder, Christoph (Hg.) (1994): Expertenwissen: die institutionalisierte Kompetenz zur Konstruktion von Wirklichkeit. Opladen

Hondrich, Karl Otto (1983): Bedürfnisse, Ansprüche und Werte im sozialen Wandel. Eine theoretische Perspektive. S. 15-74 in: Karl Otto Hondrich/ Randolph Vollmer (Hg.) mit Beitr. von Klaus Arzberger [u.a.]: Bedürfnisse im Wandel: Theorie, Zeitdiagnose, Forschungsergebnisse. Opladen

Honer, Anne (1987): Helfer im Betrieb. Zur soziokulturellen Funktion prosozialen Handelns. S. 45-60 in: Kulturtypen, Kulturcharaktere: Träger, Mittler u. Stifter von Kultur; hrsg. von Wolfgang Lipp in Verbindung mit d. Akademie für Politische Bildung. (Schriften zur Kultursoziologie, Bd.7). Tutzing

Honneth, Axel (1992): Kampf um Anerkennung. Zur moralischen Grammatik sozialer Konflikte. Frankfurt a. Main

Houben Antoon (1975): Klinisch-psychologische Beratung. Ansätze einer psycho-analytisch fundierten Technik. München

Huber, Günter L./ Mandl, H. (Hg.) (1994): Verbale Daten. Eine Einführung in die Grund-lagen und Methoden der Auswertung. 2. bearb. Aufl.- Weinheim

Jiménez, Paulino/ Raab, Erich (1999): Das Berufsbild von Psychologen im Vergleich mit anderen Berufen. Psychologische Rundschau, 50 (1): 26-32

Junker, Helmut (1977): Theorien der Beratung. S. 285-309 in: W. Hornstein [u.a.] (Hg.): Beratung in der Erziehung, Bd.1 . Frankfurt a. M.

Kamlah, Wilhelm (1972): Philosophische Anthropologie. Sprachkritische Grundlegung und Ethik. Zürich

Kardorff, Ernst v. (1986): Klienten. S. 100-119 in: Günter Rexilius und Siegfried Gru-bitzsch (Hg.)

Keller, Reiner (1994): Verstreute Expertisen. Wissen und Biographiekonstruktion. S. 62-73 in: Ronald Hitzler/ Anne Honer u. Christoph Maeder (Hg.)

Kersting, W. (1991): "Rat - II. Von der Patristik bis zur Neuzeit". Sp. 34-37 in: Historisches Wörterbuch der Philosophie, Bd. 8; hrsg. von J. Ritter u. K. Gründer. Basel

Keupp, Heiner (1995): Über den Nutzen der Sozialepidemiologie für Psychotherapie. Gesellschaftliche Ungleichheit und psychisches Wohlbefinden – ein noch immer aktueller Zusammenhang. S. 66-83 in: Matthias Hermer (Hg.)

Keupp, Heiner/ Röhrle, Bernd (Hg.) (1987): Soziale Netzwerke. Frankfurt a. M; New York

Keupp, Heiner/ Straus, Florian u. Gmür, Wolfgang (1989): Verwissenschaftlichung und Professionalisierung. Zum Verhältnis von technokratischer und reflexiver Verwendung am Beispiel psychosozialer Praxis. S. 149-195 in: Ulrich Beck u. Wolfgang Bonß (Hg.)

Kiefl, Walter/ Pettinger, Rudolf (1996): Finanzierungsstrukturen familienbezogener Beratung. Hrsg.: Bundesministerium für Familie, Senioren, Frauen und Jugend. (Schriftenreihe des Bundesministerium für Familie, Senioren, Frauen und Jugend, Bd.115) Stuttgart [u.a.]

Kiwitz, Peter (1989): Erfahrungswissen und Lebenskunst. S.113-124 in: D. Knopf/ O.Schäffter/ R. Schmid (Hg.): Produktivität des Alters. (Beiträge zur Gerontologie und Altenarbeit, Bd.75). Berlin

Kleiber, Dieter (1987): Was den Alltag verändert. S. 58-65 in: Jarg Bergold [u.a.] (Hg.

Kleimann, Bernd (1996): Das Dilemma mit den Experten – Ein Expertendilemma? Literaturbericht. S. 183-215 in: Heinz-Ulrich Neuner u. Detlef Garbe (Hg.)

Kluck, Ursula Rosemarie (1984): "Spielarten des Beratens. Zur Struktur von Beratungskommunikationen". [Masch.-schr.] Diss., Univ.,Tübingen

Klusmann, Dietrich (1986): "Soziale Netzwerke und soziale Unterstützung. Eine Übersicht und ein Interviewleitfaden". [Masch.-schr.] Diss., Univ., Hamburg

König, Eckard/ Volmer, Gerda (1996): Beratung. S. 121-130 in: Taschenbuch der Pädagogik, Bd. 1; hrsg. von H. Hierdeis u. T. Hug. 4., vollständige überarb. und erw. Aufl.- Baltmannsweiler

Kracauer, Siegfried (1990): Gedanken über Freundschaft. S. 131-147 in ders.: Aufsätze: 1915 -1926. Schriften, Bd. 5.1 ; hrsg. von Inka Mülder-Bach. Frankfurt

Krämer, Hans (1992): Integrative Ethik. Frankfurt a. M.

Kühn, Rolf/ Petzold, Hilarion (Hg.) (1992): Psychotherapie und Philosophie: Philosophie als Psychotherapie? (Reihe Innovative Psychotherapie und Humanwissenschaften, Bd. 50). Paderborn

Lachenmann, Gudrun (1994): Systeme des Nichtwissens. Alltagsverstand und Expertenbewußtsein im Kulturvergleich. S. 285-305 in: Ronald Hitzler [u.a.] (Hg.)

Laireiter A. R. und Elke, G. (Hg.) (1994): Selbsterfahrung in der Verhaltenstherapie. (Forum für Verhaltenstherapie und psychosoziale Praxis, Bd. 22 ).Tübingen

Lamnek, Siegfried (1993): Qualitative Sozialforschung, Bd. 2: Methoden und Techniken. 2., überarb. Aufl.- Weinheim

Landmann, Michael (1969): Philosophische Anthropologie. Menschliche Selbstdeutung in Geschichte und Gegenwart. 3., überarbeitete u. erweiterte Aufl.- Berlin.

Leeb, Thomas (1986): Vorbereitende Überlegungen zu einer Regionalität des Menschen. Selbstorganisierendes Lernen der Individuen im gesellschaftlichen Kontext. S. 212-139 in: Uwe Uffelmann (Hg.): Didaktik der Geschichte. Villingen-Schwenningen

Lenz, Albert (1987): Ländliche Beziehungsmuster und familiäre Probleme. S. 199-218 in: Heiner Keupp/Bernd Röhrle (Hg.)

Lepenies, Wolf ( 1972): Melancholie und Gesellschaft. Frankfurt a. M.

Leuner, Hanscarl ((1970)1988): Katathymes Bilderleben: Grundstufe. Einführung in die Psychotherapie mit der Tagtraumtechnik. 4. neubearb. u. erw. Aufl.- Stuttgart [u.a.]

Levine, Donald N. (1992): Simmel und Parsons neu betrachtet, Annali di Sociologia, 8 (II): 133-154

Lexikon der Soziologie (1995); hrsg. von Werner Fuchs-Heinritz [u.a.]. 3., völlig neu bearb. u. erw. Aufl.- Opladen

Lindenberg, Sigwart (1984): Normen und die Allokation sozialer Wertschätzung. S.169-199 in: Normengeleites Verhalten in den Sozialwissenschaften, von Dietrich Dörner (Mitverf.) ... Hrsg. von Horst Todt. (Schriften des Vereins für Sozialpolitik, Gesellschaft, Wirtschafts- und Sozialwissenschaften; N.F., Bd.141). Berlin

Luckmann, Thomas (1981a): Vorüberlegungen zum Verhältnis von Alltagswissen und Wissenschaft. S. 39-51 in Peter Janich (Hg.): Wissenschaftstheorie und Wissenschaftsforschung. München

Ders. (1981b): Einige Überlegungen zu Alltagswissen und Wissenschaft. Pädagogische Rundschau, 35 (2/3): 91-109

Ders. (1984): Das Gespräch. S. 49-63 in: Karlheinz Stierle u. Rainer Warning (Hg.)

Ders. (1992): Theorie des sozialen Handelns. Berlin [u.a.]

Luckmann,Thomas/ Keppler, Angela (1992): Lebensweisheiten im Gespräch. S. 201-222 in: Rolf Kühn u. Hilarion Petzold (Hg.)

Luhmann, Niklas ((1968) 1989): Vertrauen. Ein Mechanismus der Reduktion sozialer Komplexität. 3., durchges. Aufl.- Stuttgart

Ders. (1973): Formen des Helfens im Wandel gesellschaftlicher Bedingungen. S. 21-43 in: Hans-Uwe Otto u.Siegfried Schneider (Hg.): Gesellschaftliche Perspektiven der Sozialarbeit, Erster Halbband. 2., Aufl.- Neuwied [u. a.]

Ders. (1995): Kultur als historischer Begriff. S. 31- 54 in ders.: Gesellschaftsstruktur und Semantik. Studien zur Wissenssoziologie der modernen Gesellschaft, Band 4. Frankfurt a. M.

Mackensen, Lutz (1973): Zitate, Redensarten, Sprichwörter. Brugg [u.a.]

Maffesoli, Michel (1987): Das ästhetische Paradigma. Soziologie als Kunst (Übersetzung Reiner Keller). Soziale Welt, 38: 460-470

Ders. (1989): La perspective quotidienne - Résumés. In: The Sociology of Everday Life, ed. Michel Maffesoli. Current Sociology, 37 (1): 141-142

Mahlmann, Regina (1991): Psychologisierung des Alltagsbewußtseins. Die Verwissenschaftlichung des Diskurses über Ehe. (Studien zur Sozialwissenschaft, Bd. 98). Opladen

Mainberger, G. K. (1996): "Glaubwürdige, das". Sp. 993 -1000 in: Hist. Wörterbuch der Rhetorik, Bd. 3; hrsg. von Gert Ueding. Tübingen

Makropoulos, Michael (1990): Möglichkeitsbändigungen. Disziplin und Versicherung als Konzepte zur sozialen Steuerung von Kontingenz. Soziale Welt, 41 (4): 407- 423

Ders. (1995): "Sicherheit". Sp. 745-750 in: Historisches Wörterbuch der Philosophie, Bd. 8; hrsg. von J. Ritter u. K. Gründer. Basel

Mannheim, Karl (dt.1951): Diagnose unserer Zeit. Gedanken eines Soziologen. Zürich [u.a.]

May, Rollo ( (engl.1939) dt.1991): Die Kunst der Beratung. Mainz

Meleghy,Tamás/ Niedenzu, Heinz-Jürgen (1997): Prozeß- und Figurationstheorie: Norbert Elias. S. 190-217 in: Julius Morel [u.a.] (Hg.): Soziologische Theorie. Abriß der Ansätze ihrer Hauptvertreter. 5. Aufl.- München [u.a.]

Melenk, H. (1992): "Alltagsrede". Sp 418-428 in: Historisches Wörterbuch der Rhetorik, Bd. 1; hrsg. von Gert Ueding. Tübingen

Merkens, Hans (1982): Merkmale sozialer Situationen und Methoden ihrer Analyse. S. 199-239 in: Hans-Wolfgang Hoefert (Hg.): Person und Situation. Interaktionspsychologische Untersuchungen. Göttingen [u.a.]

Meuser, Michael/ Nagel, Ulrike (1991): ExpertInneninterviews – vielfach erprobt, wenig bedacht. Ein Beitrag zur qualitativen Methodendiskussion. S. 441-471 in: D. Garz u. K. Kraimer (Hg.): Qualitativ - empirische Sozialforschung. Opladen

Mitscherlich, Alexander ((1963) 1978): Auf dem Weg zur vaterlosen Gesellschaft. Ideen zur Sozialpsychologie. 12. Aufl.- München

Mittelstraß, Jürgen (1982): Wissenschaft als Lebensform. Reden über philosophische Orientierungen in Wissenschaft und Universität. Frankfurt a. M.

Mohr, Hans (1996): Das Expertendilemma. S. 3-24 in: Heinz-Ulrich Neuner u. Detlef Garbe (Hg.)

Montherlant, Henry de (1969): Tagebücher 1930-1944. Aus dem Französischen übertragen von Karl August Horst. München

Mummendey, Hans Dieter (1995): Psychologie der Selbstdarstellung. Unter Mitarbeit von Stefanie Eifler u. Werner Melcher. 2. überarbeitete u. erw. Aufl.- Göttingen

Musall, P. (1992): "Beratung". S. 222 in: Evang. Lexikon für Theologie und Gemeinde, Bd.1; hrsg. von Helmut Burkhardt u. Uwe Swarat in Zusammenarbeit mit O. Betz/ M. Herbert [u.a.] . Wuppertal [u.a.]

Nedelmann, Birgitta (1980): Strukturprinzipien der soziologischen Denkweise Georg Simmels. Kölner Zeitschrift für Soziologie und Sozialpsychologie, 32 (3): 559-573

Dies. (1983): Georg Simmel – Emotion und Wechselwirkung in intimen Gruppen. S. 174 -209 in: Friedhelm Neidhardt (Hg.): Gruppensoziologie: Perspektiven und

Materialien. Sonderheft 25 der Kölner Zeitschrift für Soziologie und Sozialpsychologie. Opladen

Dies. (1984): Georg Simmel als Klassiker soziologischer Prozeßanalysen. S. 91-115 in: Heinz-Jürgen Dahme u. Ottheim Rammsted (Hg.)

Dies. (1997): Typen soziologischer Ambivalenz und Interaktionssequenz. S. 149-163 in: Heinz Otto Luthe u. Rainer E. Wiedenmann (Hg): Ambivalenz. Studien zum kulturtheoretischen und empirischen Gehalt einer Kategorie des Unbestimmten. Opladen

Nestmann, Frank (1992): "Beratung". S. 78-84 in: Handwörterbuch der Psychologie; hrsg. von Roland Asanger u. Gerd Wenninger. 4. Aufl.- Weinheim.

Ders. (1988): Die alltäglichen Helfer. Theorien sozialer Unterstützung und eine Untersuchung alltäglicher Helfer aus vier Dienstleistungsberufen. (Prävention und Intervention im Kindes- und Jugendalter; 2). Zugl.: Bielefeld, Univ., Habil.-Schr. Berlin [u.a.]

Ders. (1987): „Macht vierzehnachtzig – Beratung inklusive!" – Natürliche Helfer im Dienstleistungssektor. S. 268-293 in: Heiner Keupp u. Bernd Röhrle (Hg.) (1987)

Ders. (1984): Nichtprofessionelle psychosoziale Hilfe. Taxifahrer als alltägliche Berater. Archiv für Wissenschaft und Praxis der sozialen Arbeit, 15 (1): 45-63

Neuner, Heinz-Ulrich/ Garbe Detlef (Hg.) (1996): Das Expertendilemma. Zur Rolle wissenschaftlicher Gutachter in der öffentlichen Meinungsbildung. Berlin [u.a.]

Nies, Henk [u.a.] (Hg. u. Mitarb.) (1987): Sinngebung und Alter. Deutsches Zentrum für Altersfragen e.V. . (Beiträge zur Gerontologie und Altenarbeit, Bd. 66). 2. unveränderte Aufl.- Berlin

Nötzoldt-Linden, Ursula (1994): Freundschaft. Zur Thematisierung einer vernachlässigten soziologischen Kategorie. (Studien zur Sozialwissenschaft, Bd.140). Opladen

Nyberg, David (1994): Lob der Halbwahrheit. Warum wir so manches verschweigen. Aus dem Amerikan. von Henning Theis. Hamburg

Oetker-Funk, Renate (1993): Erfahrungen und Überlegungen aus der Ehe- und Lebensberatung. S. 63-80 in: Werner Stegmeier u. Gebhard Fürst (Hg.)

Petermann, Franz ((1985)1996): Psychologie des Vertrauens. 3. korr. Aufl.- Göttingen [u.a]

Pohl-Patalong, Uta (1996): Seelsorge zwischen Individuum und Gesellschaft: Elemente zu einer Neukonzeption der Seelsorgetheorie. (Praktische Theologie heute, Bd.27). Zugl.: München, Uni., Diss., 1995 . Stuttgart [u.a.]

Pongratz, Ludwig J. (1967): Problemgeschichte der Psychologie. Bern

Popitz, Heinrich (1987): Autoritätsbedürfnisse. Der Wandel der sozialen Subjektivität. Kölner Zeitschrift für Soziologie u. Sozialpsychologie, 39 (3): 633-64

Ders. (1992): Phänomene der Macht. 2. stark erweiterte Aufl.- Tübingen

Reckwitz, Andreas (1997): Struktur. Zur sozialwissenschaftlichen Analyse von Regeln und Regellosigkeiten. Opladen

*Recum, von Hasso* (1995): Sozialkultureller Wandel, Wertedynamik und Erziehung. Zeitschrift für internationale erziehungs- und sozialwissenschaftliche Forschung, 12 (2): 1-40

*Rexilius, Günter* (1986): Psychologie – Eine Wissenschaft vom Alltag? S.11-22 in: Günter Rexilius u. Siegfried Grubitzsch (Hg.)

*Rexilius, Günter/ Grubitzsch, Siegfried (Hg.)* (1986): Psychologie. Theorien – Methoden – Arbeitsfelder. Ein Grundkurs. Reinbeck bei Hamburg.

*Ricken, Friedo* (1983): Allgemeine Ethik. (Grundkurs Philosophie, Bd. 4). Stuttgart [u.a.]

*Ritschl, Dietrich* (1986): "Beratung". Sp. 431-433 in: Evangelisches Kirchenlexikon. Internationale theologische Enzyklopädie, Bd. 1; hrsg. von E. Fahlbeisch/ J. M. Lochmann/ J. Mbiti [u.a.]. 3. Aufl.- (Neufassung) Göttingen

*Rothacker, Erich* (1975): Philosophische Anthropologie. 4. Aufl.- Bonn.

*Sachse, Rainer* (1991): Zielorientiertes Handeln in der Gesprächspsychotherapie. Steuerung des Explizierungsprozesses von Klienten durch zentrale Bearbeitungsangebote des Therapeuten. S. 89-106 in: Dietmar Schulte (Hg.): Therapeutische Entscheidungen. Göttingen.

*Schaeffer, Doris* (1990): Psychotherapie zwischen Mythologisierung und Entzauberung. Therapeutisches Handeln im Anfangsstadium der Professionalisierung. (Beiträge zur sozialwissenschaftlichen Forschung, Bd.19). Opladen

*Scherr, Albert* (1997): "Hilfe/ Helfen". S. 461-463 in: Fachlexikon der sozialen Arbeit; hrsg. vom Dt. Verein für öffentliche und private Fürsorge. 4. vollständige überarb. Aufl.- Stuttgart [u.a.]

*Schiek, Gudrun* (1988): Die Innenseite des Lehrbetriebs: "Liebe Frau Professor...!" – Briefe von Studierenden an ihre Hochschullehrerin. Mit einem Vorw. von Horst Brück. Baltmannsweiler

*Schmelzer, Dieter* (1994): Berufsorientierte Selbsterfahrung: Das Konzept der "Zielorientierten Selbstreflexion". In: A. R. Laireiter u. G. Elke (Hg.)

*Schmid, Wilhelm* (1991): Von den Biotechnologien zu den Technologien des Selbst. Die Arbeit Michel Foucaults: Auf der Suche nach einer neuen Lebenskunst. Deutsche Zeitschrift für Philosophie, 39 (12): 1341-1351

*Ders.* ((1991) 1992): Auf der Suche nach einer neuen Lebenskunst. Die Frage nach dem Grund und die Neubegründung der Ethik bei Foucault. 2. Aufl.- Frankfurt a. M.

*Schmitt, Rudolf* (1995): Metaphern des Helfens. (Fortschritte der psychologischen Forschung, 26). Zugl.: Berlin, Freie Univ., Diss.,1993. Weinheim

*Schmitz, Bernt* (1981): "Ein Fragebogen zur Erfassung von Einstellungen zur Inanspruchnahme psychotherapeutischer Hilfe". [Masch.-schr.] Diss., Univ., Stuttgart

*Schmitz, Enno/ Bude, Heinz/ Otto, Claus* (1989): Beratung als Praxisform "angewandter Aufklärung". S.122-148 in: U. Beck u. W. Bonß (Hg.)

*Schröer, Henning* (1980): "Beratung". S. 589-594 in: Theologische Realenzyklopädie, Bd. 5; hrsg. von Gerhard Krause u. Gerhard Müller in Zusammenarbeit mit Horst Robert Balz. Berlin [u.a.]

*Schütz, Alfred/ Luckmann, Thomas* (1984): Strukturen der Lebenswelt, 2. Bd. Frankfurt a. Main

*Seifert, Josef (Hg):* Danken und Dankbarkeit. Eine universale Dimension des Menschseins. (Philosophie u. Realistische Phänomenologie, Bd.1). Heidelberg

*Simmel, Georg* ((1908)1968): Soziologie: Untersuchungen über die Formen der Vergesellschaftung. 5. Aufl.- Berlin.

*Soeffner, Hans-Georg* (1995): Rituale des Antiritualismus – Materialien für Außeralltägliches. S. 519-546 in: Hans Ulrich Gumbrecht u. K. Ludwig Pfeiffer (Hg.) unter Mitarb. v. M. Elsner: Materialität der Kommunikation. 2. Aufl.- Frankfurt a. M.

*Sofsky, Wolfgang/ Paris, Rainer* (1994): Figurationen sozialer Macht. Autorität - Stellvertretung - Koalition. Frankfurt a. M.

*Sowarka, Doris* (1989): Weisheit und weise Personen: Common-Sense-Konzepte älterer Menschen. Zeitschrift für Entwicklungspsychologie u. Pädagogische Psychologie, 21 (2): 87-109

*Sprichwörterbuch.* Sammlung deutscher und fremder Sinnsprüche, Wahlsprüche, Inschriften an Haus und Gerät, Grabsprüche, Sprichwörter..., nach den Leitwörtern, sowie geschichtlich geordnet und unter Mitwirkung deutscher Gelehrter und Schriftsteller; hrsg. v. Franz Freiherrn von Lipperheide. 3. unv. Aufl.- Berlin 1934

*Staudinger, Ursula M./ Smith, Jacqui u. Baltes, Paul B.* (1994): Handbuch zur Erfassung von weisheitsbezogenem Wissen. (Materialen aus der Bildungsforschung Nr. 46; Max-Planck-Institut für Bildungsforschung Berlin). Berlin

*Stegmaier, Werner* (1993): Der Rat als Quelle des Ethischen. Philosophische Grundzüge. S.13-33 in: Werner Stegmeier u. Gebhard Fürst (Hg.)

*Stegmeier, Werner/ Fürst, Gebhard (Hg.):* Der Rat als Quelle des Ethischen. Zur Praxis des Dialogs. (Hohenheimer Protokolle, Bd. 45 ). Rottenburg-Stuttgart

*Stehr, Nico* (1994): Arbeit, Eigentum und Wissen: Zur Theorie von Wissensgesellschaften. Frankfurt a. M.

*Stempel, Wolf-Dieter* (1984): Bemerkungen zur Kommunikation im Alltagsgespräch. S. 151- 169 in: Karlheinz Stierle und Rainer Warning (Hg.)

*Stierle, Karlheinz* (1984): Gespräch und Diskurs. Ein Versuch im Blick auf Montaigne, Descartes und Pascal. S. 297-334 in: Karlheinz Stierle und Rainer Warning (Hg.)

*Stierle, Karlheinz/ Warning, Rainer (Hg.):* Das Gespräch. (Reihe: Poetik und Hermeneutik, Bd. XI ). München

*Stollberg, Dietrich* (1996): "Seelsorge". Sp. 173 -188 in: Evangelisches Kirchen-lexikon. Internationale theologische Enzyklopädie, Bd. 4; hrsg. von E. Fahlbeisch/ J. M. Lochmann/ J. Mbiti [u.a.] . 3. Aufl.- (Neufassung) Göttingen.

*Straus, Florian [u.a.]* (1987): Die Bewältigung familiärer Probleme im sozialen Netzwerk - Überlegungen zur Praxisrelevanz der Netzwerkperspektive in der Familienarbeit. S.178-198 in: Heiner Keupp u. Bernd Röhrle (Hg.)

Strauss, Anselm L. (1991): Grundlagen qualitativer Sozialforschung. Datenanalyse und Theoriebildung in der empirischen soziologischen Forschung. Aus dem Amerik. von Astrid Hildenbrand. Mit einem Vorwort von Bruno Hildenbrand. München

Tausch, Reinhard ((1960) 1974): Gesprächspsychotherapie. 6. Aufl.- Göttingen

Ders. (1996): Hilfreiche Gespräche im Alltag: Untersuchungen zu einer wesentlichen Coping-Form bei seelischen Schwierigkeiten. Positions-Referat auf dem Kongreß der Deutschen Gesellschaft für Psychologie, 25.9.1996 München (unveröffentl. Manuskript)

Thiersch, Hans (1987): Alltagsnöte, Selbsthilfe, professionelle Therapie: Was leistet das Angebot professioneller Therapie in Alltagsnöten und neben der Selbsthilfe? S. 39- 49 in: Jarg Bergold [u.a.] (Hg.)

Thomas, William I. (1965): Person und Sozialverhalten; hrsg. von Edmund H. Volkert (Übers.: Otto Kimminich). (Reihe: Soziologische Texte, Bd. 26; hrsg. von H. Maus u. F. Fürstenberg). Neuwied [u.a.]

Todt, Eberhard (1978): Das Interesse: empirische Untersuchung zu einem Motivationskonzept. Bern [u.a.]

Tretzel, Annette (1993): Wege zum "rechten Leben". Selbst- und Weltdeutungen in Lebenshilferatgebern. (Münchner Studien zur Kultur- und Sozialpsychologie, Bd.1; hrsg. von Heiner Keupp). Zugl.: München, Univ., Diss., 1991. Pfaffenweiler

Trezzini, Bruno (1988): Theoretische Aspekte der sozialwissenschaftlichen Netzwerkanalyse. Schweiz. Z. Soziol./Rev. suisse sociol., 24 (3): 511-544

Ullmann, Stephan (1973): Semantik. Eine Einführung in die Bedeutungslehre. Dt. Fassung von Susanne Koopmann. Frankfurt a. M.

Vaassen, Bernd (1996): Die narrative Gestalt(ung) der Wirklichkeit. Grundlinien einer postmodern orientierten Epistemologie der Sozialwissenschaften. (Reihe: Wissenschaftstheorie Wissenschaft und Philosophie, Bd. 44). Braunschweig [u.a.]

Vester, Heinz-Günter (1980): Gefährdung von Wirklichkeit. Die soziale Konstruktion von Sicherheit und Unsicherheit von Realitäten. (Hochschulskripten zur Theoretischen Soziologie, Bd. 1). Greven

Walter, Jürgen (1985): Logik der Fragen. (Reihe: Grundlagen der Kommunikation: Bibliotheksausgabe; hrsg. von Roland Posner u. Georg Meggle). Berlin [u.a.]

Walter-Busch, Emil (1994): Gemeinsame Denkfiguren von Experten und Laien. Über Stufen der Verwissenschaftlichung und einfache Formen sozialwissenschaftlichen Wissens. S. 83-102 in: Ronald Hitzler/ Anne Honer und Christoph Maeder (Hg.)

Watier, Patrick (Ed.) (1986): Georg Simmel, la sociologie et l'experience du monde moderne. Paris

Wegener, Bernd (1987): Vom Nutzen entfernter Bekannter. Kölner Zeitschrift für Soziologie und Sozialpsychologie, 39: 278-301

Weisbach, Christian-Rainer (1989): Bedrängen und Beschämen. Aspekte des Fragens in Gespräch und Therapie. GwG - Zeitschrift , 20 (74): 49-55

Welsch, Wolfgang (1995): Vernunft. Die zeitgenössische Vernunftkritik und das Konzept der transversalen Vernunft. Frankfurt a.M.

Wieners, Jörg (Hg.) (1990): Handbuch der Telefonseelsorge - mit Tabellen. Göttingen

Wiese, Leopold von (1959): Beziehungssoziologie. S. 66-81 in: Handbuch der Soziologie; hrsg. von Alfred Vierkandt. Stuttgart

Willems, Herbert (1994): Psychotherapie und Gesellschaft. (Reihe: Studien zur Sozialwissenschaft, Bd. 133). Opladen

Ders. (1997): Rahmen, Habitus und Diskurse: Zum Vergleich soziologischer Konzeptionen von Praxis und Sinn. Berliner Journal für Soziologie, 7 (1): 87-107

Witzel, Andreas (1982): Verfahren der qualitativen Sozialforschung: Überblick und Alternativen. (Reihe: Campus Forschung, Bd. 322). Frankfurt a. Main [u.a.]

Wurm, Wolfgang (1982): Psychotherapie und soziale Kontrolle. Beziehungsformen, Behandlungsverläufe, Sozialisationseffekte. Weinheim [u.a.]

Zdrenka, Michael (1997): Konzeptionen und Probleme der Philosophischen Praxis. (Schriftenreihe zur Philosophischen Praxis, Bd. 4). Köln

Zedler, Johann Heinrich ((1741) 1961): Grosses vollständiges Universal-Lexikon, Bd. 30. Graz (Photomechanischer Nachdruck).

# Anhang 1

## Interviewleitfaden

### Einstieg

Menschen kommen immer wieder in ratbedürftige Situationen und bitten deshalb um Rat. Vieles weist in unserer Gegenwartsgesellschaft darauf hin, daß neue ratbedürftige Situationen entstanden sind, daß sich thematisch bekannte ratbedürftige Situationen in ihrer inhaltlichen Dimension verändern. Es ist gleichfalls davon auszugehen, daß sich nicht nur die Art und Weise der individuellen Auseinandersetzung mit ratbedürftigen Situationen, sondern auch die Formen des Ratgebens verändert haben. So gibt es professionelle Beratung, Ratgeberecken in Zeitschriften, Ratgeberliteratur und nicht zuletzt den persönlichen Rat im beruflich – öffentlichen Leben und im Privaten. Uns geht es primär um den persönlichen Rat im Privaten und um die Frage: Was ist das Besondere an ihm und welche Bedeutung hatte oder hat er in Ihrem Leben?

### Ratbedürftige Situationen

Da es eine große Vielfalt an ratbedürftigen Situationen gibt, die wie es scheint mit einer unterschiedlichen Wertigkeit versehen werden, die Frage: was sind für Sie persönlich ratbedürftige Situationen?

- Können Sie ein markantes Beispiel nennen?
- Wann erfahren für Sie ratbedürftige Situationen eine *Zuspitzung*?
  (So z.B., wenn es nicht nur um eine Information geht oder um ein konkretes praktisches `Gewußt wie´, sondern, wenn Bewertungen vorgenommen werden müssen, wenn es um `Entweder- oder - Entscheidungen´ geht)
- Welche Merkmale werden ratbedürftigen Situationen zugeschrieben? (großer v. geringer Entscheidungs- und Handlungsspielraum etc.)

### In welchem Zustand befindet sich der Ratsuchende? (Überforderung, Hilflosigkeit, Angst, Selbstüberprüfung, Orientierungslosigkeit, Verzweiflung, Entscheidungsnot, Zustand der Selbstsorge, Sinnvakuum)

### Adressaten

- An wenn würden Sie sich mit der Bitte um Rat in einer schwierigen Situation wenden? Warum?
- Welche Erwartungen verbinden Sie damit?
- Gehen Sie auch `mit sich selbst zu Rate´?

### Zur Rolle von Ratsuchenden und Ratgeber

- Wie haben Sie sich in der Rolle des **Ratsuchenden** erlebt?
- Was macht es aus Ihrer Sicht manchmal schwer, um einen persönlichen Rat zu bitten?
- Etwaige Probleme? (fehlendes Vertrauen, Kontrolle)
- Wenn Sie schon einmal **privater Ratgeber** waren, wie kam es zu dieser Aufgabe und was bestärkte Sie in dieser Rolle?
- Was macht es aus Ihrer Sicht manchmal schwer, einen persönlichen Rat zu geben?
  - Sind es besondere ratbedürftige Lebenssituationen, Lebensformen?

- Sind es bestimmte gesellschaftliche Leitideen?
- Sind es besondere Beziehungen zum Ratsuchenden?
- Was könnte für den Ratgebenden auf dem Spiel stehen? (soziale, psychische, materielle Kosten: Autoritätsverlust, emotionale Überforderung, Interessenkollisionen, Verpflichtungen, Mitverantwortung ...)
- Unter welchen Umständen wird ein Ratgeber versuchen, sich dem Ratersuchen zu entziehen?
- (z.B. zu wenig Distanz zur Person, komplexes Problem, Mitverantwortung zu groß ...)

*Was zeichnet einen `guten´ Ratgeber aus?*
- Wichtige Persönlichkeitsmerkmale, `Ressourcen´ und Kommunikationsfähigkeiten.

*Was für Motive, Interessen oder Erwartungen können hinter einer persönlichen Ratsuche und dem Ratgeben stehen?*
- Welche Erwartungen hat man als Ratsuchender an den Ratinhalt?
  (innovativ, klärend, listig, strategisch, beruhigend ...)
- Geht es um die Bewältigung eines Zustandes oder geht es um die Veränderung eines Verhaltens?
- Gibt es Intentionen/Interessen, die über die Klärung einer ratbedürftigen Situation hinausgehen? (Geht es um eine strategische Positionalisierung? Bestätigung der eigenen Haltung? Soziale Anerkennung? ...)

*Worin wird die (Funktion) Bedeutung eines persönlichen Rates gesehen?*
Reduktion/Erweiterung von Komplexität bzw. Reduktion von Unsicherheit und Risiko; Orientierungs- und Entscheidungshilfe; Anleitung zu Verhaltens- und Handlungspraktiken; Problemlöse- und Strategieinstrument; soziale Integration; soziale Kontrolle; psychische Entlastung; Erfahrungs- und Handlungsökonomie (Nutzen); Generierung von Sinn bzw. das Aufzeigen von Sinnkriterien; Transport eines normativen Regelwissens/kognitiv-evaluativer Regeln.

*Wertschätzung*
- Wann sagen Sie von einem Rat, er ist `gut´?
- In welchen Situationen wird ihm eine besondere Wertschätzung zuteil?
  - weil er selten ist?
  - weil er von gängigen Handlungsorientierungen abweicht?
  - weil er aufrichtig ist?

*Zum Ratverständnis*
- Wird zwischen `Rat´ und `Tip´ oder anderen `verwandten Mustern´ differenziert?
- Gibt eine Differenzierung einen Aufschluß zur `Schwere´ der ratbedürftigen Situation oder in der Verbindlichkeit des Umgangs zwischen Ratsuchenden und Ratgeber?

*Wie sehen Sie das Verhältnis von `Rat und Tat´ bzw. `Hilfe´?*

*Zum Verhältnis von persönlichem Rat und professioneller Beratung*
- Was wären für Sie Gründe/Motive eine professionelle Beratung in Anspruch zu nehmen?

- Was wären für Sie Gründe/Motive, einen persönlichen Rat in Anspruch zu nehmen?
- Worin liegen die Stärken oder Schwächen des persönlichen Rates?

### Spezielle Fragen an `Klienten´ und/oder Professionelle:

- Wo sehen Sie die Stärken, Gefahren sowie Grenzen und Schwächen bei der professionellen Beratung?
- Wenn Sie schon prof. Beratung in Anspruch (Klientengruppe) genommen haben, verlassen Sie sich alleine auf die Beratung oder ziehen schon im Vorfeld oder danach einen persönlichen Rat heran, um ein Korrektiv zur professionellen Beratung zu haben?
- Wie würden Sie, analog zu Ihrem Berufsverständnis (Berater, Seelsorger) und Ihrer Praxis, den persönlichen Rat charakterisieren?
- Worin würden Sie einen *Vorteil* des persönlichen Rates gegenüber einer professionellen Beratung sehen?
- Kann man sagen, daß beim persönlichen Rat die Lenkung/Kontrolle des Ratsuchenden größer ist als in der professionellen Beratung?
- Wäre es ein Verlust, wenn der persönliche Rat von der professionellen Beratung abgelöst würde?

### Persönlicher Rat als eine Form der Beziehungsgestaltung auf der Grundlage sozialer Anerkennungsverhältnisse

- Was bedeutet es, wenn das Wechselspiel `um einen persönlichen Rat bitten´ und `einen Rat geben´ nicht mehr stattfindet oder nur sehr eingeschränkt abläuft?
- Was drückt sich für den Einzelnen und eine Gemeinschaft darin aus?
  - Ratoffenheit
  - Ratfähigkeit
- Fragen nach der **Beziehungsgestaltung**
  - Selbstdarstellung
  - Vertrauenserweise/-beweise, Verpflichtungen, Fesseln, Dankbarkeit ...
  - Autoritätsverhältnisse, Anerkennungstreben, Erwartungen, Überlegenheit ...
  - Zeichen der Anerkennung, der Bewährung...
  - Maßstabbedürftigkeit, Orientierung ...

### Persönlicher Rat und soziale Kontrolle

Ein Thema das kontrovers diskutiert wird. Es wird der prof. Beratung häufig eine soziale Kontrolle beim Prozeß der Orientierung und Entscheidungsfindung vorgeworfen.
- Wie sieht diese Angelegenheit beim persönlichen Rat aus?
- Bietet der persönliche Rat die Chance, sich den Kontrollen einer konventionellen Lebensgestaltung zu entziehen oder findet da eine Kontrolle nur auf eine andere Art und Weise statt?
- Wie und was wird kontrolliert?

### Ausstieg

- Gibt es Punkte, die noch nicht angesprochen wurden, die aber für den Befragten wichtig sind?
- Gibt es Anmerkungen zum Interview insgesamt?

Interviews

Erhebungszeitraum: 22.3.98 - 25.5.98

Dauer:  Interview 1     43Min.  → S.166-174
        Interview 2     41Min.
        Interview 3     27Min   → S.175-181
        Interview 4     33Min.
        Interview 5     55Min.
        Interview 6     52Min.  → S.182-192
        Interview 7     61Min.
        Interview 8     53Min.
        Interview 9     45Min.  → S.192-200
        Interview 10    58Min.
        Interview 11    23Min.  → S.200-205
        Interview 12    53Min.


Erläuterungen zur Transkription:   (schweigt)    = Kommentar
                                   (I: Mhm/Ja)   = dazwischengesprochenes Aufmerksam-
                                                   keitszeichen
                                   (-)           = kurze Absetzung im Redefluß
                                   (--)          = kurze Pause
                                   (X)           = unverständlich


**Interview 1:** Studentin

1   I: Einleitung ....
2   Was fällt Ihnen spontan bei dem Ausdruck `persönlicher Rat´ ein?
3   A: Also eigentlich denke ich dann, wenn ich jetzt in der Küche stehe und finde irgend
4   etwas nicht, dann frage ich eben meine Mutter, wo ich was finde. Eben die Situa-
5   tion: ich habe eine Situation, mit der komme ich im Moment nicht klar und da frage
6   ich sofort um Rat.
7   I: Und Ihre Mutter weiß immer Rat? Können Sie davon ausgehen?
8   A: Ja, davon kann ich ausgehen.
9   I: Ist es nicht von ungefähr, daß Sie sich an ihre Mutter wenden, oder ist es eher Zu-
10  fall, weil sie gerade da ist?
11  A: Es ist halt so, meine Mutter war sehr lange zuhause, dadurch ist sie die erste Person,
12  an die ich mich wende. Zur Zeit ist sie wieder berufstätig und das jeden Tag. So bin
13  ich mehr auf mich allein gestellt, da ist es schwieriger.
14  I: Wer sind die nächsten Personen, an die sich bei einer Bitte um Rat wenden würden?
15  A: Mein Bruder.
16  I: Und ist es andersherum auch so? Wendet er sich an Sie, wenn er vielleicht einen

17 Rat braucht?
18 A: Ja, er wendet sich sogar mehr an mich, als an meine Eltern.
19 I: Mhm, mehr an Sie als an ihre Eltern?
20 A: Ja, es ist für ihn so, er denkt, jetzt ist er schon 27 Jahre, und wenn er jetzt noch
21 zur Mutter rennt, ist es für ihn eine komische Situation. Deshalb holt er sich's bei
22 mir. Und es ist meistens so, daß er auch in Kleiderfragen mich fragt: „Ist es o.k.?",
23 oder „Würdest du mit mir einkaufen gehen?". Und nicht mehr meine Mutter, weil er
24 sich dann bevormundet fühlt.
25 I: Das sind jetzt Ratsituationen, die auf ein sehr praktisches oder ein technisches Pro-
26 blem ausgerichtet sind. Wie sieht es bei anderen ratbedürftigen Situationen aus?
27 Wenn die Lösung nicht so schnell sichtbar ist, oder es sogar zu einer Zuspitzung
28 kommt? Können Sie sich vorstellen, was ich meine?
29 A: Meinen Sie vielleicht etwa, daß man sich bei mehreren Rat einholt und dann ab-
30 wägt?
31 I: Zum Beispiel.
32 A: Das kommt bei mir sogar sehr oft vor, daß ich einfach unsicher bin. Ich nicht
33 weiß (-) ich kann mich einfach nicht entscheiden, und dann höre ich mir immer ganz
34 gern mehrere (An)sichten an. Und dann ist es so, daß ich auch wieder zu meiner
35 Mutter gehe, aber einfach deswegen, weil ich noch jemand Älteres hören möchte.
36 Also ich frage auch meine Freundin, dann auch wieder meinen Bruder, der ist für
37 mich so eine Art Autorität, meine Mutter, und wenn mein Vater da ist, den auch
38 noch. Ich ziehe mir dann alle möglichen Personen heran. Und dann aber kann's
39 aber gut sein, daß ich letztendlich das mache, was ich selbst dann empfinde.
40 I: Suchen Sie so eine Art Bestätigung für ihre eigene Entscheidung, die Sie vielleicht
41 bereits getroffen haben?
42 A: Ja (betont).
43 I: Wollen Sie hören, die anderen sehen es genauso wie ich?
44 A: Ja genau, um meine letzten Zweifel auszuräumen (lacht).
45 I: Mhm, und dann kann's nicht falsch sein, wenn's jemand anderes auch so sieht?
46 A: Ja genau!
47 I: Wenn Sie sich jetzt unsere Gesellschaft ansehen, gibt es da Begebenheiten, Bedin-
48 gungen, die es manchmal schwer machen einen persönlichen Rat einzuholen?
49 A: Das ist 'ne schwierige Frage. (-) Also ich kann nur von meinen eigenen Erfahrun-
50 gen ausgehen an der Universität, und da ist es zwiespältig. Auf der einen Seite ist es
51 sehr wichtig, daß man sich Rat von seinem Professor oder Dozent einholt, gerade
52 dann, wenn man ein Referat schreibt. Gerade das ist erwünscht. Auf der anderen
53 Seite ist es auch erwünscht, daß man selber hinsteht und es selber machen sollte und
54 auch Fehler machen sollte. Das ist auch erwünscht. Es ist zwiespältig. Und dann
55 habe ich noch die Erfahrung gemacht bei meinen Kommilitonen, daß man darauf
56 aus ist, möglichst alleine zu gehen, möglichst [nicht] von jemanden Rat einzuholen,
57 man will es selber machen. Es ist mit der Ellenbogengesellschaft wirklich so (betont).
58 (-) Mir ist es schon so passiert, wenn man jemanden helfen wollte, dann wurde ei-
59 nem über den Mund gefahren: „Nein, ich brauch' deinen Rat jetzt nicht!" „Ich will
60 das selber machen!" „Ich schaff' das selber!"
61 I: Würden Sie sagen, daß hat grundsätzlich weniger damit zu tun, daß man jemanden
62 sich nicht anvertrauen möchte, als daß man sich nicht helfen lassen möchte?
63 A: Es ist eigentlich (-) Vertrauen (leise). (–) Ich hab' das Gefühl, daß die Leute einfach

64 Angst haben. (-) Ja vielleicht hat es etwas mit Vertrauen zu tun, von jemanden abhängig
65 zu sein, weil sie es selber nicht können, oder daß der andere, wenn sie es selber nicht
66 können, einen Vorteil hat ihnen gegenüber. Und dann ist es unerwünscht sich einen
67 Rat geben zu lassen. Ich bin oft froh, wenn mir jemand unerwünscht seine Hilfe an-
68 bietet und mir einen Rat gibt, man kommt ja dann auch schneller vorwärts. Aber die
69 Leute glauben wirklich, daß der andere dann im Vorteil ist, wenn sie einen Rat an-
70 nehmen.
71 I: Also, Sie sehen das als eine Hilfe an?
72 A: Ja, da es durchaus von Nutzen für mich ist. Wenn's ein guter Rat ist, dann hat es
73 schon Vorteile. Also wenn er mich für jetzt ein Vorteil ist, dann nehme ich ihn an.
74 Einen schlechten Rat nimmt man natürlich nicht an.
75 I: Nun, oft weiß man ja nicht immer von vornherein, ob es ein guter oder schlechter
76 Rat ist. Es kann ja auch durchaus passieren, daß man einen schlechten Rat erhält. Ist
77 es Ihnen schon einmal so gegangen?
78 A: Sicher, aber ich habe keine direkte Situation im Kopf (I: Ja), aber dann ist es so,
79 daß ich denjenigen nicht verantwortlich mache, denn es war ja letztlich meine Ent-
80 scheidung, ob ich den Rat befolge oder nicht. Dafür stehe ich dann gerade.
81 I: Hat sich im nachhinein etwas an dieser Beziehung verändert? Haben Sie den An-
82 deren in einem anderen Licht gesehen?
83 A: Eigentlich nur so, daß es mich bestätigt hat, daß die anderen auch Fehler machen
84 können. Daß nicht nur ich Fehler mache und einen falschen Rat gebe, sondern daß
85 es auch anderen passiert. Eigentlich hat es mich sogar erleichtert. Weil es ist das Pro-
86 blem, man denkt von den anderen: „Oh Gott, sind die perfekt, die können alles!" Es
87 zeigt mir auch, daß die anderen nicht allwissend sind und eine Situation falsch ein-
88 schätzen können. Daß ich auch Fehler machen darf.
89 I: Sie haben angesprochen, daß sich viele nicht helfen lassen wollen, daß sie sagen:
90 „Daß mache ich alleine!" – „Ich schau' wie ich durchkomme." (A: Ja) Nun gibt es die
91 Redewendung `mit sich selbst zu Rate gehen`. Ist dies etwas anderes, und wie wür-
92 den Sie dieses für sich selbst charakterisieren? Was bedeutet dies für Sie?
93 A: Also für mich bedeutet dies, sich über etwas klar werden. Auch wieder ein Ab-
94 wägen. Ich hab' halt so meine Schwierigkeiten oder Zweifel mit einer gewissen Sache.
95 Ich weiß nicht, ob ich's machen soll oder nicht. Da versuch' ich praktisch zu fragen,
96 was richtig ist und versuch' auf mein Gefühl zu hören. Da ist oft der erste Impuls
97 entscheidend. Ich klappere sozusagen Probleme oder meine Möglichkeiten ab und
98 gucke was für ein Gefühl hast du da, bei der Sache oder bei jener Sache. `Zu Rate
99 gehen ist`, wenn ich mein Gefühl frage.
100 I: Gehen Sie zuerst `mit sich selbst zu Rate`, oder fragen Sie lieber gleich jemand an-
101 deres um Rat?
102 A: Also ich glaub', als erstes frage ich mich immer selber.
103 I: Zuerst sich selbst?
104 A: Nur wenn mein Gefühl nicht hundertprozentig antwortet, dann frag' ich die an-
105 deren und dann ist es meistens so, wenn mich die erste Antwort nicht befriedigt,
106 dann gehe ich zu der nächsten und ich gehe solange zum Nächsten, bis ich das Ge-
107 fühl habe, jetzt bin ich ganz durcheinander oder ich habe die Bestätigung gefunden.
108 (I: Mhm) Also so lange frage ich weiter. Und ist es so, wenn ich das Gefühl hab',
109 jetzt bin ich ganz durcheinander, dann sehe ich wieder bei mir selber.
110 I: Jetzt eine ganz andere Frage. Sie kennen ja auch die professionelle Beratung? Wo

111 würden Sie die Vorteile und wo die Nachteile des persönlichen Rates gegenüber der
112 professionellen Beratung sehen? Wo sind die Stärken, wo sind die Schwächen?
113 A: Der persönliche Rat hat eben den Vorteil, daß die Person mich kennt und meine
114 Situation einschätzen kann und sich ein bißchen einfühlen kann. Dieser Vorteil ist
115 auch wieder der Nachteil. Die prof. Beratung hat den Vorteil, sie sieht mich ohne
116 Vorurteile und unbelastet – und meine Situation. Beim persönlichen Rat kann's ein
117 Vorteil sein, daß die Person mich kennt, es ist aber zugleich auch der Nachteil. Es
118 kommt eben auf die Situation an. (-) Es ist mir auch schon so gegangen, daß ich un-
119 persönlichen Rat gesucht habe, bei Situationen, ja (-) weil ich das Unbelastete haben
120 wollte. Da habe ich nicht direkt meine Familienmitglieder gefragt, sondern eine Freun-
121 din, oder Studienkolleginnen die schon ein bißchen außerhalb stehen. Mehr eben als
122 Mutter, Vater oder Bruder, die mich ja näher kennen. Dies ist schon ein Stück mit
123 unpersönlich, aber durchaus immer noch persönlich. (-) Das hab' ich durchaus so ge-
124 sucht.
125 *I:* Gibt es noch andere Aspekte, Anlässe?
126 A: Mhm (-) fällt mir gerade keiner mehr ein.
127 *I:* Nun wird bei der professionellen Beratung immer wieder betont, der Klient solle
128 seinen Weg selbst finden und beim persönlichen Rat wird nicht selten gesagt: „Mach'
129 es so oder so!" Empfinden Sie dies als angenehm? Dies ist ja ein anderer Aspekt.
130 A: Puh (-) schwierig, ich glaub' es kommt wirklich auf die Person darauf an, unheim-
131 lich (betont). Es ist auch so bei der professionellen Beratung. Hm (-), ja es ist viel-
132 leicht so, da die Person nicht mit mir in Verbindung steht, oft leichter einen Rat oder
133 das was gesagt wird anzunehmen. Wenn ich diejenige kenne, dann denk' ich oft, was
134 schwätzt du wieder! Es ist oft schwieriger einen Rat anzunehmen, weil man manchmal
135 eine Kritik dahinter auch vermutet. Weil einen Rat geben ist manchmal, ist oft nicht
136 als Kritik gedacht, aber man kann es oft so auffassen von der Person und denkt, ah,
137 jetzt kritisiert sie mich wieder, oder (-) so in einer unpersönlichen Beratung ist es
138 leichter Kritik anzunehmen, das ist auch so ein Vorteil. Man fühlt sich nicht auf den
139 Schlips getreten oder so.
140 *I:* Wenn Sie jetzt selber mal an die eigene Ratgeberrolle denken, wo sahen Sie da
141 manchmal für sich eine Schwierigkeit?
142 A: (-) Es sind eigentlich zwei Dinge. Das eine ist, daß ich da eine Verantwortung be-
143 komme, weil, wenn ich einen Rat erteile oder gebe. Wenn er dann wirklich befolgt
144 wird, dann ist es ein Stück Verantwortung für mich, was da zurückkommt. Die
145 Schwierigkeit ist eben, einen guten Rat abzuwägen, sich zu fragen: „Ist es angemes-
146 sen, was ich sage? Kann es für die Person ein Nachteil werden, wenn sie diesen Rat
147 befolgt?" Die Verantwortung eben. Und die zweite Sache ist eben die Kritik. Wenn
148 mich jemand um Rat fragt, ist es für mich schwierig, ist es dann gleich Kritik, die ich
149 ihm dann gebe, könnte ein verborgene Kritik darin stecken. Es kommt immer auf die
150 Person an. Ich denke gerade an eine ganz bestimmte Person, bei der ist es unheim-
151 lich schwierig. Wenn man der nämlich einen Rat gibt, hört die gleich immer ein Kritik
152 raus, und dann ist es schwierig den Rat so zu geben, daß sie keine Kritik raushört.
153 *I:* Ist es ein Person, die Ihnen sehr nahe steht?
154 A: Ich studiere halt mit ihr und sie steht mir halt in dem Punkt nahe, weil sie mir
155 sehr ähnlich ist. Und dadurch weiß ich oft, wie sie fühlt und spürt. Aber so, außer
156 daß wir uns hin und wieder treffen und miteinander telefonieren, nicht so fest, eher
157 eine lockere Verbindung. (*I:* Mhm) Aber ich weiß eben genau, was sie fühlt und

158 denkt, weil sie mir so ähnlich ist!
159 I: Ist es dann auch eine Person, die auf Sie zukommt und sagt: „Könntest du mir da-
160 zu (-) einen Rat geben?"
161 A: Ja, es ist gerade so. Sie hat eben auch gemerkt, oh da ist eine Person, die ist mir
162 ähnlich. Und sie kommt eigentlich wegen jedem zu mir und ruft bei mir an und
163 fragt. An sich jede Sache. Es war z.B. so, daß sie eigentlich ein Praktikum machen
164 möchte bei der Zeitung. Sie möchte gerne Journalistin werden. Und sie hatte jetzt ein
165 Vorstellungsgespräch in K., und da würde sie genommen werden, und ich habe ihr
166 davon abgeraten, weil sie, ich habe es genau gespürt, sie hat Angst davor nach K. zu
167 gehen. Und Angst kann blockieren (-) und da hab' ich ihr abgeraten. Vor allem auch,
168 weil sie eben noch hier eine Möglichkeit hat ein Praktikum zu machen. In A. hatte
169 sie auch ein Vorstellungsgespräch, und da hab' ich gesagt: „Geh dahin!" Und dann ist
170 sie auch hingegangen. Da hat sie sich bestätigt gefühlt, daß ich ihr richtig geraten habe.
171 I: Und Sie haben sich auch bestätigt gefühlt, den richtigen Rat gegeben zu haben?
172 A: Ja.
173 I: Sie haben vorhin die Verantwortung angesprochen, wäre das jetzt so eine Situa-
174 tion, wo sie viel Verantwortung übernommen haben?
175 A: Ja, ich wußte, daß sie Angst hat, und ich wußte, wie sie sich in der Situation fühlt,
176 wenn sie allein in K. ist. Ich konnte ihr also mit gutem Gewissen abraten.
177 I: Mhm, Sie hatten vorhin auch mal kurz angesprochen, wenn Sie einen Rat geben,
178 daß dann da manchmal auch so etwas wie Kritik mitschwingt. Man möchte sich nicht
179 so gerne reinreden lassen. Einerseits wünscht man den Rat, andererseits ist man am-
180 bivalent. Hat das vielleicht damit zu tun, daß – um ein Schlagwort zu gebrauchen – so
181 etwas wie soziale Kontrolle erfolgt?
182 A: (schweigt).
183 I: Also ich gebe z.B. auf der sachlichen Ebene eine Information, gleichzeitig kann da-
184 durch ein Handlungsziel formuliert werden oder zum Beispiel etwas bewußt offen ge-
185 lassen werden.
186 A: (schweigt).
187 I: Können Sie sich vorstellen, was ich damit sagen möchte?
188 A: Nein, im Moment nicht (-) „Soziale Kontrolle?" (überlegt). Ich kann's mir nur so
189 vorstellen, daß wenn mir einer einen Rat gibt, dann hat er immer eine bestimmte
190 Richtung und dadurch lenkt man einen. Ich kann's mir nur so vorstellen. (-) Also
191 wenn ich mir eine Hierarchie vorstelle, dann ist es so, wenn ein Vorgesetzter jeman-
192 den einen Rat erteilt, dann hat der Vorgesetzte eben eine bestimmte Absicht in welche
193 Richtung es gehen sollte. Und das Problem ist eben in einer Hierarchie, daß der Vor-
194 gesetzte auch praktisch mehr Macht hat, und man dann den Rat dann annimmt.
195 Deshalb geht derjenige in die Richtung, aber das hat schon mehr mit Befehl zu tun,
196 mit einer Anweisung.
197 I: Sie sehen also die Lenkung mehr in Hierarchien und so im Alltagleben weniger?
198 A: Doch, kann ich mir auch vorstellen. Eben gerade wenn der Rat auf eine bestimmte
199 Richtung zielt, abzielt. Er steuert ja was an. Wenn ich jemandem einen Rat gebe,
200 dann weiß ich ja, auf was er abzielt (-) und dann kann ich es mir doch vorstellen. Ich
201 lenke denjenigen durch meinen Rat. Und dadurch ist es an sich..., (-) ob ich da von
202 einer Kontrolle reden kann? Da tu' ich mir etwas schwer mit dem Begriff.
203 I: Hm, es ist also ein hartes Wort?
204 A: Ja, ich sehe eher ein soziale Lenkung darin.

205 I: Dies würden Sie darin sehen?
206 A: Ja. (-)
207 I: Und können da auch Komplikationen entstehen?
208 A: Ja, das stimmt, ja (-) mit der Komplikation. Hat auch wieder mit der Verantwor-
209 tung ein Stück weit zu tun, (-) also für mich. Wenn ich wirklich jemanden in die
210 Richtung lenke und er nimmt es an und es ergibt sich ein Problem daraus, dann fällt
211 es ein Stück weit auf mich zurück. (A: und I: (-)) Also für mich ist es immer irgend-
212 wo, ich weiß nicht, vielleicht bin ich auch ein Stück weit festgefahren, aber einen Rat
213 erteilen, einen Rat annehmen hat für mich immer etwas mit einer Hierarchie zu tun.
214 Weil, wenn ich von jemanden einen Rat annehme, billige ich ihm eine gewisse Auto-
215 rität zu. Derjenige muß für mich eine gewisse Autorität besitzen, sonst nehme ich von
216 ihm keinen Rat an. So ist es doch ein Stück weit so (-) Hierarchie. Ist vielleicht auch
217 wieder zu hart, so wie Kontrolle. Irgendwie muß ich demjenigen etwas entgegen brin-
218 gen, gerad' wie Autorität, daß er für mich einfach Autorität besitzt, sonst hat er keine
219 Qualität mir einen Rat zu erteilen.
220 I: Würden Sie sagen, er muß selber ein Stück weit das erfahren haben, worüber er
221 spricht, oder ist das nicht notwendig?
222 A: (überlegt)
223 I: Um ein guter Ratgeber zu sein?
224 A: Also, da würde ich sagen, es erleichtert mir persönlich einen Rat anzunehmen,
225 wenn derjenige auch schon einmal die Erfahrung gemacht hat oder mir zumindest
226 das Gefühl gibt, er weiß wovon er spricht. Es erleichtert mir den Rat anzunehmen.
227 I: Wenn er glaubwürdig ist?
228 A: Ja! Dann ist für mich die Bereitschaft schon ganz anders, mir das anzuhören.
229 I: Manchmal weiß man vom Ratgeber nicht, ob er die Erfahrung schon gesammelt
230 hat. Manchmal kann man für sich die Entscheidung treffen: ich wähle nur jemanden
231 aus, der die gewünschte Erfahrung hat, manchmal nicht. Wie würden Sie damit um-
232 gehen, wenn diese erfahrene Person nicht da ist?
233 A: Ich glaube so ganz spontan, mein erstes Gefühl war im Moment: „Du hast keine
234 Ahnung, das brauche ich mir erst gar nicht anzuhören!" (I: Mhm) Das wäre meine
235 erste Reaktion.
236 I: Die ist eindeutig (beide lachen).
237 Es gibt ja auch die Zwillingsformel ` Mit Rat und Tat´. Was sind so ihre Erfahrungen
238 damit? Ist der Ratgeber jemand, der nur Rat gibt, oder auch einer, der mit praktischer
239 Hilfe zur Seite steht?
240 A: (überlegt) Das kommt auf mich persönlich an, weil (-) ich kenne Personen, die
241 geben nur Rat, und es gibt Personen, da weiß ich, die stehen mit ` Rat und Tat´ mir
242 zur Seite. Und je nachdem, was ich brauche. Also wenn ich einen Rat brauche, dann
243 gehe ich zu dem, der mir den Rat [gibt].
244 I: Wer sind die Personen, die nur den Rat geben, und welche sind diejenigen, die
245 beides geben?
246 A: Also es ist so, daß mir meine Familie mit ` Rat und Tat´ beiseite steht und [beim
247 Rat] so sind es eher außenstehende Bekannte, also Freundinnen, wo auch oft eben
248 schon die Situation alleine, daß ich sie vielleicht am Telefon habe, eben sie nur Rat
249 geben. Und wenn ich eben nur so etwas brauche, dann wende ich mich meistens an
250 solche. Weil es ist dann oft so, daß ich die Situation alleine bewältigen möchte, aber
251 ich vielleicht nur mal die Meinung hören möchte und nicht gleich: „Ich könnte dir

252 helfen!" Das will ich oft schon gar nicht! Dann frag' ich schon so jemanden gar nicht.
253 I: Haben Sie schon erlebt, daß es hilfreich war, z.B. von ihrer Freundin über den Rat
254 hinaus unterstützt zu werden?
255 A: Es ist eine sehr schwierige Frage, weil es an mir liegt, weil ich oft schon abblocke,
256 aber es ist eigentlich so, daß (-) ich denjenigen signalisiere, ich hätte auch gerne eine
257 Tat. Und dann bekomm' ich's auch, weil ich ihn auch bei denjenigen bereitstelle,
258 also ich sag', du kannst bei mir ˋRat und Tat´ haben, was du möchtest, was du
259 brauchst; und das wissen die, und dadurch hab' auch ich die Möglichkeit es von
260 denen zu bekommen. Also es liegt wirklich an mir. Wenn ich denen signalisiere, ich
261 möchte beides, dann bekomme ich auch beides. Es ist bestimmt schon vorgekommen,
262 daß ich nicht bekommen habe, was ich gebraucht habe. Es ist aber eher selten.
263 I: Würden Sie sagen, es ist heute schwieriger Rat anzunehmen, oder Rat zu geben?
264 A: Auch wieder ganz spontan, Rat anzunehmen.
265 I: Ist schwieriger?
266 A: Das denke ich, daß liegt wirklich an unserer Gesellschaft (betont). Ich habe es an
267 der Schule erlebt, ich habe es an der Uni erlebt. Jeder macht seinen Weg für sich.
268 Und wenn jeder wirklich seinen Weg für sich alleine macht, dann nimmt man keinen
269 Rat an, weil einen Rat annehmen heißt, man zieht eine Person dazu. Und das will
270 man ja vermeiden.
271 I: Hat daß damit zu tun, daß man andere Personen nicht belasten will, oder ihnen
272 kein Geheimnis anvertrauen möchte, oder weil man wenig Zeit hat? (-) Was könnte
273 eine Rolle spielen?
274 A: Also, ich denke man möchte unabhängig sein. Und wenn man jemanden um Rat
275 fragt, oder wenn einem jemand Rat erteilt, dann weiß man ja nicht, hätte man es
276 auch ohne Rat geschafft. Ich denke, es liegt daran ein Stück mit, aber ich denke auch,
277 daß man den anderen nicht belasten möchte. Ich glaub' es sind die Berührungsängste.
278 Man hat Angst den anderen zu belästigen (I: Mhm). Obwohl, man kann es nicht ver-
279 urteilen. Es ist in unserer Zeit wirklich so, daß man wenig Zeit hat. Es ging mir auch
280 schon so, daß es mich genervt hat, wenn jemand an mich herantrat. Und ich denke,
281 daß spürt dann der andere, und es kann durchaus sein, daß man Angst hat den an-
282 deren zu belasten.
283 I: Ja, andererseits, wenn man an eine Freundschaft denkt, dann könnte man ja ver-
284 muten, daß das keine Belastung sein sollte, wenn man um Rat fragt oder Rat gibt?
285 Wie sehen Sie das?
286 A: Schwierig. (-) Also ich glaube, bei einer Freundschaft durch die enge Bindung, ist
287 die Bereitschaft vielleicht größer, Rat anzunehmen oder Rat zu geben, aber ich denke
288 es ist nicht hundertprozentig, daß man immer Zeit hat, oder daß man's auch immer
289 annehmen möchte. Es ist schwierig, (-) ich glaube... (-).
290 I: Würden Sie in der Freundschaft eine Idealform sehen, um Rat einzuholen, oder
291 eher weniger?
292 A: Also ich glaube (-) es ist (-) eher, Freundschaft ist für mich eher eine Möglichkeit
293 Rat einzuholen, weil die Bereitschaft größer ist. Eben diese Vertrauensbasis, die man
294 gegenseitig hat, die glaub' ich erleichtert's, so würde ich jetzt dem Gefühl nach sagen.
295 (-) Aber trotzdem glaub' ich nicht (gedehnt), daß es die Idealform eben ist, daß man
296 selbst zu selbstlos ist und bei jeder Situation dem anderen zur Seite steht.
297 I: Bedauern Sie das?
298 A: Nein, eigentlich nicht. Ich sage, es ist einfach menschlich, daß es nicht immer so

299 ist und daß auch mal meine Freundin genervt sein kann, wenn ich schon wieder mit
300 demselben Problem [komme, H.B.] weil ich mir immer noch nicht im Klaren bin
301 (I:Mhm). Dann ist es so, weil ich genauso reagiere. Es ist einfach so! Aber vielleicht
302 beweist man mehr Geduld in einer Freundschaft, könnte sein, oder vielleicht, (-) es
303 führt jetzt vielleicht auch zu weit, (-) es ist eben durch diese emotionale Schiene viel-
304 leicht eine Belastung mehr da, als wenn' s eine außenstehende Person ist. Daß die
305 vielleicht auch eher bereit ist etwas 150 mal anzuhören, als vielleicht 'ne Freundin,
306 die denkt, ich hab' ihr doch schon vor 'ner Woche das erzählt, warum hat sie es im-
307 mer noch nicht befolgt? Kann sein, daß es auch auf die Schiene geht.
308 I: Es kommt ja immer wieder vor, daß wenn Leute im Zug fahren oder Taxi oder son-
309 stige Dienstleistungen in Anspruch nehmen, daß sie von sich erzählen und manch-
310 mal Rat einholen. Können Sie für sich nachvollziehen, daß Sie in einer solchen Si-
311 tuation Rat einholen, daß Sie einen Fremden um Rat fragen?
312 A: Ja, weil mir das selber schon passiert ist (lacht).
313 I: Und wie ging es Ihnen damit?
314 A: Es war ganz erstaunlich, ich war fast beschwingt. Man hört Sachen, an die man
315 gar nicht gedacht hat, daß es so etwas gibt und von daher fand ich es als eine Be-
316 reicherung. So ist es mir ergangen, eine Bereicherung.
317 I: Können Sie das vielleicht ein bißchen beschreiben?
318 A: Speziell war's so, ich saß in der S-Bahn und hatte ein Aufgabenblatt vor mir und
319 da sagte plötzlich die Frau neben mir: „Das ist viel zu schwer!", sie kennt das. Ich
320 guck sie an. „Sie studieren doch bestimmt Germanistik?!" Sag' ich „ja". Dann hat sie
321 gesagt: „Sehen Sie, vor zwanzig Jahren habe ich das auch schon gemacht." So sind
322 wir ins Gespräch gekommen. Sie kannte sogar ein paar Professoren, die ich auch
323 hab', und sie sagte, die haben zur Zeit als sie studierte, gerade angefangen, und dann
324 hat sie mir erzählt, daß es einen Doppelabschluß gibt. „Was, das ist ja interessant,
325 ich wußte das gar nicht!" Und sie hat mir den Rat gegeben, ich sollte doch einmal
326 an der Referendariatsstelle nachfragen. Sie hat da schon einmal etwas davon läuten
327 hören. Und diesen Rat werde ich befolgen ( A. u. I. lachen ). Es hilft mir wirklich
328 weiter. Es ist für meine Zukunft sehr wichtig, und so etwas befolg' ich dann. Das
329 fand ich super! Und dann hab ich es noch mehreren erzählt, die auch in meiner
330 Situation sind, und die fanden es auch ganz toll. Ja, da werden sie sich auch einmal
331 erkundigen. Das hat mir sehr geholfen.
332 I: Mal ganz hypothetisch. Angenommen, die soeben genannte Person wäre jünger ge-
333 wesen, hätten Sie sich vorstellen können, daß sich auf Grund dieses guten Rates eine
334 weiterführende Beziehung hätte entwickeln können, oder ist es ein einmalige zufällige
335 Sache?
336 A: So in der S- Bahn (-) hm, glaube ich nicht, oder so halt an öffentlichen Plätzen.
337 I: Mhm.
338 A: Das ist für mich eine abgeschlossene Sache. (-)
339 I: Nehmen wir an, es wäre an der Uni gewesen. Ein Kommilitone oder eine Kommi-
340 litonin hätte es gewußt.
341 A: Ich glaube, daß es so wäre, daß ich denjenigen oder diejenige noch einmal ange-
342 sprochen hätte. Einfach weil ich, weil sie für mich und der erste Rat gut war, hat sie
343 eben diese gewisse Autorität, und dann würde ich sie auch noch mal ansprechen. Ich
344 glaub' wirklich, daß ich dann dranbleiben würde und eine Bekanntschaft draus ma-
345 chen würde. Aus dieser einen Sache heraus.

346 I: So wie sich vielleicht aus einem Mensagespräch heraus sich etwas entwickeln könnte,
347 so könnte dies auch hier der Fall sein?
348 A: Ja, könnte ich mir gut vorstellen. Das wäre für mich dann ein Ansatzpunkt. Wenn
349 es sich dann noch bewährt hat, dann ist es klar, dann wird die Person von mir ge-
350 schätzt.
351 I: Es muß natürlich nicht immer so bleiben. Wenn sich ein Rat einer Person einmal
352 bewährt hat, dann kann es ein anderes mal schon wieder ganz anders aussehen.
353 A: Also, es kommt darauf an. Wenn ich's mir mal so gedanklich durchspiele, würde
354 ich sagen: sie hat sich einmal bewährt, und die Person lerne ich ja näher kennen und
355 dann lerne ich ja noch anderes als ihren guten Rat kennen, und wenn mich das mal
356 persönlich enttäuscht, das überwiegt aber das andere, was ich von ihr kennengelernt
357 habe, dann bleibe ich am Ball. Ist es aber so, daß es so gravierend ist, daß die Person
358 für mich wirklich an Bedeutung verliert, dann hat sich's halt erledigt, von meiner
359 Seite aus.
360 I: Wir haben jetzt einen großen Bogen zum Thema Rat geschlagen. Fällt Ihnen zum
361 Abschluß noch etwas spontan zusätzlich ein?
362 A: Ah (-) zum Thema Rat eigentlich nur, daß es wirklich auf die Persönlichkeit selber
363 ankommt, ob man bereit ist, Rat anzunehmen oder nicht. Also ich denke, wenn ich
364 ein bißchen von mir ausgehe, daß es Leute gibt, die gern Rat annehmen und es gibt
365 halt andere, die erst mal sagen: „Ich möchte es selber probieren."
366 I: Würden Sie sagen, es gibt andersherum auch Leute, die gerne, vielleicht sogar über-
367 mäßig gerne Rat geben?
368 A: Ja, ich glaub' schon, daß es solche Leute gibt. Ich sehe daß immer gleich als be-
369 lehren an. Wenn jemand immer nur Rat gibt, dann komme ich mir belehrt vor. Das
370 ist meine eigene Empfindung (lacht).
371 I: Mhm, das ist Ihr Erleben?
372 A: Ja, es hat gleich immer was Gönnerhaftes, da stellt sich jemand über mich. Und
373 das ist dann bei mir immer kritisch. Und dann bin ich jemand, der so etwas nicht
374 annimmt. Vielleicht gibt's auch jemand, der begeistert ist, wenn er soviel geballten Rat
375 bekommt, daß es vielleicht für jemanden auch gut ist, könnte ich mir auch vorstellen.
376 I: Würden Ihre Freunde, Freundinnen und Bekannten dies ähnlich sehen wie Sie
377 und diese Haltung einnehmen?
378 A: Ich glaub' schon, weil es in meinem Umkreis eigentlich so ist, daß man nur Rat
379 erteilt, wenn man darum gebeten wird. Das ist vielleicht noch die Sache mit gebetenen
380 und ungebetenen Rat. Wenn ich ungebetenen Rat bekomme, nehme ich ihn grund-
381 sätzlich nie an, (-) und ich weiß, daß es in meinem Bekanntenkreis genauso ist, (-)
382 weil man eben überzeugt ist, man kann es selber und man braucht keine Hilfe oder
383 eben keinen Rat. Und dann ist es wirklich so, daß sich jemand anmaßt es besser zu
384 wissen, und das ist dann gefährlich. Deswegen ist es in meinem Bekanntenkreis so,
385 daß wenn man Rat braucht, dann holt man sich den, und wenn jemand keinen Rat
386 braucht, dann gibt man den auch nicht. (–)
387 I: Ja vielen Dank für das Interview.
388 A: Gerne geschehen.

**Interview 4:** Beraterin und Therapeutin in einer kommunalen Beratungsstelle.

Das Interview kam ad hoc in der Beratungseinrichtung zustande und war zeitlich begrenzt.

1 I: Einleitung ...
2 Was sind für sie ratbedürftige Situationen, wo Sie sagen würden, da wende ich mich
3 mal an eine Freundin, einen Freund oder an wen auch immer?
4 D: Auf mich persönlich bezogen ist es so, daß ich Rat sehr selten suche und wenn,
5 dann sind es eher Kleinigkeiten. Also, bei wirklich entscheidenden Fragen, ja, be-
6 sprech' ich das mit meiner Familie, aber die Entscheidung treff' ich selber, möchte
7 auch keinen Ratschlag. Eine Schwägerin hat mir mal gesagt: „Ratschläge sind auch
8 Schläge!" Fand ich nicht schlecht. Mir ist eher wichtig, die Situation mit jemand zu
9 erörtern und auf Grund dieser Erörterung ist es dann meist so, daß im Gespräch für
10 mich die Situation klar wird und ich meine Entscheidung treffen kann. Rat suche ich
11 gerne bei Dingen, die weniger entscheidend sind. Irgendwie, wenn ich mir Klamotten
12 kaufe oder sonst was, so daß ich sag': „Mensch, was meinst du, was steht mir jetzt
13 besser?" Also bei Kleinigkeiten. Es kann dann trotzdem sein, daß ich gerade das Ge-
14 genteil mache, ist auch denkbar (I: Mhm). (-) Also das sind so die Situationen. Wäh-
15 rend die wirklich Entscheidenden, eher bei mir selber in der Meditation, ich sag's
16 mal mit Anführungsstrichle, ` höheren Selbst´, dann mich berat.
17 I: Sie gehen also ` mit sich selber zu Rate´, wenn es um eine existentielle oder schwer-
18 wiegende ratbedürftige Situation geht. Bei Tips, dann jederzeit?
19 D: Tips klar. Im Alltag klar, ist man darauf angewiesen auf bestimmte Dinge, weil Tips
20 sind ja oft Informationen, die man selber nicht hat.
21 I: Ist also die Wertschätzung des persönlichen Rates zunächst einmal nicht zu hoch
22 anzusiedeln?
23 D: Ja.
24 I: Können Sie dem persönlichen Rat trotzdem eine gewisse Wertschätzung geben?
25 D: Wenig.
26 I: Wenig?
27 D: Und zwar aus dem Grund, da vermischt sich jetzt auch die Erfahrung, die ich im
28 Beruf mache. Und zwar, ich gehe jetzt einmal davon aus, ich mache sehr viele Er-
29 fahrungen mit Klienten, die in Selbsthilfegruppen sind und in der Selbsthilfegruppe
30 ist es Usus Rat zu geben. Und da erlebe ich oft, oder im Alltag, daß Rat den Leute
31 geben, auf der Grundlage gegeben wird, von ihren eigenen Erfahrungen. Das heißt,
32 daß man sozusagen davon ausgeht, wie es bei einem selber war, daß das zwingend
33 war, sich beim anderen auch darstellt, so nach dem Motto: „Was mir geholfen hat,
34 ist für dich nicht schlecht", oder auf Grund des eigenen Werte- und Glaubenssystems
35 der Rat gegeben wird. Und das erlebe ich grundsätzlich einmal als eher fatal.
36 I: In diesem Fall würden Sie, bezogen auf den Rat, die Lebenserfahrung des einzelnen
37 nicht so hoch einschätzen?
38 D: Ne, ich denk' wenn jemand von sich erzählt, o.k., bei mir war's so und so und
39 ich bin diesen Weg gegangen, gut (betont), dann kann sich's Gegenüber von jemand
40 anders dies so anhören und kann sich dann entscheiden, sieht's bei mir so aus oder
41 nicht. Rat hat für mich immer so etwas (-) eben in der Regel noch so etwas wie eine

42 Aufforderung: „Mach's auch so, wie ich dir's sag' und dann kommt's gut!", sozu-
43 sagen. Und ich denke so einfach ist das irgendwie nicht, (-) weil, gut es gibt viele
44 Verästelungen. Es gibt z.B. Leute, die vom Glaubenssystem her unter Umständen,
45 wenn man ihnen zu dem rät, was von außen offensichtlich ist, fatalerweise dann in
46 eine andere Haltung reingehen. Also, wenn z.B. jemand eine Ambivalenz hat bzgl.
47 des Ehepartners. Nehmen wir ein ganz einfaches Beispiel. Die Frau weiß vielleicht
48 selber, ich sollte mich trennen und die ganze Umwelt rät ihr, trenn' dich von diesem
49 Scheusal, dann entwickelt sich psychologisch interessanterweise in der Regel genau
50 das Gegenteil, daß diese Ambivalenz, je mehr die Seite „Trenn' dich!", verstärkt wird
51 von außen, desto stärker ist die andere Seite der Ambivalenz: „Ich muß bei ihm blei-
52 ben!" Das heißt, daß Umfeld bestärkt eigentlich diese Frau in ihrem gut gemeinten
53 Rat wegzugehen, eher die Seite, die die Frau eigentlich bei ihrem Partner hält. Und so
54 gibt es sehr viele Beispiele und das halte ich deshalb nicht für sehr glücklich.
55 I: Ja, auf Grund Ihrer beruflichen Erfahrung würden Sie sagen, es ist nicht so gut im
56 privaten Bereich Ratschläge zu erteilen?
57 D: Ja also, ich finde, daß viele Leute viel zu schnell Ratschläge erteilen. Und gut, und
58 kommt noch die Motivation, ich mein, oft werden Ratschläge erteilt im Gefühl, (-)
59 ja sag' ich mal (-) einer Überlegenheit gegeben. „Ich weiß wo's langgeht!" „Mach' das
60 so und so und dann kommt es gut, dann ist's o.k. für dich!" Ich denk' der andere
61 wird in seiner Gesamtheit bei Ratschlägen nicht gesehen, auch seine, (-) ja seine
62 Eigenkompetenz oft nicht geachtet. Es kann sehr schnell in Verletzung von Würde
63 gehen. Sofern stehe ich also Ratschlägen sehr kritisch gegenüber.
64 I: Sie sehen so auch ein Stück weit die Gefahr, der Nichtanerkennung des anderen.
65 D: Ja.
66 I: Wenn man einen Ratschlag gibt?
67 D: Ja, oder die andere Seite, wenn mich jemand um Rat fragt, muß ich mir die Frage
68 stellen, was erwartet sie/er eigentlich von mir. Was will der-/diejenige, und das kann
69 ja sehr unterschiedlich sein. Einfach ist's natürlich bei informativen Sachen. Gut, ich
70 denk', darüber braucht man auch hier nicht reden.
71 I: Ja.
72 D: Es ist klar wenn's um Informationen geht. Oft wird eine Bestätigung der eigenen
73 Sicht erwartet, die man unter Umständen nicht geben kann oder auch geben will,
74 weil's nicht stimmt. Dann, wenn man die Sicht nicht bestätigt, dann ist oft die Ge-
75 fahr, daß dann die eigene Position beim anderen sich verhärtet. Also auch da bin ich
76 sehr kritisch, weil jemanden einen Rat geben heißt, ich maß mir im Prinzip an
77 zu wissen, was für den anderen gut ist und das weiß ich nicht. Ich weiß vielleicht was
78 für mich gut ist, oft weiß ich's auch nicht. Aber was für den anderen gut ist, daß weiß
79 ich nicht. Was ich machen kann, ist, mit jemand anderes die Situation durchspielen.
80 Da sag' ich: „O.k., stell' dir jetzt mal vor, du entscheidest dich so und so, was glaubst
81 du, was daraus resultiert? Oder du entscheidest dich anders, was denkst du?" Aber
82 ich kann auch sagen: „O.k., auf mich als Außenstehende wirkt das so" (I: Mhm),
83 wohl wissend, daß es nicht die Wahrheit ist.(-) Kommt sicher auch von meiner Ein-
84 stellung, meinem Bild, daß es eine Realität schlechthin nicht gibt. Ich denk', wir haben
85 alle unsere eigene Wahrnehmung. Ich bin sehr stark durch den ˋKonstruktivismusˊ
86 geprägt, daß wir unsere Realität sozusagen fabrizieren und daß dann Rat, Rat suchen
87 wird eingebaut in unsere Realitätskonstruktion. Sofern kann ich als Außenstehende
88 niemals eine Situation sehen wie sie wirklich ist, genausowenig wie der Betroffene,

89 sondern ich kann nur sagen, wie sie sich für mich real darstellt und wie sie der an-
90 dere sieht.
91 I: Könnte dies bedeuten, daß dadurch das Autonomieideal des anderen ein Stück
92 weit verletzt wird, wenn ich sozusagen die Konzeption vorgebe?
93 D: Also, es würde verletzt werden, wenn der andere darauf eingehen würde. Ich bin
94 der Überzeugung, daß die wenigsten Leute darauf eingehen, zum Glück, daß dann
95 meistens der Eigenanteil so stark ist, außer bei bestimmten Leuten, sag' ich mal, die
96 sehr selbstunsicher sind, aber auch da nicht. Es gibt Leute, die wirklich ständig und
97 wegen allem um Rat fragen, aber wenn man ganz genau hinguckt, dann machen sie
98 trotzdem was sie wollen (lacht). Also insofern denk' ich, ist die Gefahr, wenn jemand
99 Ratschläge erteilt, also auch `ungebetene´, nicht besonders hoch. Die Gefahr liegt
100 eher darin, denk' ich, daß der andere noch mehr bestärkt wird in dieser unsicheren
101 Haltung.
102 I: Um noch einmal auf die Personen zurückzukommen, die ständig um Rat fragen.
103 Ist es nur, weil sie den Beweis haben wollen, daß sie richtig liegen, oder kann es auch
104 etwas anderes sein?
105 D: Es können verschiedene Dinge sein. Es kann so 'ne Unsicherheit sein, überhaupt
106 eigene Entscheidungen zu treffen. Es kann schlichtweg eine Form der Beziehungsge-
107 staltung sein, um im Kontakt mit anderen zu bleiben. (-) Ich denke man kann beides
108 zusammen sehen, kann aber vom Schwerpunkt unterschiedlich sein.
109 I: Ich wage es ja kaum anzusprechen – `Rat und Tat´ (beide lachen), nachdem Sie
110 schon gesagt haben, daß der Rat Ihnen ein bißchen Bauchschmerzen bereitet.
111 D: Ja.
112 I: Gibt es aus Ihrer Sicht Personen, wo beides bewußt eingefordert wird: `Rat und
113 Tat´?
114 D: Ich überleg' grad'. So oft kommt das nicht vor. Einzelfälle sicher. In der Regel
115 sind es formale Dinge, daß jemand sagt: „Mensch, helfen Sie mir doch diesen Bogen
116 auszufüllen!" Habe ich kein Problem damit, wenn da jemand Schwierigkeiten damit
117 hat.
118 J: Das ist jetzt ein technischer Vorgang – „ein gewußt wie!"
119 D: Ja, ich überleg' gerade, (-) von der Praxis her, wo das vorkommt. (-) Einladungen,
120 sicher nicht so direkt ausgesprochen. (-) Ja, was soll ich sagen, schwierig, weil dieses
121 Setting ist hier so gestaltet, daß die Tat nicht eingefordert wird und von vornherein
122 klar ist, was leisten wir und was nicht. Deshalb kommt es sicher nicht so oft vor.
123 Unterschwellig kann es schon sein, daß der Wunsch da ist, aber es wird nie ange-
124 sprochen, aber man merkt's manchmal schon, am besten wär's wohl für den anderen,
125 aus seiner Sicht, wenn man ihm am Ärmel schnappen würde und mit ihm zum Ar-
126 beitsamt ginge. Ist etwas, was ich nicht tun würde, weil ich denk', daß die Leute sehr
127 wohl in der Lage sind, es selber zu machen.
128 I: Und in Ihrem Privatbereich würden Sie es auch nicht machen, wenn Ihre Freundin,
129 jetzt vielleicht nicht Arbeitsamt, sondern etwas Vergleichbares auf dem Herzen hätte,
130 daß Sie unterstützend etwas für sie in die Wege leiten?
131 D: Doch ja, wenn es etwas Konkretes ist, wo ich denke, der oder die hat gerad' Mühe
132 und für mich ist es sehr viel einfacher, klar.
133 I: Bedeutet das, daß die andere Person diese Bitte ausspricht, oder reicht es, wenn Sie
134 sehen, daß da etwas im Argen liegt, daß Sie diesen Schritt tun?
135 D: (lacht) Also bei mir persönlich, das ist bei mir das Problem, daß ich sehr schnell

136 dabei bin. Vorab erst einmal, ich bin ein Mensch der sehr schnell eigentlich von der
137 Grundstruktur her dabei ist zu rennen und zu machen, (-) und das also habe ich ver-
138 sucht bei mir zu verändern. Ein banales Beispiel, man braucht mir nicht zu sagen:
139 „Gib' mir bitte die Butter!"- ich hab' es schon lange gesehen und rüber geschoben.
140 Und das ist so etwas, was ich versucht habe bei mir zu verändern. Daß ich sage, ich
141 will nicht immer drei Schritte voraus rennen. (-) Sehen tue ich es. Es ist eher das Pro-
142 blem, ich sehe alles viel zu früh.
143 I: Ja, mal angenommen, ganz hypothetisch, in ihrem Bekanntenkreis wäre jemand,
144 da wäre professionelle Beratung angesagt. Würden Sie auf die Person zugehen und
145 sagen, das wäre sehr hilfreich für dich/Sie?
146 D: Das sind schon Dinge, wo ich sage, also das wäre mein Eindruck, und daß es
147 nicht schlecht wäre, professionelle Beratung oder Therapie in Anspruch zu nehmen,
148 und ich würde es auch noch begründen warum. Der andere kann dann mit der In-
149 formation machen was er will.
150 I: Sie würden immer gleich auch eine Begründung dazu geben?
151 D: Ja, warum bei mir subjektiv der Eindruck entstanden ist. Es wäre mir auch wich-
152 tig zu betonen, daß dies jetzt mein subjektiver Eindruck ist. Daß dies jetzt keine Diag-
153 nose ist. Es ist halt, (-) daß es beim anderen nicht rüberkommt: „Du ich hab' dich
154 analysiert, und es ist so und so, und deshalb mußt du, solltest du", sondern daß ich
155 sag', so ist mein Empfinden von dem, was du mir in letzter Zeit von dir erzählt hast,
156 deshalb entsteht halt der Eindruck. Guck mal, was du damit machst mit der In-
157 formation, überleg's dir. Und wenn du Interesse hast, kannst du wieder auf mich
158 zukommen, daß ich dich vielleicht unterstützen kann, jemand zu finden wie auch
159 immer.
160 I: Mhm, (-) worin würden Sie jetzt die Überlegenheit des professionellen Rates, ganz
161 speziell sehen, gegenüber dem persönlichen Rat?
162 D: Also ich denk', die Überlegenheit liegt beim Professionellen darin, daß wir keinen
163 Rat geben. Also es ist sicher, aber ich meine, gut, ich sage jetzt nicht, Professionelle
164 geben keinen Rat, ich kann nur von mir sprechen, weil ich denke es gibt sehr viele
165 Professionelle die Rat geben,- aber von meiner Seite aus liegt das Professionelle ge-
166 rade darin, daß ich es nicht tue. In diesem klassischen Sinn (I: Mhm). Und das ist
167 der große Unterschied, daß ich versuch' mit anderen zusammen die Situation zu er-
168 hellen, auch so ein bißchen zu gucken, daß klarer wird für ihn oder für sie selber,
169 was ist eigentlich meine Realitätskonstruktion, wo schmeiß' ich mir eigentlich Knüp-
170 pel zwischen die Füß' und wie kommen die Konstruktionen eigentlich zustande, (-)
171 weil ich denke, jede Konstruktion wie abstrus sie auch auf Außenstehende wirkt, hat
172 ihren Sinn (I: Mhm). Und innerhalb dieses gedanklichen Gebildes verhalten wir uns
173 auch manchmal für andere Menschen so irr. Weil der andere überhaupt nicht sehen
174 kann, auf welcher Grundlage ich mich eigentlich so verhalte. Um dies eigentlich mal
175 zu sehen, auf welcher Grundlage kommen Verhaltensweisen und Entscheidungen zu-
176 stande, die mir oder anderen immer wieder schaden. Und innerhalb dieser Glaubens-
177 konstrukte machen diese Handlungen oder Entscheidungen immer sehr viel Sinn.
178 Ich denk', es ist deshalb oft eine sehr große Erleichterung für die Leute oder für sich
179 selber zu sehen, es ist nicht irgendein Wahnsinn, der mich da geritten hat, daß ich
180 das jetzt immer wieder mach', sondern von der (-) a priori Annahme, die ich so hab'
181 über die Welt, ist es im Prinzip nur stringend logisch, daß ich mich in dieser Situa-
182 tion so verhalt' und wenn es noch so blöd für die anderen wirkt. Und ich denk',

183 wenn das mal klar wird, dann kann ich auch Entscheidungen fällen. Kann ich hinter-
184 fragen, sind die Annahmen wirklich so fest über die Welt wie sie mir scheinen. Kann
185 ich sie durch andere Annahmen über die Welt austauschen? Wenn ich andere An-
186 nahmen über die Welt habe, dann hat es in der Regel auch ganz klar Konsequenzen,
187 auch für meine Entscheidungen, meine Art an die Welt heranzugehen.
188 I: Also, geht es Ihnen darum Transparenz herzustellen?
189 D: Ja.
190 I: Und das denken Sie ist im Alltagsleben – jetzt auf privater Ebene – wahrscheinlich
191 nicht ohne diese berufliche Kompetenz machbar?
192 D: Ja.
193 I: Was würden Sie sagen: Ist es heute zutage unter den gesellschaftlichen Rahmenbe-
194 dingungen schwerer ` um Rat zu bitten ´ oder ` Rat zu geben ´? Es gibt ja viele Stich-
195 wörter zur Charakterisierung unserer Gesellschaft. Zum Beispiel Konkurrenzgesell-
196 schaft, viele Wahlmöglichkeiten (D: Mhm), Individualität.
197 D: Da muß man vielleicht zuerst den persönlichen vom professionellen Bereich tren-
198 nen. Professionell war's wahrscheinlich noch nie so leicht Rat zu finden oder Mög-
199 lichkeiten, Stellen zu finden, wo man hin kann. Wenn man Jahre zurückgeht, 20, 30,
200 100 Jahre, dann hab' ich heute für jedes Problemchen eine Beratungsstelle. Wobei es
201 dann natürlich schon schichtspezifisch ist, welchen Zugang ich jetzt zu welcher Stelle
202 habe. Je höher die Bildung oder die Schicht für die ich steh', desto mehr sind mir
203 diese Stellen zugänglich, weil ich selber weniger Schwellenängste habe, aber prinzipiell
204 vorhanden sind sie, aber es sind auch sehr viele ungebetene Ratgeber vorhanden.
205 I: Also ungebetene?
206 D: Also, wenn ich jetzt an den sozialen professionellen Bereich denke, je mehr je-
207 mand am Rande dieser Gesellschaft lebt und je mehr er mit sozialen Institutionen
208 tangiert wird, um so mehr ungebetene Ratgeber drängen sich auf, wo man den Rat
209 eigentlich über sich ergehen lassen muß, wenn man z.B. von materiellen Hilfen ab-
210 hängig ist. Das sind also so die ungebetenen Ratschläge, die man auch so mitnehmen
211 muß. Ich denke, da ist eher so eine Art Ratlawine (I: Mhm). Gut, im privaten Bereich
212 ist es schwierig, etwa da wage ich jetzt keine allgemeingültige Aussage zu machen. Also
213 ich würde es jetzt mal rein von meinem Gefühl aus sagen, ich hab' jetzt keinen rie-
214 sigen Bekanntenkreis, aber die Beziehungen sind so, daß man über persönliche Dinge
215 spricht. Jetzt weiß ich eigentlich nicht wie es ist, muß ich ganz ehrlich sagen, aber ich
216 kann's mir jetzt nicht vorstellen von meinen Erfahrungen, daß wenn jetzt auch viel
217 von der Freizeitgesellschaft gesprochen wird oder so, daß es sehr viel schlechter sein
218 soll als früher. Weil ich denk' schon, die Tendenz in unserer Gesellschaft über Dinge
219 zu reden und zu benennen ist größer geworden.
220 I: Also größere Offenheit?
221 D: Ja, die Tabuthemen sind weniger geworden.
222 I: Kann es aber nicht manchmal auch verwirrend sein?
223 D: Also ich denk' schon, ganz sicher.
224 I: Da hör ich das, da hör ich jenes!
225 D: Klar, die Entscheidungsfähigkeit ist natürlich mehr denn je gefragt. Ich mein, wenn
226 ich zeitlich zurückgehe in der Geschichte, ist schon klar, wir haben heute existentielle
227 Bedingungen, wo wir nimmer so reingepreßt sind in bestimmte Konventionen oder
228 Rollen die festgeschrieben sind von Geburt aus. Das heißt aber auch, ich muß zu
229 jedem Zeitpunkt meiner Biographie wesentlich mehr Entscheidungen treffen, sonst

230 gehe ich im Prinzip unter in dieser Gesellschaft. Ich muß auch in der Lage sein, ganz
231 viel auszublenden, sonst werde ich verrückt, würde ich mal sagen. Während die Leute
232 früher, das sage ich jetzt auch mal wieder in Anführungsstrichle, so oft in einem
233 `naturgebundenen Lebenslauf´ drin waren, wo sie, ob sie wollten oder nicht, es gar
234 nicht viel zu entscheiden gab. Dinge waren einfach vorbestimmt und diese sehr viel
235 größere Freiheit, die wir heut' haben, die hat auf der anderen Seite natürlich den
236 Preis, daß wir sehr viel mehr gefordert sind, eigene Entscheidungen auch zu treffen.
237 I: Mhm, heißt das auch, daß die Ratbedürftigkeit steigt?
238 D: Denk' ich ja. Auch auf allen Ebenen. Auch auf der technischen Ebene. Je mehr
239 ich, im Sektor Verkauf, Verbrauch z.B., (-) je mehr ich die Auswahl habe, desto eher
240 stehe ich vor einem Chaos. Wenn ich z.B. 20 Waschmaschinen habe oder Autos,
241 Computer; bei allem eigentlich ist es ein ziemlicher Aufwand heute, sich damit zu be-
242 schäftigen, so daß ich sag' da, daß ich Kriterien finde, die mir wichtig sind. Zumal ich
243 dann immer wissen muß, wen ich um Rat frage. PC ist ein schönes Beispiel. Es bringt
244 herzlich wenig, wenn ich einen PC-Freak sozusagen um Rat frage, weil ich denke,
245 der kennt sich besonders gut aus, weil dann komme ich mit einer `Maschine´ heim
246 und ich will vielleicht nur meine Briefe tippen. (-) Ich würde also doppelt soviel aus-
247 geben als ich brauch'. Das heißt, ich muß ganz gezielt, wenn ich mich von jemand
248 technisch beraten lasse, mir klar werden, was will ich, bevor ich überhaupt frage und
249 dann muß ich mir die Leute ganz gezielt aussuchen.
250 I: Bedeutet dies auch, daß die `klassischen´ Ratgeber, wie die alten Leute, die ja
251 früher recht viel zu sagen hatten, oder andere, wie die Pfarrer oder sonstige Leute mit
252 Ruf und Namen in der Gemeinde, nicht mehr dieses Gewicht haben wie früher?
253 D: Also lassen wir mal die Pfarrer außen vor, weil mit denen habe ich es jetzt über-
254 haupt nicht (lacht). Gut im Sinne von Rat, denk' ich ja. Bei mir persönlich ist es so,
255 daß ich alte Leute sehr hoch einschätze auf Grund ihrer Lebenserfahrung und ich
256 denk', ja erst Mal gut. (-) Dann kommt es natürlich schon mal darauf an, wie bei
257 jedem Menschen auch, was jemand aus seinem Leben gemacht hat. Es gilt: „Alter
258 allein gibt noch keine Weisheit." Es gibt Leute, die sich mit dem Leben auseinander-
259 gesetzt haben, die wirklich so etwas wie eine Altersweisheit erreicht haben, und es
260 gibt Leute, die halt nur gealtert sind und halt das Leben gelebt wurden, sag' ich jetzt
261 mal. Im Sinne von Rat, persönlicher Rat, ich würde mich nicht an sie wenden, genau-
262 sowenig wie ich mich an andere Leute selber wende, aber zu hören was sie zu sagen
263 haben, das find' ich sehr interessant, weil ich denke, sie haben sehr viel zu sagen und
264 man kann auch sehr viel daraus lernen. Aber ich kann es mir jetzt nicht vorstellen,
265 wenn ich ein persönliches Problem hätte, daß ich mir etwas versprechen würde,(-)
266 egal wie weise und alt jemand ist, jetzt mir etwas persönlich zu meinem Dilemma zu
267 sagen –„Mach's so oder so!" Aber zu hören, was die Leute auf Grund ihres gelebten
268 Lebens und die Erfahrungen, die sie daraus gezogen haben an sich, das finde ich
269 interessant, weil man feststellt, daß sich die Dinge einfach stets auch wiederholen.
270 Also so das ewig menschliche Thema, egal in welchem Zeitgewand es sich kleidet (I:
271 Mhm). Dies ist für mich eine interessante Erfahrung, daß uns von den früheren
272 Epochen nicht allzuviel trennt.
273 I: Hat sich vielleicht etwas geändert in der Art der Vermittlung? Es gibt Themen, die
274 sich immer wieder wiederholen, sagten Sie. Können Sie sich vorstellen, daß ein alter
275 `weiser´ Mensch, in Anführungszeichen, früher den Rat anders gegeben hat als ein
276 alter `weiser´ Mensch heute zum selben Thema, sagen wir mal Eheproblem?

277 D: Ja. Ich denke, der Unterschied ist der, daß früher ein alter Mensch, sag' ich mal,
278 sich überhaupt getraut hat (lacht) etwas zu sagen. Während in den heutigen Zeiten
279 ist es auch sehr schwer für Alte, diese Position für sich selber einzunehmen, weil sie
280 gesellschaftlich gesehen relativ früh an den Rand geschoben werden, außer in der
281 Politik. Da kommt man erst richtig in Fahrt (lacht).
282 I: Ja, hier herrscht noch das Senioritätsprinzip (beide lachen).
283 D: Insofern denke ich schon, daß die Autorität, die sich auf Grund des Lebensalters
284 ergeben hat, früher, oder diese Achtung, die man für sich in Anspruch nehmen
285 konnte, dies ist eher einer großen Verunsicherung gewichen und ich denke, die Alten
286 machen heute auch mehr ihr Ding. Sie haben auch letztlich ihre Konsequenzen aus
287 diesen Bedingungen gezogen.
288 I: Und junge Leute füllen heute Autorität inhaltlich wahrscheinlich auch anders als
289 früher, oder?
290 D: Was positiv ist, ist, daß Autorität heute ausgefüllt werden muß und nimmer mehr
291 gegeben ist durch einen Status.
292 I: Heißt das, sie muß gelebt werden?
293 D: Ich denke, wenn jemand wirklich Autorität hat, auf Grund eines gelebten Lebens,
294 dann wird es auch wirklich erkannt und er wird auch ernst genommen. Aber dieses
295 so darauf pochen, so nach dem Motto: „Ich hab' jetzt 70 Jahre auf dem Buckel und
296 weiß jetzt wo's lang geht", das wird sicher zurecht nimmer so hingenommen. Dann
297 denk' ich, was erschwerend bei uns halt in Deutschland hinzukommt, ist einfach der
298 Bruch durch das Hitlerregime, das kann man einfach nicht ausklammern, wenn man
299 die ältere Generation anguckt (I: Mhm). Also, das merkt man. Ich bin viel in Frank-
300 reich, und da erlebt man auch, daß die auch so eine Entwicklung haben, die können
301 aber aus einer Tradition schöpfen. Da hat sich eine Tradition weiterentwickelt und es
302 kann viel unbefangener mit der Vergangenheit umgegangen werden. Und in Deutsch-
303 land, dieses, ich sag' mal zwölfjährige schwarze Loch und ˋ Fünfundvierzig ´ eine Stunde
304 Null, und das macht's schwer auch mit dieser Generation umzugehen, daß es o. k.
305 ist.
306 I: Fällt Ihnen zum Abschluß noch etwas ein, was ich nicht gefragt habe? Was Sie viel-
307 leicht erwartet haben?
308 D: (lacht) Ne, ich denk', das ist ein Thema, da könnte man ewig darüber sprechen,
309 aber ich denk' es sind schon so die wesentlichen Dinge die hier angesprochen wurden.

**Interview 6:** Ev. Pfarrer in einer Großstadtgemeinde

1    I: Allgemeiner Einleitungstext: ... Vieles weist darauf hin, daß die individuelle Aus-
2    einandersetzung mit unterschiedlichen ratbedürftigen Situationen und auch die Formen
3    der Ratsuche und des Ratgebens in einem besonderen Maße im Fluß sind. Wenn
4    dies der Fall ist, dann berührt es auch die subjektive und allgemeine Wertschätzung
5    des persönlichen Rates. Kann man dann sagen, die Menschen schätzen ihn nicht
6    mehr so sehr?
7    F: Also, ich denke, was sich verändert hat ist, daß es heute für viele Möglichkeiten
8    professionelle Hilfe gibt, und daß deshalb der persönliche Rat oft dieses nicht leisten
9    kann und daß Menschen oft dies teilweise wissen, und daß man unterscheiden muß,
10   will ich mich aussprechen oder möchte ich wirklich einen Rat suchen. Und ich erleb'
11   eigentlich eher, daß Menschen unter diesem Aspekt ein Gespräch suchen, daß sie ein-
12   fach mal erzählen wollen und nicht daß sie einen konkreten Rat wollen, zumindest
13   von mir als Pfarrer. Die Fragen der Moral, der Kindererziehung, der (-) Eheproblematik
14   und was solche Dinge sind, die werden heute in der Öffentlichkeit (-) einerseits ist
15   man informierter, zum anderen gibt's einfach viel Personal, auf das ich auch verweise,
16   weil ich zunehmend auch merk', daß ich da gar nicht mithalten kann (-) als Theologe.
17   I: Also primär zur Entlastung? Bei Ihnen ist ein Raum, in dem man geschützt ist, so
18   stelle ich mir das vor, wo man sich öffnen kann – was vielleicht sonst nicht so ohne
19   weiteres möglich ist – um sich einfach etwas von der Seele zu reden.
20   F: Das und zum anderen gibt's, wenn man den persönlichen Rat im privaten Bereich
21   sucht, der hat natürlich oft auch, weil er unprofessionell ist, wenig Hilfen. Es ist eher,
22   in Anführungszeichen ein ` Stammtischgespräch´. Man dreht die Probleme vor und zu-
23   rück, aber man löst sie nicht (I: Mhm). Und es geht ja meistens bei einem persön-
24   lichen Gespräch im privaten Bereich, daß man sagt: „Ja, aber das würd' ich so machen!
25   – Mach' das so!" Damit ist in der Regel dem einzelnen nicht geholfen, weil er oft die
26   Kraft oder die Möglichkeit nicht hat.
27   I: Hat das auch damit zu tun, daß beim persönlichen Rat zu wenig die Perspektive ge-
28   wechselt werden kann, man vielleicht zu wenig Abstand zu demjenigen hat, der einen
29   fragt?
30   F: Es hat damit zu tun, daß die Leute beim persönlichen Rat sich identifizieren mit dem
31   Problem und es dann mit ihrer eigenen Situation vergleichen und dann Antworten
32   suchen aus der eigenen Lebenserfahrung im Vergleich zur Lebenserfahrung des an-
33   deren, aber sich nicht auf eine weiter zurückliegende oder darüberliegende oder distan-
34   zierte Ebene beziehen können.
35   I: Mhm, Sie haben jetzt das Stichwort ` Vergleich´ gebracht. Vergleich hat ja manch-
36   mal etwas fragwürdiges, (-) es hat nicht nur einen positiven Beiklang. Haben Sie das
37   jetzt mitgedacht?
38   F: Ich finde das Vergleichen in einem Ratgespräch, beratenden Gespräch äußerst
39   schwierig, weil man damit eigentlich nicht die Situation des anderen wirklich wahr-
40   nimmt. Ich denke der persönliche Rat im privaten Bereich ist weitgehend derart, daß
41   man sich eigentlich nicht wirklich in die Probleme des anderen reinbegibt oder rein-
42   begeben kann. Man vergleicht's mit der eigenen Situation, die ist meistens besser in
43   dem Moment, manchmal auch gleich schlecht, das kann auch sein, dann redet man
44   als Betroffener, und dann fängt man von dieser Warte an, Ratschläge zu geben. Und
45   das Phänomen Ratschlag ist für gravierende persönliche Probleme wenig hilfreich. Es

46 ist hilfreich für Dinge, wenn's darum geht welche Schule ist besser und wenn dann
47 jemand sagt, geh' halt mal zum Elternabend und guck dir's an, so hab ich's auch ge-
48 macht (I: Ja). Das ist informativ, eine Hilfestellung, aber wenn es darum geht, „Meine
49 Frau versteht mich nicht mehr", was will man da raten! Will man da erzählen, wie man
50 mit der eigenen Frau Dinge löst! Das hilft nicht! Und darin seh' ich ein Manko des
51 privaten Rates, und ich denke viele Probleme, die sind heute so komplex, daß der pri-
52 vate Rat ungenügend ist.
53 I: Können Sie sich aber auch Situationen vorstellen, wo der persönliche Rat einen
54 gewissen Vorteil hat gegenüber dem professionellen Rat, aufgrund Ihrer Erfahrung?
55 F: Da müßt man jetzt genauer definieren, was `persönlicher Rat´ und was `professio-
56 neller Rat´ und so weiter ist.
57 I: Ich will jetzt mal vereinfacht sagen: professioneller Rat ermöglicht es, aufgrund von
58 spezifischen Wissen und Methoden, über die eine bestimmte Berufsgruppe verfügt, ein
59 Problem, eine ratbedürftige Situation, so anzugehen, daß derjenige, der die Hilfe braucht
60 selber seinen Weg findet. Also wo die Eigenkräfte sozusagen mobilisiert werden.
61 F: Ja, das leistet doch prof. Hilfe auch, daß sie versucht die Eigenkräfte zu mobilisieren.
62 I: Ja, daß habe ich gerade gemeint, professionelle Hilfe.
63 F: Ach so, ja. (-) Ich halte den persönliche Rat für hilfreich im normalen Lebensvoll-
64 zug, aber nicht in dem Moment, wo Probleme anfangen pathologisch zu werden. Da,
65 denke ich, kommen wir an Grenzen, wobei es heute ein immer breiteres Spektrum an
66 geschulten Leuten gibt, die jetzt nicht, sagen wir mal ausgebildete Therapeuten sind,
67 aber die so ein bißchen Grundwissen haben, sei es durch die Hospitzbewegung oder
68 mal in die Telefonseelsorge hineingeschnuppert haben oder mal, wie ich, ein paar
69 Kurse so gemacht haben. Ich bin in keiner Weise fähig therapeutisch zu wirken, aber
70 ich denk' so ein paar Dinge zu wissen, auf die man achten sollte. Und das erleb' ich,
71 daß es heute schon ein größeres Spektrum gibt, schichtspezifisch natürlich verteilt.
72 Ich denke dieser so (-) `einfache Rat´, man setzt sich hin, bespricht was im Famili-
73 enkreis oder so, das ist nur für leichte Fälle sozusagen anwendbar. (-) Ist mein Ein-
74 druck.
75 I: Ist es möglich, daß sich die Form des persönlichen Ratgebens auch geändert hat?
76 Früher hat vielleicht jemand einen Ratschlag gegeben (betont): „Wenn du das so und
77 so machst, dann wird es wahrscheinlich gelingen!" „Leben gelingt dann!", während
78 heute weiß er, er kann es nicht so formulieren. Er muß sich mit ihm zusammensetzen
79 und einen Weg suchen, so daß sich die Rolle des persönlichen Ratgebers auch än-
80 dert.
81 F: Ja, ich denke, es ändert sich in der Hinsicht was, daß es sowieso mehr Offenheit
82 gibt über persönliche Probleme zu sprechen. Das war wohl früher nicht so. Da hat
83 man kaschiert, Alkoholprobleme oder so wurden nicht angetastet. Ich denke, daß es
84 zunehmend eine Offenheit gibt solche Dinge zu besprechen und sich für solche Dinge
85 auch Gesprächspartner zu suchen, und das es dann auch schon mehrere Möglich-
86 keiten gibt so etwas in Ruhe anzugehen, wenn man bewußt jemanden sucht. Wobei
87 ich die größte Bedeutung des persönlichen Gesprächs, ich weiß nicht mehr ob man's
88 Rat nennen kann, liegt, glaub' ich, eher im Zuhören.
89 I: Nicht im Antworten?
90 F: Ja, der Rat, der im Antworten besteht, ist wenig hilfreich (-) jetzt in Alltagsgesprächen.
91 I: Um auf dieses Wechselspiel zu kommen. Der eine bittet um Rat, der andere gibt ihn
92 vielleicht. Dieses hören, zuhören können, dann vielleicht antworten. Der eine stellt die

93  Frage, der andere antwortet. Wenn dieses Wechselspiel nicht mehr so klappt, was ja
94  durchaus wichtig ist für eine Gemeinschaft, für ein Zusammengehörigkeitsgefühl, was
95  könnte das bedeuten? (-) Gibt es gesellschaftliche Leitbilder, Lebensformen, die dieses
96  Wechselspiel erschweren? Das waren jetzt viele Fragen auf einmal.
97  F: (überlegt) Wechselspiel? Also ich hab' den Eindruck, daß die frühere Art Rat zu
98  geben mit einer einfachen und klaren Antwort, daß die von einem sehr deutlich ge-
99  prägten Welt- und Menschenverständnis oder auch Gesellschaftsverständnis bestimmt
100 war. Man hatte eine Auffassung, nehmen wir mal an, ein Alter und ein Jüngerer
101 hatten ein Problem. Der Ältere hat dem Jüngeren deutlich gesagt: „Die Straße geht
102 und die Straße, vor der warn' ich dich, du mußt dich da bemühen." Dieses Eindeutige
103 auch selber zu wissen, was relevant ist, das zerbröselt, oder es ist nicht mehr gegeben.
104 Ich find's nicht nur schlecht, weil ich denke, daß es sehr viel mehr Leute gibt, die ihr
105 Leben ständig kritisch reflektieren, daß sie nicht mit dieser Deutlichkeit sagen können:
106 „Und so geht's!", sondern daß sie nur sagen können: „Probier was!", oder „Du mußt
107 was verändern!", das wäre ja auch ein Rat, ob man sagt, so geht's, oder ob man einfach
108 sagt, das einzige was ich eigentlich sehe, ist, daß sich bei dir was massiv ändern muß
109 und daß es jetzt die Frage ist, wo bekommst du Anstöße, in welche Richtung es gehen
110 kann (I: Mhm). Also, das wär so ein Rat heute, der aber die Leute in einer gewissen
111 Unsicherheit läßt, aber ihnen auch bessere Möglichkeiten gibt.
112 I: Bedeutet das auch, daß positionale Autorität nicht mehr so ohne weiteres vorhanden
113 ist? Früher konnte z.B. ein älterer Mensch auf Grund seiner Lebenserfahrung einen
114 Rat geben, heute wird es vielleicht ein bißchen schwieriger werden, um als Autorität
115 anerkannt zu werden.
116 F: Ja, ja genau! Ich denke diese Autoritäten gibt es heute nimmer oder deutlich weniger,
117 und es gibt andere Autoritäten, die auf ganz anderen Ebenen liegen. Also ich könnte
118 Ihnen jetzt ein paar Beispiele nennen.
119 I: Ja, gerne.
120 F: Also, ich nenne Ihnen jetzt nur ein Beispiel: Jugendliche, die hier mit mir zu tun
121 hatten, die ihre Eltern gar nicht mehr so recht akzeptieren als Autorität, weil sie sie
122 nicht verstehen. Die kommen, wenn sie teilweise massive Schwierigkeiten hatten, teil-
123 weise mir, obwohl ich in ihrem Problem überhaupt nichts lösen kann, aber weil sie
124 irgendwo das Gefühl hatten, da ist jemand, der ihnen eben nicht sagt: „Daß darfst du
125 nicht!" „Daß mußt du tun!", sondern da ist einer der sich Zeit nimmt. Das wäre so ein
126 Beispiel, weshalb ich das Zuhören so wichtig find'. Wo ich dann eher sag': „Kinder so
127 könnt ihr das nicht machen, ihr müßt auch überlegen was ihr da anrichtet!" Aber ich
128 sage nicht: „Daß dürft ihr nicht machen!", oder sonst was weiß ich. Ich erinnere mich
129 gerade an eine Situation, wo die Polizei mit im Spiel war, wo Rauschmittel mit im Spiel
130 waren, (-) so einfach auf erstaunliche Weise der Pfarrer, der für Jugendliche eine
131 ganz komische Figur eigentlich ist, in erstaunlicher Weise ein Gespräch gesucht wird.
132 Oder eine andere Situation. Wer natürlich viel zu uns kommt, sind die Obdachlosen,
133 Wohnungslosen. Und da kommen sie zu mir und wollen wissen, wie sie mit einer
134 Verfügung des Amtsgerichtes umgehen sollen, oder kommt einer und zeigt mir sein
135 offenes Bein und möchte wissen, ob er zum Arzt gehen soll. Das sind alles Dinge, wo
136 ich ja nicht kompetent bin. Ich kann das Bein nicht beurteilen. Ich kann ihm jetzt
137 nicht sagen, ob er medizinische Hilfe braucht oder nicht, und mein Rat ist in dem Fall
138 eindeutig, ich sag' : „Natürlich gehen Sie zum Arzt, wenn Sie Beschwerden haben!" (X)
139 I: Einerseits will er eine Information, andererseits ist das vielleicht über den Rat eine

140 Kontakt-, eine Beziehungsaufnahme.
141 F: Ja, er weiß, daß ich eigentlich nicht helfen kann. Ich kann ihm medizinisch nicht
142 helfen, ich kann ihm in seiner Wohnsitzfrage nicht helfen, ich kann ihm in seiner
143 Schwarzfahrangelegenheit mit der Straßenbahn nicht helfen, und trotzdem legt er mir
144 die Probleme vor.
145 I: Und was denken Sie sind die Beweggründe?
146 F: Also, ich halt' das nach wie vor für einen Kommunikationsmangel (-) oder eine
147 Mangelsituation an Kommunikationsmöglichkeiten für bestimmte Leute, die aus un-
148 serem alltäglichen Raster herausfallen. Rausfallen heißt jetzt nicht auffällig rausfallen im
149 sozialen Bereich, sondern auch jemand der krank ist, fällt ja gewissermaßen raus, weil
150 er an seinem Arbeitsplatz diese Situation nicht ausbreiten kann, sondern im Prinzip
151 diese Situation mit sich und seinem Arzt ausmachen muß, weil am Arbeitsplatz geht's
152 darum, daß er gesund sein soll (I: Mhm). Oder wie diese Jugendlichen, die bestimmt
153 ganz viele Sprechmöglichkeiten haben, aber die in ihren vielen Gesprächen bestimmte
154 Dinge einfach (-) vermissen. Parteilos zuzuhören, oder sagen wir mal unvoreingenom-
155 men zuzuhören. Das ist auch die Kritik am alten Rat, die frühere Art Rat zu geben –
156 ich nenn's jetzt einfach die frühere Art – war nicht parteilos, sondern sie kam von
157 einer bestimmten Weltanschauungsposition heraus, Lebenserfahrung heraus und sie
158 hat meistens auch dazu geführt diese Position zu vertreten. Und ich sehe eher das Be-
159 dürfnis eben solchen Rat nicht zu suchen, sondern die eigene Position vielleicht noch
160 gespiegelt zu bekommen.
161 I: Also durchaus im professionellen Sinne, daß man spiegelt?
162 F: Ja, daß man ihn wahrnimmt, aber daß man ihn dann auch zumindest in meiner
163 Situation, dann auch nicht helfen kann, oder was heißt `helfen´ kann. (-)
164 I: Sie haben angesprochen, daß bei dem früheren Rat so etwas wie ein Lenkung statt-
165 fand.
166 F: Ja.
167 I: Dadurch, daß ein bestimmtes Wertesystem dahinterstand. Dadurch wird natürlich
168 Orientierung vorgegeben. Während heute ist es, wie Sie sagten, nicht so. Man läßt
169 sich auf den anderen ein und sucht gemeinsam etwas zu finden. Könnte darin auch
170 etwas Widerständiges verborgen sein, um aus diesen gängigen Mustern, Konventionen
171 herauszukommen? Daß der persönliche Rat dann auch für jemanden die Chance be-
172 inhaltet, den Weg anders zu gehen?
173 F: Ich denk' nicht nur die Chance, sondern das ist der Hauptpunkt (nachdenklich).
174 I: Weshalb das auch gesucht wird, oder?
175 F: Nein (bestimmt), am Leben verändern möchten ja die wenigsten etwas (I: Ah ja),
176 das ist in der Regel erst immer in der Notsituation, weil man richtet sich ja ein und
177 denkt, es geht so, und erst wenn es gar nicht mehr geht, es ist nur 'ne Frage der
178 Schwelle, die man überschreitet oder die man aushält, und dann beginnt man sich
179 über Veränderungen Gedanken zu machen. Und was ich für das Wesentliche halte ist,
180 daß diese Veränderungen aus der Person, schon im Gespräch mit anderen, aber aus
181 der Person heraus entstehen, aber nicht von außen bestimmt sind. Und dieses aus der
182 Person herauswachsende Ändern des eigenen Lebens, und darum geht's ja beim Rat,
183 das halte ich für das hilfreichere und im Prinzip, ja ich würde fast sagen, für das Einzige.
184 Ich meine, es gibt sicher autoritätshörige Menschen mit denen es geht, wenn man
185 ihnen genau vorgibt, was los ist, aber dann sind die Dinge ja meist wenig geändert.
186 Man weiß es ja bei der Sucht, sie ist nur therapierbar, wenn die entsprechende Ein-

187 stellung dazu da ist.
188 I: Dieses sich verändern, kann das auch in Verbindung gebracht werden mit: `mit sich
189 zu Rate gehen`?
190 F: (schweigt).
191 I: Ist es 'ne angemessene Form?
192 F: `Mit sich zu Rate gehen` ist natürlich sehr... (-) . Ich halte da nicht soviel davon.
193 Ich denke beim `mit sich zu Rate gehen` dreht man sich ums Eigene. Ich halt' es für
194 unabdingbar von außen Signale zu bekommen. Sicher, man kann Dinge selber ver-
195 ändern, aber sie sind immer mit Anstößen von außen verbunden. Daß die Kraft aus
196 einem heraus erwächst, das glaub' ich, das denk' ich schon, muß sogar. Aber daß
197 man aus eigenen Kräften massive Dinge wieder in Griff bekommen kann, nehmen wir
198 eine Eheproblematik (betont), das war lange Zeit die Art wie man so Dinge ange-
199 gangen hat und ich denk', schlecht angegangen. Der gesellschaftliche Druck hat 'ne
200 Ehe früher zusammengehalten. Heute hält sie halt nicht mehr und ich denk', weil
201 die Leute heut' zuweilen meinen, das kriegen wir doch selber hin. Daß natürlich
202 (betont) die Beilegung einer Ehekrise nur dann geschieht, wenn das, was in dem
203 Gespräch angedeutet und überlegt wird, wenn das auch umgesetzt wird und nicht auf
204 die Stücke beschränkt bleibt, wenn man sich irgendwo Hilfe holt. Das halt' ich für
205 notwendig.
206 I: Würden Sie soweit gehen und sagen, dieses `mit sich zu Rate gehen` könnte bei-
207 nahe ein Vorwand sein, um sich vielleicht mit anderen auseinandersetzen zu
208 müssen, oder ist es ein falsches Ratverständnis für sich selber?
209 F: Das ist eine ganz schwierige Frage, weil das hängt natürlich ganz von dem Phäno-
210 men ab, mit dem man sich abgibt. Wenn man natürlich im Kontakt, (-) wenn man
211 Probleme zu lösen hat, die mit anderen zu tun haben, kann man natürlich versuchen
212 sich dem dadurch zu entziehen. Aber es gibt natürlich schon auch Dinge, die in der
213 Person selber liegen und wo man einfach sagen muß, da muß sich derjenige nicht mit
214 anderen auseinandersetzen, sondern mit sich selber auseinandersetzen, aber mit sich
215 selber auseinandersetzen heißt für mich schon irgendwo mit Anstößen verbunden,
216 weil sonst wird's 'ne Sackgasse, das mein ich nun. Mit sich selber auseinandersetzen,
217 ja wenn sie obdachlos sind, dann müssen sie, denk' ich einmal, mit ihrem eigenen
218 Lebensentwurf konfrontiert werden und müssen sich jetzt nicht mit der Gemeinschaft
219 der Obdachlosen der Stadtmitte beschäftigen, (-) und dann steht schon primär die
220 Idee des eigenen Lebensentwurfes vor Augen. Was ja jetzt für uns im Pfarramt heute
221 interessant ist, dadurch daß es so viele professionelle Hilfen gibt, gibt es zum einem
222 einfach Leute, die jemanden wollen, der ihnen zuhört, und zum anderen gibt es na-
223 türlich auch eine Klientel, die durch alle Raster der Hilfe fallen, die zum Schluß übrig-
224 bleiben und wo es eigentlich keine amtliche Stelle mehr gibt sozusagen.
225 I: Und wer wäre das z.B.?
226 F: Das sind schon Leute, die in massive Dinge verstrickt sind, die total verworren sind.
227 Ich denk an einen Herrn, der einmal Handelsvertreter war. Zum einem hat er seine
228 Firma verloren, zum anderen hat er, denk' ich 'ne enorme Geltungssucht, er konnte es
229 überhaupt nicht akzeptieren. Seine Ehe ist kaputt gegangen, (-) die Sozialhilfe hat nicht
230 mehr gereicht. Er ist dann immer tiefer runter, er hatte da Schulden und da Schulden
231 usw. und so fort und konnte mit dieser Situation einfach nicht umgehen. Er hat natür-
232 lich versucht die verschiedenen Phänomene in den Griff zu kriegen. Die Arbeitslosig-
233 keit gelang ihm nicht. Die Ehegeschichte gelang ihm auch nicht, es war miteinander

234 bedingt. Auch wenn die Professionellen versucht haben, da ein bißchen was daran zu
235 machen. Seine persönliche Art wie er auftrat, hat er überhaupt nicht wahrnehmen
236 wollen, oder war hier nicht therapiebereit, sagen wir mal, und so jemand kommt dann
237 zum Schluß zum Pfarrer und das ist dann der Letzte (lacht) und der kann ihm natürlich
238 im engeren Sinne auch nicht helfen, (-) außer daß er ihm zuhört und aus seiner Spenden-
239 kasse immer wieder ein paar Mark zukommen läßt. Und ein anderes Thema, das hier
240 im kirchlichen Bereich sehr wichtig ist als Rat und das fällt, denk' ich, fällt aus allen
241 Beratungsangeboten der Professionellen weitgehend raus, dies ist das Phänomen Krank-
242 heit. Ich sehe mich selber weitgehend inkompetent was soziale Probleme wie Ehepro-
243 bleme und so weiter angeht, dazu bin ich nicht ausgebildet. Wo ich mich zunehmend
244 aber berührt sehe ist, daß Menschen mit massiven gesundheitlichen Sorgen, dann
245 doch auch mit dem Phänomen Krankheit religiöse Phänomene verbinden und dann
246 einen religiösen Rat, die Frage nach Gott damit verbinden, und wo's mir dann auch
247 deutlich wird, daß es für dieses organische Leiden eine Therapeutengruppe gibt, die
248 Ärzte, die das Phänomen aber technisch angehen und eigentlich nicht mit Ratschlägen
249 (I: Mhm). Und daß man deshalb mit diesen, das Phänomen Trauer, Krankheit, Lei-
250 den, das halt ich noch für die kirchlichen Themen in diesem Zusammenhang. Und
251 das halt ich für die Themen, wo es am wenigsten Beratungsmöglichkeiten gibt. Trauer
252 gibt's jetzt zunehmend. (~) Und da kann ich den Leuten oft auch keine Antworten
253 geben. Ich kann den Leuten nicht sagen, weshalb Gott ihnen etwas tut oder nichts tut,
254 oder ob es Gott ist oder nicht, aber ich kann ihnen Wege zeigen mit diesem Phäno-
255 men umzugehen. (-) Aber ich weiß nicht, das ist wahrscheinlich schon ein professio-
256 neller Ratschlag?
257 I: Ein Stück weit schon, aber ich denke ihre Berufsrolle ist wahrscheinlich so verzahnt
258 mit ihrer Person, daß man wahrscheinlich schwer trennen kann (F: Mhm), was ist per-
259 sönlich, was ist aufgrund Ihres Amtes da.
260 F: Also, ein Rat wär für mich dergestalt, daß er versucht wahrzunehmen, was die
261 Leute betrübt oder beschäftigt und ihnen entweder Anstöße gibt, worüber sie nach-
262 denken können oder was sie machen können, oder ihnen Möglichkeiten gibt emotio-
263 nal mit ihrer Situation umzugehen. Das halte ich für eine sehr große Bedeutung des
264 Rates. Und vielleicht ist es auch das, was viele suchen. Einerseits Verständnis und zum
265 anderen eine emotionale Möglichkeit ihren Frust, ihren Ärger irgendwie loszuwerden
266 oder den zu kanalisieren.
267 I: Mhm (-) das ist wahrscheinlich auch eine ganz spezifische seelsorgerische Vorstellung
268 wie man einen Ratsuchenden ein Stück weit begleitet, begegnet.
269 F: Wobei ich manchmal denk', vielleicht ist das auch im Alltag wichtig. Also ich halte
270 es für ganz arg wichtig, die Leute wahrzunehmen, ihnen dann eher eine Möglichkeit zu
271 zeigen, wie sie mit dem Phänomen umgehen können als ihnen zu sagen, was sie tun
272 müssen.
273 I: Fällt es den Leuten manchmal schwer mit einer Ratbitte zu Ihnen zu kommen? Man
274 kommt ja ein Stück weit, in Anführungszeichen als ´Bittsteller´, und ich denk', in un-
275 serer heutigen Zeit ist man nicht gerne Bittsteller, wo ganz andere Leitideen vorherrschen.
276 F: Das kann ich schlecht sagen, weil die, die sich schwer tun, kommen nicht. Aber ich
277 denke ja (I: Ja). Die Zahl ist nicht sehr groß, es ist 'ne bestimmte Klientel und die Mög-
278 lichkeiten meinerseits sind auch sehr begrenzt, also zeitlich. Wir haben hier in A.
279 (Name) allein dreieinhalb Tausend Gemeindeglieder, und da kann man sich ja aus-
280 rechnen, wenn da jeder mit einem Thema käme. Es sind bestimmte Leute, wo dann

281 noch so eine religiöse Komponente eine Rolle spielt, die dann den Pfarrer aussuchen.
282 Andererseits werde ich natürlich als Bürger dieser Stadt mit vielem konfrontiert, und
283 dann bin ich noch, ich bin ja noch nebenher in der Psychosomatischen Klinik (Name)
284 als Klinikseelsorger (I: Ah ja). Da ist es ganz anderes. Da kommen die Leute natürlich,
285 weil sie in dieser Situation, in dieser Klink nichts anderes tun als Therapiegespräche
286 führen, und wenn ich dann dort Sprechzeit habe, da kommen sie dann, aber die sind
287 dann durch ihren Klinikaufenthalt schon geschult, praktisch das therapeutische Ge-
288 spräch zu suchen.
289 I: Ist es nicht seltsam zu erleben, weil jemand Erfahrung mit solcher Art von Gesprä-
290 chen hat, wie sich dann das Gespräch verändert? Da müssen Sie wahrscheinlich an-
291 ders damit umgehen als wenn jemand unvorbelastet ein Gespräch sucht?
292 F: Ja.
293 I: Sind die Erwartungshaltungen andere?
294 F: Nein, von seiten derer, die das Gespräch suchen, nein, in meinem Fall nicht, wenn
295 sie in 'ne Beratungsstelle gehen ja. In meinem Fall jetzt nicht. Ich denke, daß die Leute
296 nicht erwarten, daß ich ihnen einen besseren Rat geben könnte als andere vielleicht.
297 Es ist da eher, daß er thematisch zugespitzt ist auf ein Thema wo sie niemand wissen,
298 der mit ihnen darüber reden könnte, und ich sag' noch einmal: Krankheit, Sterben,
299 Leiden, diese Ungerechtigkeit, eher so Weltschmerz und solche Dinge. (–) Und da,
300 da sucht man mich auf, aber nicht, weil sie das Gefühl haben, ich sei in der Art es
301 zu tun kompetent. Aber ich halte die Art, wie man Gespräche führt für wesentlich,
302 um einen Rat gelingen zu lassen oder einfach belanglos sein zu lassen.
303 I: Steht auch ein religiöses Motiv dahinter, wenn die Leute sich an Sie wenden?
304 F: Wenn die Leute sich an den Pfarrer wenden?
305 I: Ja.
306 F: Ja.
307 I: Wird es vielleicht verdeckt durch ihr Leiden?
308 F: Nein, das ist jetzt zu einseitig. Wer wirklich bewußt den Pfarrer sucht, für den steckt
309 das dahinter. Es gibt aber natürlich auch Leute, die man durch Zufall kennt, wie diese
310 Jugendlichen, von denen ich sprach. Die kommen jetzt nicht, weil sie mich jetzt als
311 Pfarrer suchen, sondern weil sie irgendwie gemerkt haben, daß der sich vielleicht mit
312 dem Thema auseinandersetzen könnte. Die könnten vielleicht genau so gut zu einem
313 Vertrauenslehrer in ihrer Schule gehen, aber in dem Fall waren sie, haben sie sich halt
314 mal den Pfarrer ausgesucht. Viele tun das auch gar nicht.
315 I: Würden Sie das dem Zufall sozusagen überlassen, wer wen aussucht?
316 F: Ich denke ja. Es ist ein Zufall, (–) also ja, es hat mit persönlichen Bekanntschaften
317 zu tun. Das Anonyme sich an jemanden wenden, der jetzt nicht als Therapeut mit
318 Klingelschild ausgewiesen ist, das denk' ich ist, (–) also so ein Beratungsgespräch läuft
319 in der Regel auf der persönlichen Begegnung, Bekanntheit. Es gibt natürlich Situatio-
320 nen, wo man in einem Zug sitzt oder in einer Straßenbahn, wo's dann plötzlich über-
321 schäumt aus einem. So was kann's natürlich auch geben.
322 I: Soll's zunehmend mehr geben.
323 F: Kann sein, ich weiß es nicht. Ich hab's selten erlebt. Man kommt ja oft mit jeman-
324 den ins Gespräch, aber dann kommt die nächste Haltestelle. (-) Aber das kann ich mir
325 vorstellen. Ich denke, daß das Beratungsbedürfnis in unserer Gesellschaft steigt (-)
326 auch aus ganz konkreten Gründen. Es wohnen heute ja viele nicht mehr in einem
327 Großverband, wo man sich gegenseitig jeden Tag sah und ewig kannte und so, son-

328 dern viele wohnen anonymisiert, kommen in eine fremde Stadt, leben hier und haben
329 niemand, und professionelle Hilfe suchen sie, wenn's gar nicht anders geht. Das Ge-
330 spräch ergibt sich in der Gastwirtschaft, beim Pfarrer, in der Straßenbahn.
331 I: Man nutzt sozusagen die Gunst der Stunde. Wenn sich die Gelegenheit bietet, dann
332 wird ein Gespräch angebahnt, man öffnet sich, wenn's gelingt, ist's wunderbar, wenn
333 nicht, dann?
334 F: Gunst der Stunde und Druck des Tages (beide lachen).Wobei man unterscheiden
335 muß, es gibt natürlich auch Situationen, wo man's nicht darauf ankommen lassen
336 kann, ob es jetzt gelingt oder scheitert, sondern wo man eher auf ein Gelingendes hin
337 suchen muß. Da wird man sich möglicherweise auf den Weg machen. Die Gespräche
338 eher durch Zufall, die sind sicher unter diesem Aspekt, da ist ein nettes Gesicht das
339 plötzlich lächelt, da kann man anfangen zu erzählen und erzählt dann plötzlich von
340 den Enkeln, die so schwierig sind, oder was weiß ich.
341 I: Können Sie sich vorstellen, daß eine Antwort erwartet wird?
342 F: Ne (betont), ich behaupte nein. Ich behaupte Antworten waren falsch früher, waren
343 nicht hilfreich. (–) Es gibt konkrete Fragestellungen, die man beantwortet haben möch-
344 te, aber dann geht's eher um 'ne Sachinformation. Wenn ich frage, „welcher Kinder-
345 garten taugt was?". Aber viele Dinge denk' ich, es wissen viele, daß sie nicht beant-
346 wortbar sind, (–) so auf die Schnelle, daß sie mit der eigenen Persönlichkeit zu tun ha-
347 ben, und viele wollen ja auch gar nichts ändern, sondern nur sprechen.
348 I: Oder 'ne Meinung bestätigt bekommen, könnte ja auch sein?
349 F: Ja, das ist sehr... (X) viele suchen eine Bestätigung.
350 I: Ob sie richtig liegen?
351 F: Zum Pfarrer kommen auch viele, die Bestätigung auch suchen, weil sie auch wissen,
352 daß Pfarrer in der Regel liebe Menschen sind, die wenig schimpfen.
353 I: Mhm.
354 F: (unverständlich)
355 I: Aber wie ist es, wenn Sie dann sagen, ich seh' das aber ein bißchen anders?
356 F: Das wird nicht wahrgenommen. Da setzen Verdrängungsmechanismen ein. Vor
357 allem, wenn man es freundlich sagt, ist es auch nicht mehr bedrohlich. Wenn ich aber
358 beginn zu sagen: „Solange das so weitergeht bei Ihnen, will ich Sie nicht mehr sehen!",
359 dann gäbe es natürlich massive, (–) oder wenn ich anfinge: „Wie können Sie sich...!",
360 oder wenn ich anfangen würde rumzutoben, dann wäre die Gesprächsbasis auch weg.
361 I: Mhm, es verlangt also sehr viel Fingerspitzengefühl so ein Gespräch zu führen, weil,
362 ich kann mir vorstellen, es läuft ja nicht immer alles gut. Man muß sich ja mit dem
363 anderen auf den Weg machen und ihm, (–) ich sag' jetzt mal – es `verpackt´ rüber-
364 bringen. Ich kann mir vorstellen, daß das nicht immer ganz einfach ist.
365 F: Ja (betont), es ist natürlich 'ne Typusfrage. Ich gehöre eher zu denen, die das Un-
366 liebsame nicht so massiv zur Sprache bringen (I: Mhm). Das hat mit dem eigenen Typ
367 zu tun und das deshalb gefällt den Leuten mehr, als wie wenn ich beginne zu sagen:
368 „Sie müssen die Schritte machen!", und meistens selbst wenn ich's sag', ist es ja auch
369 für die Katz. Die Leute wollen ja auch nichts ändern bzw., wenn sie unter dem mas-
370 siven Druck sind, dann müßte man ihnen, (–) dann wird's ihnen von verschiedener
371 Seite nahegelegt, und es funktioniert dann der Art, nicht nur, daß man's nur rät.
372 I: Wenn's wirklich so ist, daß die Leute sich nicht ändern wollen, oder sie nehmen
373 den Rat nicht an, (–) so wird aber auf der anderen Seite sehr viel um Rat gefragt, denn
374 wenn man sich umhört, dann hört man häufig: „Was soll ich tun?" (–) „Könntest du

375 mir mal was dazu sagen?'", oder „Wie siehst du das?" (-) Diese Ratformelfragen sind
376 ja wirklich nicht aus dem Alltag wegzudenken. Und ja, wie paßt das eigentlich zusam-
377 men, wenn man trotzdem macht, was man will (lacht)?
378 F: Ich denke der Faktor Bestätigung ist ein großer. Man sucht Bestätigung. Wenn man
379 den nicht kriegt, ist man ein bißchen verärgert. Es ist, denk' ich, die Frage: „Wie siehst
380 du das?", wenn man ein neutrales Thema diskutiert, was weiß ich, jetzt über die Bun-
381 destagswahlen mit jemand, der nicht in die Gremien und die der Parteipolitik verstrickt
382 ist, dann kann man offen und frei diskutieren und kann sich darüber ärgern oder
383 nicht ärgern. Jemand anders, der die Frage stellt „Wie siehst du das?", hat meistens 'ne
384 Meinung. Was vielleicht möglich ist, ist ihm noch mal Anstöße zum Nachdenken zu
385 geben. Ein Rat könnte ihn nachdenklich machen, aber ich erlebe niemand (betont), der
386 wirklich eigentlich kommt weil er sagt: „Ich weiß nicht, ob so oder so!" Selbst wenn er
387 das vorgibt, dann hat er im Prinzip eine Idee, und er sucht eher die Bestätigung, er
388 möchte noch einmal abklären. Wenn die Bestätigung ausbleibt, dann gibt's verschie-
389 dene Verhalten, entweder man beginnt noch mal die eigene Position zu hinterfragen
390 oder man hält das Beratungsgespräch für schlecht oder verunglückt, auch wenn's viel-
391 leicht sachlich richtig war.
392 I: Mhm (-) steckt da manchmal auch ein bißchen Kritik dahinter, wenn da einer sagt:
393 „ich geb' dir einen Rat"?
394 F: (-) Das ist (-) das muß nicht sein. Eher Überheblichkeit steckt dahinter. Ich weiß es
395 besser als du; du brauchst diese Hilfe. Dieses Macht- oder dieses Autoritätsverhältnis,
396 hierarchisches Verhältnis müßte man sagen, ist hinderlich um den Rat anzunehmen.
397 I: Ich denke in der Berufsrolle, da ist es sicher gegeben, aber unter Freunden, da ist ja
398 kein hierarchisches Verhältnis und da taucht durchaus auch mal die Ratfrage auf und
399 da kann man wohl nicht sagen, der ist überlegen; er ist vielleicht situativ überlegen.
400 F: Ja, o.k., da kann jemand fragen: „Ich weiß nicht recht, wie das geht, hast du 'ne
401 Idee?" Dann will er eine Idee haben über die er Nachdenken kann, aber nicht eine
402 Handlungsanweisung (I: Mhm), das kann schon sein.
403 I: Während bei einem autoritativen Verhältnis, ja, ist es da eher die Handlungsanwei-
404 sung?
405 F: Ja, ja.
406 I: Die erwartet wird?
407 F: Ja ich glaub', so könnt ich's schon sagen, daß die Handlungsanweisung prinzipiell
408 nicht hilfreich ist und auch nicht gesucht wird. Es wird gesucht, entweder Verständnis
409 zu finden oder Impulse für eine Entscheidungsfindung zu bekommen, aber nicht mehr
410 als Impulse.
411 I: Mhm, und so könnten Sie auch einen `zeitgemäßen´ Rat irgendwie unterschreiben
412 (lacht), wenn's nur Andeutungen, Impulse sind?
413 F: Ja er darf, muß so verstanden werden oder auch im Gespräch so dargestellt sein, daß
414 er dem anderen dieses als eine Denkmöglichkeit oder eine Möglichkeit gibt, aber nicht
415 als eine Vorgabe.
416 I: Gut, ich komme langsam zum Schluß, aber zuvor noch eine Frage. Ich habe jetzt
417 einiges gefragt, fällt Ihnen noch was ein? Haben Sie mit einer Frage gerechnet, die ich
418 noch nicht gestellt habe zu dem Thema?
419 F: (schweigt) Gerechnet habe ich mit gar nichts (lacht).
420 I: Oder gibt's ne bestimmte Assoziation, ein Bild?
421 F: (~) Also, was mich beschäftigt ist dieses Ratsuchen, was man ja vielfach in Zeit-

422 schriften liest. Das finde ich so ein Phänomen. Was die Leute da eigentlich suchen,
423 weil, was dort abgebildet ist, findet ja wohl im persönlichen Umfeld dieser Menschen
424 nicht statt. (*I:* Mhm.) Wobei ich da oft auch die Probleme nicht gravierend finde, also
425 ich denke jetzt an so Zeitschriften, die man beim Zahnarzt in der Praxis sieht. Die Pro-
426 bleme, die da auf der Rat-/Beratungsseite geschildert werden, sind ja meistens keine
427 sehr starken, schwierigen Probleme, die aber von einem deutlichen Kommunikations-
428 defizit zeugen, daß diese Menschen, daß viele Menschen zu wenig Gesprächspartner
429 haben (*I:* Mhm) und aus bestimmten Kreisläufen nicht herauskommen. Und ich hab'
430 das Gefühl, unsere Gesellschaft mit ihren stark ausgeprägten Möglichkeiten, sich mit
431 vielen Themen zu beschäftigen und zu kommunizieren, die über alles mögliche kom-
432 muniziert, hat oder weiß nicht zu kommunizieren, über die wirklichen Betrübnisse
433 eines Menschen.
434 *I:* Sie würden sagen, was da ` verhandelt´ wird – in Anführungszeichen –, daß kann
435 man durchaus im persönlichen Gespräch klären oder ansprechen?
436 *F:* Ja, ja. Ich denke in so einer Weise würde dieser persönliche private Rat eigentlich
437 liegen. Was weiß ich, da hat eine was mit ihrer Katze und ihr Nachbar scheint der im-
438 mer Gift hinzustellen, und was sie machen soll. (*I:* Ja) Oder jemand anders hat, was
439 weiß ich, schon stärker, irgendwelche Probleme mit dem Mann, der nicht mehr mit ihr
440 sprechen möchte oder abends nie heim kommt und was da wohl sein könnte. Das
441 sind so Dinge, wo ich denke, daß müßte in einem Gespräch möglich sein. Ich frage
442 mich, warum ist es das nicht? Oder nachmittags diese Runden im Rundfunk.
443 *I:* Ja, im Fernsehen auch.
444 *F:* Es ist ja unglaublich!
445 *I:* Ja, es ist überraschend, was die Leute offenlegen. Es scheint, auf der einen Seite wird
446 eine große ` Kommunikationsgemeinschaft´ gebildet und auf der anderen ist man nicht
447 in der Lage eine kleine zu bilden.
448 *F:* Da denk' ich einfach, was läuft im Sozialgefüge dieser Leute falsch? Und Rat, da
449 haben wir noch gar nicht darüber gesprochen, Rat hat ja auch immer mit einem so-
450 zialen Gefüge zu tun, in dem ich stehe. Früher war das klar familiär bedingt und ent-
451 sprechend die Familie hierarchisch strukturiert mit einem generationsspezifischen Ver-
452 hältnis, auch autoritativer Ratgebung. Heute ist dieses soziale Gefüge nicht mehr, ent-
453 sprechend laufen die Stränge der Gespräche auf verschiedensten Ebenen, wobei ich
454 dann halt doch feststell', daß es wohl soziale Gefüge gibt, die selbst in einfachen Le-
455 bensfragen nicht funktionieren.
456 *I:* Ich frag' mich, was fangen die Leute mit der Antwort an, die sie durch die Zeitung,
457 die sie durchs Fernsehen bekommen. Was fangen sie damit an?
458 *F:* Das ist ja 'ne autoritative Antwort eines Experten in der Regel. Das hab' ich mir
459 noch nie überlegt.
460 *I:* Heißt dies, es hat mehr Gewicht, wenn der Experte etwas sagt? Dann wird es sozu-
461 sagen eher umgesetzt?
462 *F:* Nein, ich denk' eher nicht, sondern daß die Leute auch da wieder Bestätigung
463 suchen. Daß sie Recht haben oder Hilfe suchen um ihre Position auszubauen, in
464 einem Konflikt, oder besänftigt werden in einem Konflikt oder in einer Sorge. Sie
465 möchten nicht hören, daß sie mit diesem, was sie da schildern, sofort zum Lungen-
466 arzt müssen oder so, oder sie möchten eher wissen, daß das wahrscheinlich nichts
467 ist, daß sie aber zur Sicherheit zum Arzt gehen sollen.
468 *I:* Das finde ich jetzt sehr interessant! Sie haben ja gesagt, sie suchen 'ne Bestätigung,

469 die ihnen zum Vorteil gereichen kann, unter Umständen, um die eigene Position aus-
470 bauen zu können. (-) Spekulativ könnte man ja jetzt sagen, das würde ja sehr, sehr gut
471 in unsere heutige Zeit passen, daß man versucht seine eigene Position möglichst `was-
472 serdicht´ zu machen, damit man gute Ausgangsbedingungen hat für weiteres Handeln.
473 F: Ja, ja, da haben Sie recht, die eigene Position auszubauen, ja. (-) ... Mehr fällt mir im
474 Moment nicht mehr ein.
475 I: Ja, dann bedanke ich mich ganz herzlich für das Gespräch.
476 F: Ja (lacht), Sie tun mir ja leid, daß Sie das auswerten müssen!
477 (F. u. I. lachen).


**Interview 9:** Ev. Pfarrer in einer Dorfgemeinde

1   I: Einleitung ... Meine erste Frage: Was wäre für Sie eine Situation, wo Sie sagen würden,
2   da würde ich ganz gerne mal jemand anderes um Rat fragen?
3   K: Wo ich persönlich gerne Rat holen würde?
4   I: Ja.
5   K: Ich denke sicher dann, wenn es um weitreichende Entscheidungen geht, wenn
6   mehr davon abhängt, Entscheidungen, die andere, die Familie mitbetreffen z.B., da
7   würde ich Rat einholen.
8   I: Und was würden Sie damit in Verbindung bringen, da hat man ja gewisse Erwar-
9   tungen?
10  K: Meine Erwartung denk' ich wäre, (-) das zu klären, was ich wirklich will, oder was
11  ist jetzt wichtig. Zu unterscheiden zwischen Dingen, die auch kurzfristige Dinge sein
12  können, oder Motive, die nicht unbedingt im Vordergrund stehen sollten, oder auch
13  auf Aspekte hingewiesen werden, die ich bisher noch nicht gesehen habe.
14  I: Mhm, es wird ja auch oft von `Tip´ gesprochen, wie würden Sie den einschätzen?
15  K: `Tip´ ist so ein kurzer markanter Ratschlag zu einer klar umrissenen Frage.
16  I: Mhm.
17  K: `Tip´, mit Tip verbinde ich so was im Vorübergehen, also da frag' ich kurz jemand
18  und der sagt mal kurz was er denkt, also ja (-) das ergibt sich so.
19  I: Bedeutet das auch, daß Sie sich nicht so groß Gedanken machen, wenn Sie fragen?
20  K: Also ein Tip ergibt sich eher ungefragt, sag' ich mal. Das was ich anspreche (-)
21  jemand hat eine Erfahrung dazu, die sagt er mir oder ich ihm.
22  I: Bedeutet das, Sie gehen damit ganz anders um, wenn Sie einen Tip bekommen, als
23  wenn Sie einen `Rat´ in Anführungszeichen bekommen?
24  K: Ja, (-) ich denke ein Tip wäre nicht etwas, wo ich solange darüber nachdenke als
25  über einen Rat, weil er einfach mal so aus der Hüfte geschossen ist, sag' ich mal.
26  I: Mhm.
27  K: Ja.
28  I: Ich kann mir vorstellen, Sie waren auch schon im Privaten Ratgeber, und was ist
29  Ihre Erfahrung, wenn es darum geht, zu beschreiben wie der Ratsuchende Sie sieht?
30  K: Mhm, die Frage verblüfft mich ein bißchen, weil's ein Perspektivenwechsel ist. (-)
31  Eigentlich versuch' ich ja, mich beim Ratsuchenden hineinzudenken, und dann ist
32  eher die Frage wie sehe ich ihn. Wie er dann mich dabei sieht, das taucht erst später

33 auf, wenn ein Problem daraus entsteht.
34 I: Gut, machen Sie's anders herum, so wie Sie sagten.
35 K: Zuerst mal versuch' ich mich in den Ratsuchenden hineinzudenken, mir möglichst
36 viel erzählen zu lassen, also seine Ansichten, wo seine Motivationen sind und versuch'
37 von daher dann zu sagen, was ich selber dazu denke.
38 I: Und jetzt die Perspektive gewechselt.
39 K: Ja, ich weiß z.B., daß die Gefahr besteht, wie ich etwas sage, manchmal der Ein-
40 druck entsteht, es ist sehr reflektiert, auch wenn's nur 'ne Nebenbemerkung ist. (-)
41 Manchmal, oder manche Leute bezeichnen mich oberflächlich gesehen viel zu schnell
42 als weise oder so etwas, wo ich dann denke, ˋhuchˊ, so viel Gewicht will ich dem
43 Ganzen doch gar nicht geben.
44 I: Und warum wollen Sie sich diese Zuschreibung nicht zukommen lassen?
45 K: Sie entmündigt ein Stück weit den, der Rat sucht, weil dann zu massiv sozusagen
46 ein Rat dann kommt. Es ist dann schon mehr als ein Rat, das wär dann schon (-) ja
47 fast was Väterliches oder so was dabei.
48 I: Könnte man auch ˋAutoritätˊ sagen?
49 K: Ja, Autorität (-) und das denk' ich, soll ein Rat nicht haben. Er kann schon das
50 Gewicht haben von dem, daß einer von einem bestimmten Hintergrund dies und
51 jenes meint, aber er muß dem anderen immer noch frei lassen und Raum geben seine
52 eigenen Gedanken daneben zu haben.
53 I: Gibt es vielleicht noch etwas anderes, was dieses Verhältnis von Ratsuchenden und
54 Ratgeber mitbestimmt?
55 K: Was meinen Sie damit?
56 I: Gibt es neben der Autorität noch etwas anderes, was in die Wechselbeziehung von
57 Ratsuchenden und Ratgeber mit reinspielt?
58 K: Das hat auch was mit dem Typ zu tun. (-) Wenn ich mit jemand rede, der eher de-
59 pressiv strukturiert ist und der mich als jemand erlebt, der sehr reflektiert ist, dann
60 ist eine große Spannung, die dazwischen ist, und so jemand neigt dann dazu, seine
61 Gedanken zur Seite zu legen und meinen zu übernehmen und seine nicht mehr zu
62 schätzen (I: Mhm). Das hat gar nichts mit der Art zu tun, sondern mit der Persön-
63 lichkeitsstruktur oder mit der Konstellation von zwei Strukturen.
64 I: Mhm, es wird oft gesagt, daß dem Rat eine Lenkungsfunktion zukommt. (-) Könnte
65 dies mit ein Grund sein, der es einem schwer macht, bei jemanden einen Rat zu su-
66 chen?
67 K: Ja sicher, wenn man nicht gelenkt werden möchte oder im Grund schon ganz
68 klare Vorstellungen hat und sich nicht abringen lassen will, dann wird man auch kei-
69 nen Rat suchen.
70 I: Sie sagten gerade ganz klare Vorstellungen. Es verwundert mich, denn wenn ich
71 eine ganz klare Vorstellung hab', dann frage ich den Anderen nicht.
72 K: Also ich hab' manchmal den Eindruck, daß Leute klare Vorstellungen haben (-)
73 nein, das ist vielleicht die falsche Ebene, sondern sie haben ein klares Gefühl, was sie
74 tun möchten, aber kognitive Einwände da sind, (-) aber im Grunde ihr Gefühl oder
75 ihre Intuition ihr stärkeres Argument ist und daß dann der Rat eher die Frage ist,
76 gibt er mir recht, damit ich auch meine kognitiven Zweifel besänftigen kann.
77 I: Ah ja, (-) wenn also 'ne kognitive Dissonanz da ist, um es mal abstrakt zu sagen.
78 Bedeutet das Gefühl dann auch Bestätigung der eigenen Haltung? Daß man richtig
79 liegt?

80  K: Ja, wenn man grad' als Beispiel so Beziehungsdinge nimmt, wo jemand dabei ist
81  'ne neue Beziehung anzuknüpfen und vielleicht im Kopf weiß, es ist zu früh mich
82  auf so was einzulassen, weil die alte Beziehung noch zu frisch ist, ich bräuchte ein-
83  fach mal Zeit, um es zu verarbeiten, aber die Intuition oder das Gefühl sagt das ist
84  jetzt wichtig und das tue ich jetzt, aber diese verstandesmäßigen Einwände auch da
85  sind, eigentlich sollte ich mir Zeit lassen. Und dann denke ich ist so die Erwartung
86  da, läßt sich das nicht mildern oder zerstreuen.
87  I: Wird da nicht, ich sag' mal zu stark instrumentalisiert? Also, ich seh' den anderen
88  als jemanden der mir die Beweisführung liefert (K: Mhm). Liegt da nicht auch 'ne
89  Gefahr drin?
90  K: Also von der Seite des Ratsuchenden wäre das sicher eigentlich nicht die offene
91  Haltung ich möchte einen Rat, sondern eigentlich möchte ich eine Bestätigung.
92  I: Und wie erleben Sie das selber als Ratgeber, wenn jemand dieses Anliegen hat?
93  K: Ja, (-) ich hab' den Eindruck das ist keine günstige (kurze Unterbrechung, da die
94  Dienstpost gebracht wird) ... In einer solchen fühle ich mich ein Stück weit miß-
95  braucht, wenn ich das nur bestätigen soll, wenn eigentlich schon alles klar ist. Ich
96  werde dann versuchen zu einer echten Offenheit zu kommen.
97  I: Wie sieht es denn mit einem Rat aus, bei schwerwiegenden Entscheidungen, in
98  Krisensituationen? (K: Mhm.) Ist das manchmal nicht auch ein bißchen ein Handi-
99  cap, sowohl für RS als auch für RG, (-) weil der Rat mit Verantwortung belastet ist?
100 K: Ja, das hab' ich auch schon so erlebt, daß ich mich gescheut habe, daß da manch-
101 mal die Frage war: „Was soll ich tun?", mich dann gescheut habe zu deutlich zu
102 raten, weil in dem Moment klar war, an sich kann ich die Entscheidung niemanden
103 abnehmen.
104 I: Mhm, gut, ich denke die Handlungsautonomie hat man immer ein bißchen im
105 Blick, sowohl der, der den Rat sucht, gut manchmal auch weniger, wenn er in einer
106 Notsituation ist, aber auch derjenige, der den Rat gibt, der möchte den Anderen wie
107 Sie sagten nicht entmündigen. Unsere Gesellschaft hat nun bestimmte Leitbilder, und
108 da gehört sicher auch die Individualität dazu, die oft nicht so sehr an den anderen
109 denkt. Ist das vielleicht auch ein Punkt, weshalb es schwer fällt Rat zu geben oder ei-
110 nen Rat zu suchen?
111 K: Ja, weil ein anderer meine Autonomie ein Stück weit stört. Ich erleb' das dann
112 manchmal, daß dann versteckt Rat gesucht wird. Ich habe einen entfernten Freund,
113 wir haben zusammen Schach gespielt, wir denken so weltanschaulich sehr verschie-
114 den, aber wir haben auch so manche Berührungspunkte. Ab und zu schreiben wir
115 uns über e-Mail, und da kommen dann immer wieder Dinge rein, wo wir uns the-
116 matisch über technische Fragen unterhalten, daneben werden dann auch im selben
117 Brief, lebenseigene private Lebensthemen angesprochen und wir tauschen uns zu
118 beiden aus. Es wird nicht unbedingt ein Rat geholt, es wird aber doch deutlich, ich
119 möchte zu dem Thema mehr Information, die nicht nur auf einer rein sachlichen
120 Ebene liegt, sondern ich such' ein Stück Orientierung.
121 I: Mhm, das finde ich jetzt interessant. Sie haben gesagt, der Freund liegt weltan-
122 schaulich ein bißchen auf einer anderen Ebene. Erleben Sie das als, (-) wie soll ich's
123 nun nennen, (-) ja befruchtet's Sie auch, daß Sie sagen, es ist ganz gut, daß er anders
124 denkt, dann komm' ich auch auf andere Gedanken (-) im Sinne von Rat?
125 K: Ja, das hat eine längere Geschichte. Am Anfang war es eher mein Bestreben ihn
126 zu überzeugen, was ich denke, und es war irgendwie klar, daß das nicht geht, nicht

127 gut ist für die Beziehung, und inzwischen erleb' ich es als sehr bereichernd, daß er ei-
128 nen anderen Blick auf die Dinge hat und manchmal Dinge sehr erfrischend aus seiner
129 Sicht sieht, und das ist ja interessant auch.
130 I: Könnt' man sagen, daß einem Rat etwas Innovatives innewohnt?
131 K: Insofern als ein ganz neuer Aspekt auftauchen kann, der vorher noch nie gesehen
132 worden ist. Ich denk' grade dann ist Rat innovativ, wenn man sehr verschiedene
133 Grundansichten vom Leben hat. Also so Dinge, jeder grast auf seiner eigenen Wiese
134 (-) weniger. Wenn der andere dann was rüberbringt, wo ich noch nie war, dies ist
135 dann schon sehr innovativ.
136 I: Muß man also davon ausgehen, daß da, wo das Beziehungsgeflecht sehr eng ist, die
137 Sichtweisen sehr ähnlich sind und sich die Frage stellt, wo suche ich meine Gesprächs-
138 partner?
139 K: Ich denke teils, teils. Da wo ich selber Rat suchen würde, was Dinge betrifft die
140 sehr persönlich sind, da würde ich jemanden wählen, der sich in dem Gebiet aus-
141 kennt oder in einem ähnlichen Bereich ist. Wenn's eher darum geht, sich vorzutasten
142 in ein neues Land sozusagen, oder ich interessiere mich für Bereiche, die mir bisher
143 unerschlossen waren, dann suche ich eher jemanden, der von dort ist und sozusagen
144 in das mir eher fremde Land gehört (I: Mhm). Wobei das schon voraussetzt, daß
145 irgendwo was Gemeinsames da ist, ein Berührungspunkt muß da sein. (-)
146 I: Um noch mal auf einen Punkt von RS und RG zurückzukommen. Sie haben vor-
147 hin angesprochen, das hat so einen Anschein von autoritativen Gefälle, der eine, der
148 um einen Rat bittet, der Bittsteller eben, und der andere weiß scheinbar Bescheid
149 wo's langgeht. Ist das erst mal nicht ein seltsames Anerkennungsverhältnis? Ist es in
150 Freundschaften nicht so, daß jeder mal die Autoritätsfunktion übernehmen kann?
151 K: Ja. Wobei ich denk', der Moment des ` sich Rat holens ´ ist immer der, daß ich
152 mich ein Stück weit verwundbar mache oder 'ne Schwäche zugebe, daß ich nicht alles
153 weiß. Aber natürlich ist es durchaus schöner, wenn man sich in einem Verhältnis
154 Rat holt, wo das wechselt, wo man selber auch der sein kann, der Rat gibt. Wo's
155 manchmal auch dieses Gefälle braucht, wenn ich so an den Expertenrat denke, dann
156 suche ich eben gerade jemanden, der nicht mein Freund ist, wo ich ungefähr auf der
157 gleichen Ebene bin, sondern wo ich weiß, der ist mir sehr viel überlegen oder weiter
158 als ich, und dann frag' ich ihn.
159 I: Heißt das auch, daß er umgesetzt wird?
160 K: Gut, das heißt es nie (beide lachen). Aber wenn ich den Eindruck habe, der Ex-
161 perte, den ich frage, der ist sehr kompetent, dann ist die Wahrscheinlichkeit schon
162 sehr hoch, daß ich's umsetzen würde, zumindest wenn mir der Rat einleuchtet. Also
163 so im medizinischen Bereich z.B., wenn ich jemanden frage, den ich für kompetent
164 halte und der mir das auch nachvollziehbar und deutlich macht, so und so wär's
165 sinnvoll, dann wär' ich das auch tun.
166 I: Mhm, dem kann man sich sozusagen kaum entziehen?
167 K: Ja kaum. Ich hab' jetzt vor einer Weile einen Arzt um Rat gefragt und da werd'
168 ich mich kaum entziehen können, die Mandeln rausmachen zu lassen, da scheint es
169 keine Alternative zu geben.
170 I: Wie ist es im seelsorgerischen Bereich, wenn Sie einen Rat geben? Jetzt haben Sie
171 gerade den ärztlichen Rat oder die Empfehlung angesprochen. Ist es im seelsorge-
172 rischen Bereich offener?
173 K: Ich denke, es kommt auf die Kompetenz an. (-) Ein extremer Fall: Vor einer Weile

174 war eine Beerdigung von einer Frau, die sich das Leben genommen hat und die An-
175 gehörigen waren sehr hilflos, wie geh' ich damit um; natürlich von allen möglichen
176 Gefühlen überschwemmt. Man hat natürlich auch Zorn auf die, die gegangen ist.
177 Man hat Schuldgefühle, man hat alles Mögliche. Und da hab' ich deutlich gemacht,
178 daß die Gefühle dazugehören, normal sind, wo sie herkommen und da denk' ich, hat
179 mein Rat ein bißchen strukturierend, ordnend gewirkt um das aufzufangen, und da
180 war klar, durch die emotionale Beanspruchung durch die Situation waren die Leute
181 eher hilflos, und da war klar, daß der Rat ankommt und angenommen wird. (~)
182 Während wenn jetzt jemand eine theologische Frage hat und sich selber schon ein
183 Stück weit auskennt, dann wird der den Rat holen als eine weitere Meinung und
184 schauen, vielleicht kann ich die in mein System einbauen, paßt es. (-) Ich denke, das
185 Gefälle entsteht durch das Maß der existentiellen Betroffenheit desjenigen, der gerade
186 Rat sucht. Wenn jemand stark betroffen ist und dann jemand da ist, der in diese
187 Betroffenheit hineingeht aber Stand hält, weil er im Moment auch neutral ist, dann
188 wird der Rat – und da ist ein starkes Gefälle, (-) der Rat wird eher angenommen.
189 I: Ja könnte man sagen, in dem Bereich, wo's um existentielle Fragen geht, da ist
190 der `Tip´ nicht angesagt?
191 K: Das Wort `Tip´ klingt oberflächlich. „Jetzt geb' ich Ihnen mal einen `Tip´, wie
192 Sie mit der Trauer klar kommen" (beide lachen).
193 I: Würde schlichtweg nicht gehen.
194 K: Ja, (-) wobei ich denk', der Anlaß, (-) ein Tip läßt sich kaum inhaltlich definieren,
195 sondern nur vom Anlaß, von der Situation, in der er gegeben wird.
196 I: Also durch die Situation?
197 K: Ein Tip wird gegeben im Vorübergehen, auf die Schnelle, während so 'ne existen-
198 tielle Begegnung verlangt eben nicht vorüberzugehen, sondern Standzuhalten, da zu
199 sein, und da ist eben der Tip nicht angemessen.
200 I: Mhm (-) gut.
201 K: `Tip´ heißt ja nichts anderes als `Hinweis´ eigentlich, aber wenn ich `Hinweis´
202 sage, dann wirkt das schon seriöser (lacht). Dadurch, daß das Wort `Tip´ ein eng-
203 lisches Wort ist (-) hat es eine andere Konnotation. `Hinweis´ wäre ein Teil eines
204 Rates, ein Baustein.
205 I: Mhm, ich möchte ein bißchen einen Sprung machen. Angenommen, der persön-
206 liche Rat ist nicht mehr so weit verbreitet in unserer Gesellschaft, rein hypothetisch,
207 (-) was hätte das für Konsequenzen für das Zwischenmenschliche?
208 K: Ich will doch mal kurz intervenieren.
209 I: Ja bitte.
210 K: Ich denke nicht, daß er weniger verbreitet ist, sondern das er in anderen Formen
211 stattfindet, daß er weniger in der Familie, stärker im Freundeskreis oder im Kreis
212 Gleichgesinnter stattfindet. (-) Die Frage war jetzt noch einmal?
213 I: Angenommen es wäre so, daß der persönliche Rat nicht so verbreitet ist, was hätte
214 das für Folgen für das Zwischenmenschliche oder für eine Gemeinschaft?
215 K: Ich denke schon, daß es partiell stimmt: `Ich hole mir ungern Rat´, aber das be-
216 deutet letztlich, daß man alle Erfahrungen selber machen muß. (-) Eigentlich ist `Rat-
217 holen-können´ etwas Reifungsförderliches. Ich muß nicht alle Erfahrungen selber
218 machen, sondern ich kann von den Erfahrungen anderer profitieren. Das gerät etwas
219 in den Hintergrund gegenwärtig und es ist auch die Gefahr da, daß man so weniger
220 weit kommt.

221 I: Sie haben jetzt angesprochen, wenn ich mir einen Rat hole, dann brauche ich nicht
222 alle Erfahrungen selber machen. Es gibt jedoch die andere Meinung: „Bestimmte
223 Erfahrungen muß man selber machen, es nützt gar nichts, wenn ich da einen Rat
224 bekomme."
225 K: Ja, aber das muß man differenzieren, denk' ich. Viele alltäglichen Erfahrungen
226 muß man selber machen, um die Widerständigkeit der Realität sozusagen zu erspüren.
227 Aber es gibt Erfahrungen, wenn man die gemacht hat, dann ist man nicht reicher,
228 sondern ärmer (I: Mhm). Erfahrungen in einem neuen Terrain, die fast immer ohne
229 erfahrenen Rat von jemanden einfach etwas kosten oder die selbstschädigend wären,
230 und da ist es gut, wenn man nicht alles selber macht.
231 I: Was bedeutet das? Was steckt im Rat noch neben der gesammelten Erfahrung von
232 anderen mit drin? Sind es noch andere Dinge als ` Lebenswissen´, die mit dem Rat
233 transportiert werden?
234 K: Im Prinzip werden Erfahrungen vermittelt, denn es ist ein zweiter Weg Erfahrungen
235 zu machen. Man macht sie nicht direkt an der Realität und kann sie sozusagen über-
236 nehmen durch Erfahrungen, die andere gemacht haben und die irgendwie schlüssig
237 sind.
238 I: Bedeutet dies, sie auch gedanklich durchspielen können?
239 K: Ja, und auch ein Stück (-) ein Stück fast existentiell erleben zu können, stellvertre-
240 tend sag' ich mal. Auch durch Bücher lesen kann man sich Erfahrungen aneignen,
241 die dann in einem Moment, wenn man in eine Situation kommt, wo das eine Rolle
242 spielt, wo man's dann anwenden kann als hätte man's woanders schon länger geübt.
243 Es geht nicht überall, aber partiell denk' ich, geht das.
244 I: Gut, da könnte man vereinfacht sagen, es gibt ja zu fast allen Lebensbereichen Rat-
245 geberliteratur (-) Ich greif' je nach Situation nach dem entsprechenden Buch, das ich
246 bekommen kann, und seh' was steht da, um diese Situation besser in den Griff zu
247 bekommen.
248 K: Mhm, aber das ist kritisch, ja, da hab' ich auch so meine eigenen Erfahrungen
249 mit Büchern. Eine Zeitlang hab' ich, bevor ich was angefangen habe, ein Buch dazu
250 gekauft. Also ich hab' zwei Bücher gelesen und dann hab' ich angefangen zu joggen
251 (lacht) und gemerkt es ist auch ein Stück weit unsinnig. Es gibt einmal zu viel an
252 Reflexion, wo man irgendwann die Reflexion durch Aktion ersetzen muß. (-) Da tue
253 ich's einfach und mache ich Erfahrungen damit, die wertvoll sind und vielleicht auch
254 schneller zu gewinnen sind als durch Lesen. Es kann sich auch so eine anempfundene
255 Erfahrung bilden, die keine echte ist. Eine gelesene, die aber nicht verdaut werden
256 kann durch Lesen.
257 I: Ist da z.B. ein Gespräch hilfreicher?
258 K: Hilfreicher vielleicht, oder konkrete Erfahrungen, die man vielleicht auch machen
259 muß.
260 I: Gibt's da auch irgendwie so etwas wie einen Indikator? Sie haben gesagt: „Je existen-
261 tieller die Situation, um so wahrscheinlicher ist es, daß man von einem Rat spricht."
262 Gibt's da auch etwas Vergleichbares?
263 K: (-) Ich denk' sicher, daß es mit der Komplexität zu tun hat. Je komplexer eine
264 Situation, desto weniger kann man sie auf dem eindimensionalen Weg des Lesens
265 erwerben. Musik kann man nicht durch Lesen lernen, sondern man muß sie durch
266 viele Sinne üben.
267 I: Bedeutet das manchmal auch, daß deshalb mehrere Personen gefragt werden?

268 K: Wobei das kann damit zusammenhängen, daß die eine, die ich gefragt habe nicht
269 überzeugend war, aber es kann auch sein, daß Rat suchen wie Lesen eine Form der
270 Flucht ist (I: Mhm), Ersatzhandlungen sozusagen. Rat holen, statt einfach mal was
271 wagen (I: Mhm, mhm). Und dann ist es gut, viele zu fragen, dann kann ich länger
272 auf der Flucht bleiben, desto weniger muß ich das Leben wagen.
273 I: Gut es könnte auch heißen, daß die Person sehr unsicher ist, daß sie deshalb viele
274 fragt. Aber kann es auch andere Motive geben, oder?
275 K: Ja klar, (-) wenn 'ne Person sehr, sehr unsicher ist, und es auch nicht möglich ist
276 durch einen Rat die Unsicherheit zu nehmen, dann kann es sogar sein, daß ein
277 Stück mehr Autorität notwendig ist. Also, daß der Rat nicht nur raten kann, sondern
278 sogar ein Stück weit entmündigen muß oder so, (-) daß es fruchtet und daß dann
279 durch die gemachten Erfahrungen was nachwächst.
280 I: Also Sie würden sagen, es gibt Situationen, da würde es nicht viel helfen, wie es
281 bei einer Beratung oft der Fall ist, wo man seinen eignen Weg finden muß, sondern
282 daß man einfach mal sagt: „Das ist jetzt für dich angesagt!" Kann man's so sagen?
283 K: Ja.
284 I: Sonst erleidest du wirklich Schiffbruch.
285 K: Ja, das ist Begleitung, (-) also dann ist eher so ein elterliches Verhältnis da.
286 I: Also wäre das jetzt ein Punkt, wo man sagen könnte, da ist der persönliche Rat
287 dem professionellen ein Stück weit überlegen?
288 K: Warum?
289 I: Ja, prof. Rat heißt ja auch, mit jemanden gemeinsam einen Weg suchen und finden.
290 Vieles kann jedoch auf diesem Wege nicht gleich gefunden werden. Es gibt doch
291 Situationen, wo grade der unmittelbare Rat erforderlich ist und deshalb jemand dezi-
292 diert sagen müßte: „So sieht es für dich aus und deshalb...".
293 K: Da hätte jetzt der persönlicher Rat die größere Nähe und größere Alltagsverbunden-
294 heit. Ich denk' da an eine Schilderung von einem Freund, der mit jemanden zusam-
295 men gelebt hat, der lange Zeit alkoholabhängig war und der langsam dabei war, sein
296 Leben wieder zu finden, und der Freund hat das mal so deutlich gesagt: „Dem muß
297 man jeden Morgen in den Arsch treten!", dann läuft was, dann tut er was. Das ist
298 keine Form von Rat gewesen, aber es war effektiv. Ob es auf lange Sicht so bleiben
299 kann ist eine zweite Frage. (-) Zunächst mal war's so hilfreich.
300 I: Da spielt also schon die Tat mit rein, daß der RS handelt, (-) aber was nicht ganz
301 klar ist, ob man sagen kann, daß bei der professionellen Beratung eine geringere
302 Lenkung für den Ratsuchenden besteht?
303 K: Nicht unbedingt.
304 I: Nicht?
305 K: Ich find', das hat damit zu tun, (-) das ist wieder eine Frage der Autorität. Welche
306 Autorität der Ratsuchende dem Berater zuschreibt. Es ist ja gerade so, daß zum Bei-
307 spiel für ältere Menschen der Pfarrer eine besondere Autorität hat qua Amt.
308 I: Mhm.
309 K: Dadurch die Lenkungsfunktion auch viel stärker ist, oder ein Patient, der medi-
310 zinisch ziemlich wenig gebildet ist, und der Arzt, da ist dann 'ne starke Lenkung da.
311 I: Mhm (-) ich kann mir aber jetzt vorstellen, wenn ein älterer Mensch zu Ihnen
312 kommt, er weiß, auch wenn Sie sagen, da ist 'ne Lenkung da, in welchem Rahmen
313 diese Lenkung stattfindet. Beim persönlichen Rat ansonsten, weiß man da immer,
314 in welchem Rahmen die stattfindet?

315 K: Ich denke schon. Es ergibt sich durch das Umfeld der Frage. Mit welchem Pro-
316 blem komme ich, und das hängt natürlich auch von der Art der Beziehung ab. Wenn
317 ich von meinem Vater einen Rat erbitte, dann ist das natürlich anders als wenn ich
318 von einem Freund einen Rat erbitte, da kommt's natürlich mit darauf an, wie nah die
319 Beziehung ist.
320 I: Ich denke manchmal kann große Nähe förderlich und manchmal hinderlich sein.
321 K: Mark Twain hat einmal gesagt: „Reif geworden ist man dann, wenn man etwas
322 tut, obwohl es die Eltern gesagt haben" (beide lachen). Es ist sehr zutreffend, wenn
323 man gelassen damit umgehen kann. In einem gewissen Alter, in der Pubertät macht
324 man's gerade nicht, weil's die Eltern gesagt haben, und später ist es die gelassene
325 Reife, die nicht mehr kämpfen muß gegen die Autorität.
326 I: Ja, noch mal zur Funktion des Rates. Es wird oft gesagt, er kann 'ne Orientierung
327 geben, kann 'ne Entscheidungshilfe sein aufgrund von Regelwissen, er ist ein Problem-
328 löser. Ja gibt's noch anderes?
329 K: Ich denke Rat kann ein Motivator sein. Etwas, was ich nur zögerlich tun wollte,
330 mit mehr Schwung anzupacken.
331 I: Weil er jemanden bestärkt in der Haltung oder weil er einen Lösungsweg gezeigt
332 hat?
333 K: Weil er bestärkt hat oder weil, was nur schwach da war verstärkt hat, oder weil er
334 Einwände, die da waren, weggenommen hat.
335 I: Aber er ist scheinbar schon auf der kognitiven Ebene anzusiedeln, oder?
336 K: Ich denke man kann ihn nie isolieren auf die kognitive Ebene, sondern er hat
337 auch mit der Art von Beziehung zu tun, die ich habe, damit ich ihn überhaupt hole.
338 Also da spielen 'ne Anzahl von Faktoren 'ne Rolle. (-) Schon beim Suchen nach ei-
339 nem Rat kann ich mich besser fühlen oder schlechter, nachdenklicher. Es hat schon
340 mit Gefühlen zu tun (-) und es muß eine positive Beziehung da sein (X).
341 Ich stelle bestimmte Anforderungen an jemand, von dem ich Rat hole. Es kann nie-
342 mand sein, der sehr geschwätzig ist zum Beispiel, und es muß jemand sein, dem ich
343 eine bestimmte Kompetenz in dem Bereich zutraue.
344 I: Einmal Anforderungen an die Person oder auch Qualitäten, die die Person haben
345 muß, und wenn man an das Ratgespräch selber denkt, muß es nicht auch eine be-
346 stimmte Form haben?
347 K: Woran denken Sie da?
348 I: Zum Beispiel, wie mir der andere was sagt.
349 K: Ja (-) klar, daß er mir es sagt, daß er mich frei läßt dabei, mhm. Die besten Rat-
350 schläge sind die, die en passant passieren. Ich hab' so das Bild von der Form des
351 Nebeneinanderherlaufens und so Miteinanderredens. Ich jogg' zur Zeit immer mit
352 jemand zusammen und nebenher hol' ich mir auch Rat ein. Er ist Bankkaufmann
353 und hat in dem Bereich Kompetenzen, und ich hab' Fragen gehabt bezüglich Kinder-
354 garten und da laufen wir und sofern es die Luft erlaubt. (-) Und auch der Spazier-
355 gang ist 'ne gute Weise sich Rat einzuholen, da ist man nicht eingeengt sozusagen auf
356 die Konfrontation, geht sich sozusagen aus dem Weg, es ist ein Fluchtraum da, mhm,
357 das Gefühl ich bin nicht eingesperrt und kann das nehmen, was ich will und anderes
358 lasse ich an mir vorbei.
359 I: Kann es auch sein, daß es gar nicht intendiert ist einen Rat zu suchen, sondern es
360 ergibt sich?
361 K: Ja.

362 I: Ich denke gerade daran, wenn ich mit meiner Frau in der Küche bin, dann ergeben
363 sich oft interessante Gespräche.
364 K: Wenn man was anderes tut.
365 I: Dann plötzlich kommt eine Idee, gut man kann sagen, es ist eine Idee oder ich
366 empfinde es als Idee, aber es kann auch manchmal ein Rat sein, den man dann als
367 solchen interpretiert.
368 K: Das spricht so den Bereich ´Rat´ und ´Kreativität´ an. Rat hat was mit Kreativität
369 zu tun. Die Ratsuche muß 'ne Situation sein, die die Kreativität ermöglicht und oft
370 ist sie gerade dann ermöglicht, wenn man eben nicht will, sondern geschehen läßt,
371 dieses Frankelsche Schema von Intention und Effekt ist dann da.
372 I: Kreativität, ja könnte man sagen, das ist so etwas wie ein neuer Ratbegriff, was da-
373 mit verbunden werden kann? Der alte Rat war ja oft der, so und so geht Leben auf-
374 grund der Tradition, aufgrund unserer Lebenserfahrungen, und heute wird man wohl
375 schwer was in dieser Art und Weise vermitteln können.
376 K: Mhm, ja. Es geht heute eben darum neue Wege zu finden, und Kreativität heißt ja
377 auch spielerisch Neues finden, aber es liegt einfach daran, daß (-) wir nicht in einer
378 Gesellschaft leben, wo das Alte sozusagen weitertradiert wird, weil es gut und bewährt
379 ist, sondern es zeigt sich oft, das Alte geht nicht mehr, es hat sich was geändert, des-
380 halb brauchen wir Neues. Das ist jetzt interessant. Also Rat jetzt als die Suche nach
381 dem einleuchtenden Neuen und nicht nach dem bewährten Alten.
382 I: Gut, da sind natürlich schon Parallelen zum prof. Rat/Beratung muß man sagen,
383 aber ich denke auch, man muß den persönlichen Rat neu gewanden, wenigstens ein
384 Stück weit, mit neuen Inhalten füllen. Gut, ich mach' jetzt hier mal für mich einen
385 Schnitt.
386 .... (Reflexion über das Gespräch)


**Interview 11: Ärztin**

    I: Allgemeiner Einleitungstext ...
1   Meine erste Frage an Sie: Was sind für Sie ratbedürftige Situationen, wo Sie sagen wür-
2   den, da wende ich mich an jemanden, der mir da vielleicht weiterhelfen kann?
3   M: Ja, das soll ja jetzt persönliche Dinge betreffen.
4   I: Ja.
5   M: Also ich weiß wirklich wenig. Ich wende mich wirklich sehr gern um Rat, aber dann
6   geht es ums Fachliche, also finanzielle Sachen, juristische Sachen. Da erkundige ich mich
7   immer natürlich. (-) Persönliche Dinge eigentlich eher weniger.
8   I: Eher weniger, also Sachliche immer?
9   M: Eigentlich immer, ja.
10  I: Je nachdem, was es ist, wenden Sie sich an eine Fachfrau, oder?
11  M: Ja, oder besorg' mir Literatur zu dem Thema.
12  I: Ist es eigentlich so, daß Sie sich zuerst Literatur holen oder sich zuerst an eine Person
13  wenden?
14  M: Zuerst Literatur. Weil wenn ich mir sachlichen Rat einhol', dann kostet der mich
15  normalerweise was (lacht), beim Anwalt z.B. . Da lese ich lieber erst mal.
16  I: Mhm, und dann, wie geht's dann weiter? Sie haben sich kundig gemacht.
17  M: Dann, das mache ich immer nur, wenn ich ein bestimmtes Problem habe, dann

18  wende ich mich an den Anwalt, aber ich komm' da schon mit einer Vorinformation
19  hin, d.h. er kann mir also nicht erzählen, was er will. Genauso ist's, bei etwas Ge-
20  schäftlichem auf der Bank oder so. (-) Also ich versuche immer vorher in Fachzeit-
21  schriften, auch da vielleicht doch mal bei Freunden, die ein bißchen mehr Ahnung
22  haben, mich kundig zu machen, wenn's um irgend etwas geht, wie Hypothekenfinzie-
23  rung oder so was. Und dann geh' ich halt schon mit einer Information zur Bank.
24  I: Ja, Sie sagten, Sie gehen schon mal zu Freunden.
25  M: Ja, wenn's was ist, wo die sich auskennen. Also gerade zu finanziellen Sachen, da
26  wüßt ich einige, die ich da erst mal frag'.
27  I: Und ist es dann so, Sie fragen mehrere zu dem Thema um ein größeres Meinungsbild
28  zu bekommen – für sich selber?
29  M: Da hab' ich leider wenig Auswahl. Es gibt zwei, drei Leute wo ich jetzt so was frage.
30  Also es sind ja immer so fachspezifische Sachen, wo der eine Bescheid weiß, der andere
31  Bescheid weiß. Ja, ich frag' da schon mal alle.
32  I: Kann es manchmal passieren, daß Sie jemanden fragen, der fachlich gar nicht so kom-
33  petent ist, um einfach das selber für sich zu formulieren? Manchmal bekommt man ja
34  auch Klarheit über 'ne Geschichte, wenn man darüber spricht.
35  M: So was kommt vor, (-) nur davon laß ich mich dann eigentlich nicht beeinflussen,
36  weil ich denk', wenn der genausowenig Ahnung hat wie ich, dann (lacht). Also, es muß
37  bei mir schon so sein, daß ich das Gefühl hab', derjenige, ich weiß zwar nicht, ob es
38  immer stimmt, aber der hat schon eine Ahnung von dem Gebiet.
39  I: Also das ist jetzt wichtig?
40  M: Ja, das ist wichtig! Dann wirklich lieber nur lesen.
41  I: Ja, und den persönlichen Rat in so privaten Lebensfragen gibt es eigentlich weniger?
42  M: Ne, gibt es wirklich weniger.
43  I: Mhm, das machen Sie auch wieder über Fachliteratur, oder?
44  M: Also das überleg' ich mir halt für mich selber. Also wissen Sie, ich bin eine älteste
45  Tochter. Meine Mutter ist alleinerziehend gewesen, und daher war ich schon immer für
46  ganz viele Sachen verantwortlich. Ich war eher diejenige, an die man sich gewandt hat,
47  wenn man irgendwas wissen wollte.
48  I: Dann waren Sie sicher schon Ratgeberin?
49  Ja, das auf jeden Fall (lacht), ja!
50  I: Und wie erleben Sie die Rolle? Sie kann ja sehr gemischt sein.
51  M: Also das stimmt! Auf der einen Seite find' ich es befriedigend, wenn man also, wenn
52  einem Leute also das zutrauen, daß man irgendwie behilflich sein kann. Auf der anderen
53  Seite ist es natürlich auch ein bißchen eine Verantwortung, weil, ja, wenn man da was
54  Falsches gesagt hat. Auf der anderen Seite denk' ich, das sind erwachsene Leute; ich
55  kann ja nur sagen, das ist meine Meinung, und was der einzelne dann letzten Endes wie-
56  der macht, ist sein Problem. Aber gemischt ist es tatsächlich, das stimmt.
57  I: Hängt es auch damit zusammen, daß die anderen vielleicht zu hohe Erwartungen an
58  Sie haben?
59  M: Ja.
60  I: Weil ich kann mir vorstellen, Ihre berufliche Kompetenz überträgt sich wahrschein-
61  lich auch auf den Privatbereich (-) ein Stück weit.
62  M: Ja, es ist sicher so, daß das ein bißchen eine Rolle spielt.
63  I: Mhm, und wie ist es dann, wenn Sie einen Rat geben und stellen fest, die anderen
64  kommen damit nicht so klar, oder wollen es vielleicht nicht so wahrhaben, oder wollen

65 es nicht wagen?
66 M: Das ist weniger das Problem. Ich bin gerade wieder in so einer Situation drin. Es ist
67 eher das Problem, daß die Leute sagen: „Ja eigentlich hast du ja recht und klar, so müßt
68 ich's machen", und es läuft halt doch nicht so und dann, ja, dann sag' ich mal, ja da
69 sage ich auch wieder, die sind erwachsen und sie müssen wissen, was sie tun, aber so
70 ein ganz klein bißchen Ärger schwingt da natürlich mit (lacht), weil (-) ja jetzt hat er mich
71 groß gefragt, und jetzt macht er's doch wieder ganz anders.
72 I: Ja, was glauben Sie woran das liegen könnte?
73 M: Das er's anders macht?
74 I: Ja.
75 M: Ja, das ist also ein ganz typisches Problem. Wenn Sie zu mir sagen würden: „Hören
76 Sie auf mit dem Rauchen!", klar seh' ich ein, kann's aber nicht. Und das sind meist so
77 Situationen, wo die Leute gar nicht anders können (-) aus etwas raus, oder was ändern.
78 I: Aber trotzdem kommt die Ratfrage, obwohl sie von vornherein wissen, ich will gar
79 nichts ändern, ich kann vielleicht auch nichts verändern. Sie kennen vielleicht sogar die
80 Antworten, die Sie ihnen vielleicht geben und trotzdem treten sie an sie heran.
81 M: Ja, das ist richtig (lacht).
82 I: Es wird ja manchmal auch gesagt, daß Rat suchen etwas mit Kontaktherstellen zu tun
83 hat, Beziehungen neu gestalten oder festigen, ein soziales Band zu entwickeln. Hat es
84 vielleicht auch damit zu tun?
85 M: Glaub' ich eher weniger. Das sind jetzt gerade so konkrete Sachen, in der letzten
86 Zeit, an die ich mich erinnere. Es sind immer gute Freunde.
87 I: Ja, können Sie vielleicht ein Beispiel nennen?
88 M: Also, z.B. es sind Männer und zwar jüngere Männer, die mit mir, weil ich jetzt
89 schon älter bin und die Erfahrung habe, über ihre Beziehungen reden. Die kommen von
90 sich aus, und ich hab' schon das Gefühl, daß sie schon irgendwie mit einer Verhaltens-
91 weise von ihrer Frau oder Freundin, die sie nicht verstehen, von einer anderen Frau er-
92 klärt haben wollen, das glaub' ich schon, und wenn ich es dann deshalb versuch' und
93 sag': „Mach' das so oder so !" – meistens klappt es dann doch nicht, (-) aber egal (lacht).
94 I: Also Ihre Lebenserfahrung wird zum Anlaß genommen, um an Sie heranzutreten?
95 M: Lebenserfahrung und speziell, was so Beziehungsprobleme betrifft, daß ich 'ne Frau
96 bin. (I: Ja). Die Männer haben ja meistens mit Frauen Probleme.
97 I: Sie erwarten, daß Sie sich besser reindenken können?
98 M: Genau!
99 I: Ihnen sozusagen einen ´Tip´ (betont) geben, vielleicht einen Rat?
100 M: Das (betont), und dann ist's natürlich so, die fragen vielleicht auch andere. Wenn
101 ein junger Mann z.B. seinen Freund fragt, der so im gleichen Alter ist oder so was, das
102 ist dann auch so ein bißchen ein Eingeständnis von Schwäche, und mir gegenüber kann
103 er eher die Schwäche eingestehen als gegenüber seinen gleichaltrigen Freunden.
104 I: Nun, ich kann mir vorstellen, daß der Freund vielleicht selber noch ein bißchen was
105 von sich preisgeben muß, was er dem Freund gegenüber gar nicht möchte.
106 M: Ja, ganz genau (betont), ganz genau, ja klar! Da fällt man ein bißchen aus der
107 Männerrolle.
108 I: Wenn ich Sie auf's erste richtig verstehe, würden Sie sagen: Ich suche mir Rat im
109 sachlichen, fachlichen Bereich jederzeit, aber so auf der lebenspraktischen Ebene, was
110 man jetzt auch immer konkret darunter verstehen mag, weniger.
111 M: Weniger, ja durchaus.

112 I: Und Sie gehen ein Stück weit ˋmit sich selber zu Rateˊ. (-) Ja, kann man auch sagen,
113 der persönliche Rat hat keinen so hohen Stellenwert für Sie?
114 M: Mir gegenüber?
115 I: Sie selber. (-) Seine Wertschätzung ist nicht so hoch?
116 M: Ne!
117 I: Wo würden Sie die Schwächen sehen?
118 M: Daran im Prinzip, daß keiner meine Situation, in der ich jetzt also stecke, mein Pro-
119 blem so gut kennt wie ich.
120 I: Mhm, Sie denken, daß der andere sich nicht reindenken kann in Ihre Situation?
121 M: Ja.
122 I: Wenn's nahe Personen sind, ist es Ihnen dann vielleicht ein bißchen zu eng, weil Sie
123 zu wenig Distanz haben?
124 M: Ne (bestimmt), es gibt manchmal Situationen, die sind völlig irrational, und man
125 macht es trotzdem. Und dann sagen Freunde: „Mensch, warum machst du das!?" Ich
126 weiß auch, daß es irrational ist, ich mache es aber trotzdem, ich weiß nicht warum; (-)
127 von daher sagen sie mir nichts Neues. Deswegen! (-)
128 I: Sie deuten an, da wird eine Lösung durch einen Rat gegeben. Ist es das vielleicht, was
129 man sich nicht so wünscht, daß jemand sagt: „So machst du's!", oder "So schlag' ich es
130 dir vor!". So eine Handlungsanweisung?
131 M: (lacht verneinend) Ne, diese möglichen Lösungen, die einem vorgeschlagen werden,
132 die hab' ich mir doch schon alle überlegt, die bringe ich aber irgendwie nicht (-) aus
133 irgendeinem Grund. Also da gibt's immer Gründe, ich mein, die sind sicher z.T. ganz
134 irrational, aber (-) das weiß ich auch selber, daß ich's so machen könnte. (-)
135 I: Um noch mal auf's ˋGesprächˊ zurückzukommen. Ich stelle mir vor, Sie unterhalten
136 sich mit jemanden, mit Bekannten, aber Sie haben nicht um einen Rat gefragt und das
137 Gespräch kommt auf ein bestimmtes Thema. Kann es sein, daß sich dann etwas bei
138 einem selber entwickelt, ohne daß man den anderen jetzt um Rat fragt, aber der Boden
139 ist bereitet für 'ne Idee? Ist das manchmal drin?
140 M: Das kann durchaus sein. Ja, so was kann durchaus sein (betont).
141 I: Also nicht daß man direkt fragt?
142 M: Ne, ne, das ist schon vorgekommen.
143 I: Oder, daß Sie im nachhinein überlegen, was wurde da gesagt? (lacht). Gibt's das auch
144 manchmal?
145 M: Ne, also so was ist tatsächlich schon vorgekommen, daß da irgendwas erwähnt wurde,
146 und ja, das wär vielleicht auch etwas für dich, und ich bin noch gar nicht auf die Idee
147 gekommen vorher (I: Mhm). Das kommt schon mal vor, aber das ist eher selten. Und
148 das läuft tatsächlich so auf der Schiene, daß so was im Gespräch sich ergibt und ich denk':
149 „Hoppla, stimmt, da hast du noch gar nicht dran gedacht! (-) So würd's auch gehen."
150 I: Ja, (-) es wird häufig gesagt, heutzutage fällt's uns manchmal schwer einen Rat anzu-
151 nehmen, weil doch das Leben so individualistisch geprägt ist und der Ratgeber nicht
152 in den anderen reindenken kann. Also man kann schlecht Situationen von anderen
153 beurteilen. Jedoch um einen ˋgutenˊ Rat geben zu können, muß man ja wohl die Situa-
154 tion des anderen auch erst beurteilen können. Könnte das nicht auch manchmal ein
155 Hinderungsgrund sein?
156 M: Also, das würde ich jetzt eigentlich nicht mal sagen. Also von mir persönlich jetzt.
157 Ich glaub' schon, daß ganz viele Leute mich richtig gut kennen, also bei mir ist dann
158 wirklich das Problem, daß ich eigentlich weiß, der sagt, du hast ja recht, aber ich kann

159 das irgendwie halt im Moment nicht umsetzen, irgendwie bring ich das nicht.
160 *I:* Also liegt's daran, daß Sie's nicht umsetzen können?
161 *M:* Ja.
162 *I:* Einfach nicht umsetzen?
163 *M:* Ja.
164 *I:* Die Idee, der Rat wäre gut?
165 *M:* Wäre gut, natürlich klar!
166 *I:* Ich denke, da gibt's wohl auch graduelle Unterschiede. Es gibt Lebensbereiche, denk'
167 ich, wo es ja relativ einfach ist, was umzusetzen – also z.B. technische Anweisungen:
168 „Mach' das so, oder so!" Aber wenn es vielleicht um persönliche Verhaltensweisen geht
169 wird's vielleicht schon schwieriger?
170 *M:* Das ist das eine, und ich meine es gibt auch technische Sachen, die nicht so ohne
171 weiteres umsetzbar sind, das muß man also schon sagen.
172 *I:* Auch im Beruf wahrscheinlich?
173 *M:* Ja, ja. An den Beruf hab' ich jetzt eigentlich weniger gedacht, (-) ja nicht mal, aber
174 so, was so die Persönlichkeit, also persönliche Einstellungen betrifft. Es gibt so Aufgaben,
175 die vor einem stehen wie Berge, und man kann die nicht überwinden und jeder sagt:
176 „Mensch jetzt mach' doch das!" „Ganz einfach, du mußt doch nur so und so!" Aber
177 man hat so ein `aber´ dagegen (*I:* Mhm). Also das kennen Sie ja bestimmt auch vom
178 Studium, man muß eine Seminararbeit abgeben und jeder Mensch sagt: „Jetzt fang doch
179 mal an!" „Tu's, dann stehst nicht wieder auf dem letzten Drücker da!" Aber man bringt's
180 einfach nicht. Solche Sachen halt auch.
181 *I:* Mhm, da wird vielleicht sogar argumentiert?
182 *M:* Ja sicher (betont), und die Argumente sind vernünftig, das sieht man ja auch ein, daß
183 es so ist und daß der/die andere Recht hat, aber man kann es einfach nicht, es gibt so
184 'ne Handlungslähmung.
185 *I:* Löst das bei Ihnen auch Widerstand aus?
186 *M:* Ja, ja ja! (- -)
187 *I:* Bei der Rolle des Ratgebers hatten Sie schon Schwierigkeiten angesprochen, die viel-
188 leicht entstehen können. Wo besteht vielleicht noch eine gewisse Gefahr beim Ratgeben?
189 Er trägt Mitverantwortung, gibt es vielleicht noch etwas anderes?
190 *M:* Ja letzten Endes, wenn das vielleicht jemand ist, den man nicht so kennt, kann das
191 sogar dazu führen, daß die Beziehung abgebrochen wird, wenn man da einen Rat in eine
192 bestimmte Richtung gibt. Es kommt z.B. vor, daß irgend jemand also zu einer Beziehung
193 sagt: „Hör mal zu, so wie das bei euch aussieht, ihr müßt euch trennen!" Und die gehen
194 dann nachher wieder zusammen, dann ist man erledigt, also für dieses Paar ist man er-
195 ledigt, das ist klar (lacht).
196 *I:* Da hat man sozusagen keinen guten Rat gegeben.
197 *M:* Ne, ne, ja, ob der gut war oder schlecht, das steht auf einem anderen Blatt, aber für
198 diese spezielle Person war's kein guter Rat. Ja.
199 *I:* Genau das mein' ich. Das wird dann wahrscheinlich Konsequenzen haben? Hat es
200 eventuell einen Beziehungsabbruch zur Folge?
201 *M:* Ja das stimmt.
202 *I:* Wie ist es denn eigentlich, wenn gesagt wird, daß im persönlichen Rat auch so was
203 wie eine Lenkung manchmal drin steckt? Wenn man einen Rat gibt, dann möchte man
204 ja in der Regel, daß der Ratsuchende ein bestimmtes Ziel ansteuert oder auch etwas läßt.
205 *M:* Ja.

206 I: Kann das der andere manchmal auch als eine Kontrolle erleben?
207 M: Kann durchaus sein. Kann ich mir vorstellen, ja natürlich.
208 I: Läßt er sich deshalb vielleicht nichts sagen?
209 M: Dann gebe ich keinen Rat. Ich denke schon, daß ich das merke, also ob jetzt einer
210 wirklich einen Rat will oder ob man dem reinredet, oder so. Also da halt' ich mich wirk-
211 lich raus.
212 I: Sie sagen, Sie haben es im Gefühl, wenn Sie reinreden?
213 M: Ja.
214 I: Woran würden Sie das erkennen?
215 M: (-) Also das kann man jetzt schlecht sagen, das ist so 'ne Gefühlssache (I: Mhm).
216 Also, ich glaub' schon, daß ich das erkenne, aber ich bin mir da natürlich auch nicht
217 sicher. Es kann durchaus sein, daß es jemand so empfindet als Reinreden.
218 I: Denken Sie, daß es manchmal Situationen gibt, in denen nicht geäußert wird, daß
219 man Rat sucht?
220 M: Also ich denke schon, daß man ein Gefühl dafür hat, wenn mir jetzt einer nur was
221 erzählt, so und so ist das, und wenn ich ihm dann ungefragt sage: „Das mußt du aber
222 anders machen!", und „Mach' da das und mach' da jenes!", (-) also das würde ich dann
223 schon mal nicht machen. Wie gesagt, es kann natürlich auch so sein, daß ich empfinde,
224 es will jemand einen Rat und daß es trotzdem als Reinreden empfunden wird, das ist
225 natürlich durchaus möglich.
226 I: Mhm, also er möchte nicht beurteilt werden?
227 M: Er erzählt mir was und möchte keine Kommentare dazu. Der will vielleicht nur
228 etwas erzählen, ohne daß man das überhaupt kommentiert.
229 I: Will sich vielleicht aussprechen?
230 M: Ja, genau!
231 I: Sich entlasten?
232 M: Ja, genau!
233 I: Kann es sein, daß die Ratfrage, (-) daß man 'ne Ratfrage stellt, aber im Grunde
234 genommen geht's nicht darum, daß jemand einen Rat gibt, sondern daß man über
235 etwas spricht?
236 M: Das kann sein; ja. Dann ist es auch schwierig auseinanderzuhalten.
237 I: Mhm, stell' ich mir auch nicht einfach vor, so 'ne Situation, mhm. (-) Ja, wir haben
238 schon soziale Lenkung angesprochen, Schwächen des Rates, daß ein soziales Band durch
239 den Rat hergestellt werden kann. Was würden Sie für sich noch sagen? Fällt Ihnen noch
240 etwas ein? Wir haben jetzt ein paar Punkte besprochen. Wo würden Sie von sich aus
241 noch etwas hinzufügen?
242 M: Nö eigentlich nicht.
243 I: (-) Also, für Sie hat er keine so große Bedeutung?
244 M: Für mich als Ratempfängerin sozusagen.
245 I: Aber als Ratgeberin schon?
246 M: Ja, schon, aber ich hoff' mich da nicht so reinzusteigern, daß ich... (-). Ich versuch'
247 immer so zu sein, daß ich sag': „O.k., also das ist meine Meinung", oder „Ihr könnt
248 oder ihr könnt nicht", und "Macht's doch, (-) letzt und endlich ist es euere Entschei-
249 dung!" (-). Ich hoff', daß ich das so gut rüberbringe, das die Leute das auch so sehen.
250 I: Mhm, ja ich mache hier einfach mal einen Schnitt. Ich bedanke mich nochmal für
251 das Gespräch.
252 M: Keine Ursache.

# Schriftenreihe des Freiburger Instituts für angewandte Sozialwissenschaft e.V. (FIFAS)

Freiburger Verkehrs AG / Freiburger Institut für angewandte
Sozialwissenschaft e.V. (FIFAS) (Hg.):
**Die Umweltschutzkarte in Freiburg**
*Band 1, 1986, 98 + XII S., ISBN 3-89085-139-8,*
*28,– DM (vergriffen)*

Blinkert, Baldo
**Aktionsräume von Kindern in der Stadt**
Eine Untersuchung im Auftrag der Stadt Freiburg
*Band 2, 2. Auflage 1996, 300 + X S., Abb., ISBN 3-89085-887-2,*
*38,– DM*

Nübling, Matthias
**Sozio-kulturelle Angebote der offenen Altenhilfe in Backnang**
Bestandsaufnahme des Benutzerverhaltens und Prognose
*Band 3, 1996, 224 S., ISBN 3-89085-997-6,*
*79,80 DM*

Blinkert, Baldo / Peter Höfflin
**Jugend-Freizeit und offene Jugendarbeit**
Eine empirische Untersuchung zur Unterstützung
der Jugendhilfeplanung in Pforzheim
*Band 4, 1995, 167 S., ISBN 3-8255-0062-4,*
*49,80 DM*

Blinkert, Baldo
**Aktionsräume von Kindern auf dem Land**
Eine Untersuchung im Auftrag des Ministeriums
für Umwelt und Forsten Rheinland-Pfalz
*Band 5, 1997, 144 S. 29 s/w Abb., ISBN 3-8255-0195-7,*
*38,– DM*

Nam, Sang-Hui
**Leben und Wohnen in Raum und Zeit**
Die Verknüpfung von Stadt- und Biographieforschung am Beispiel
des Freiburger Stadtteils Weingarten
*Band 6, 1998, 200 S., ISBN 3-8255-0233-3,*
*58,– DM*

## CENTAURUS VERLAG